國語國文學叢書 018

喪禮諺解

학자원

국어국문학총서 18

喪禮諺解 異本 五種

2017년 7월 25일 초판 1쇄 발행

저　자 : 미상
펴낸이 : 김병환
펴낸곳 : 학자원
주　소 : 134-814 서울시 강동구 천호대로 1121
전　화 : 02) 6403-1000
팩　스 : 02) 6338-1001
E-mail : hakjaone@daum.net
등　록 : 2011년 3월 24일 제324-2011-14호

HAKJAONE Publishing Co.
1121 Cheonho-Daero Kangdong-Gu Seoul

ISBN : 979-11-87806-41-7 93380

값 60,000원

喪禮諺解 一

[illegible] 坤

喪禮諺解序

夫禮之繁縟莫甚於喪亦莫急於初喪雖知禮者不能領略多所遺失況窮鄉僻巷素昧於禮者何能中其禮之節目哉吾洞人德信正文叟學於新門朴教官洞之丈自少讀經書又及於禮學患俗人之失於禮以諺解初終之禮使婦人亦考而行之其志勤矣新門倡導後生從之者幾至數十而無一人成就繼業者噫人才之難不其然乎惟文叟有志於學至老不懈亦可尚也已文叟之子李君弘吾袖此書囑余誌其首不敢辭而記之

天啓三年癸亥十月　日沙溪老夫書

右宗室德信正所輯錄而吾先祖文元公弁之卷者也其規模條例盖倣文公家禮而間有闕畧且多訛舛門大遯村翁嘗以是病之命余較整修潤忌其固陋乃取草本反覆詳證更加損益其所追補視舊殆十五六而悉遵備要之旨云

崇禎紀元後八十九年丙申孟秋先山後人謹識

喪禮諺解凡例

一此書雖祖述備要而間有不得已刪㮷補闕移文上下者覽者詳之

一所引用古今先儒氏與書籍篇名一併闕之

一襲斂衣衾及喪服冠絰別作圖說以附卷末

一網巾圓衫裹裳大袖長裙䌌採諸家之說創爲之圖

喪상禮례諺언解히卷권之지一일

初초終종이라

病병이구티몯ᄒᆞ게되거든平평牀상에褥요와자리펴正졍寢침大대廳텽이라의노코子자女녀ㅣᄒᆞᆫ가디로븟드러平평床상우희東동녁크로머리두고사옷우희덥고內ᄂᆡ外외安안靜졍케ᄒᆞ야手슈足족을各각各각자부라

이믜絶졀ᄒᆞ거든이에울라

이믜絶졀ᄒᆞ게되거든플소홈을입과코ᄉᆞ이예노하소홈이움즈기지아니커든尸시體톄을반ᄃᆞ시

뉘여손과발을거두고나무筋저ᄒᆞ나ᄒᆞᆫ로입을다
무지아니케ᄒᆞ고니블덥고男남女녀ㅣ哭곡擗벽울며가슴ᄯᅳ리미라ᄒᆞ믈수엽시ᄒᆞ라
復복ᄒᆞ라招초魂혼ᄒᆞᄂᆞᆫ말이라
侍시者자ᄒᆞᆫ나히주근사ᄅᆞᆷ의입던옷슬내
여왼손의깃잡고올ᄒᆞᆫ손의허리자바앏쳠하로부
터집몰리올나北북向향ᄒᆞ야옷스로ᄡᅥ휘젓으며
웨여니로ᄃᆡ아모는男남子자ᄂᆞᆫ일홈을부ᄅᆞ고婦부人신은샹시일ᄏᆞᆺ던바ᄅᆞᆯᄒᆞ
라오라ᄒᆞ믈세번ᄒᆞᆫ後후에옷슬가져집뒤ᄒᆞᆫ로ᄂᆞ
려尸시體톄우희덥고男남女녀ㅣ哭곡擗벽홈을

수엽서ᄒᆞ라

疾질病병遷천尸시正정寢침圖도

侍者자ㅣ復복을ᄆᆞ추매옷슬가져뒷西서녁쳠하로부터ᄂᆞ려尸시体체우희더프라

男남女녀ㅣ 울며 가삼을 두드리라

室실

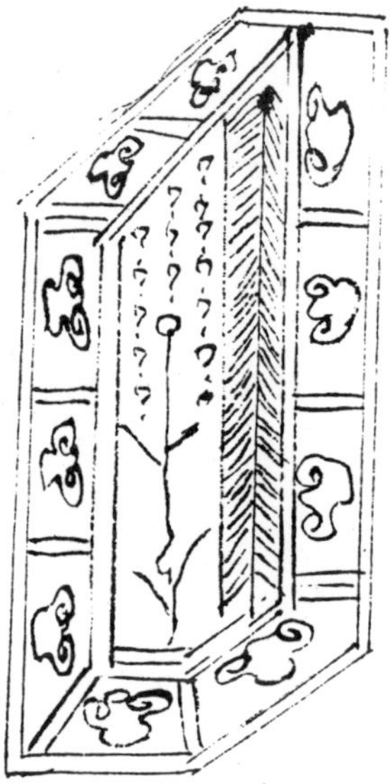

尸시牀상

房방

室실

侍시者자ㅣ죽은의옷웃스로써東동녁쳠하로부터집물나올니北북面면亦復복추라

終종及급復복男남女녀哭곡擗벽圖도라

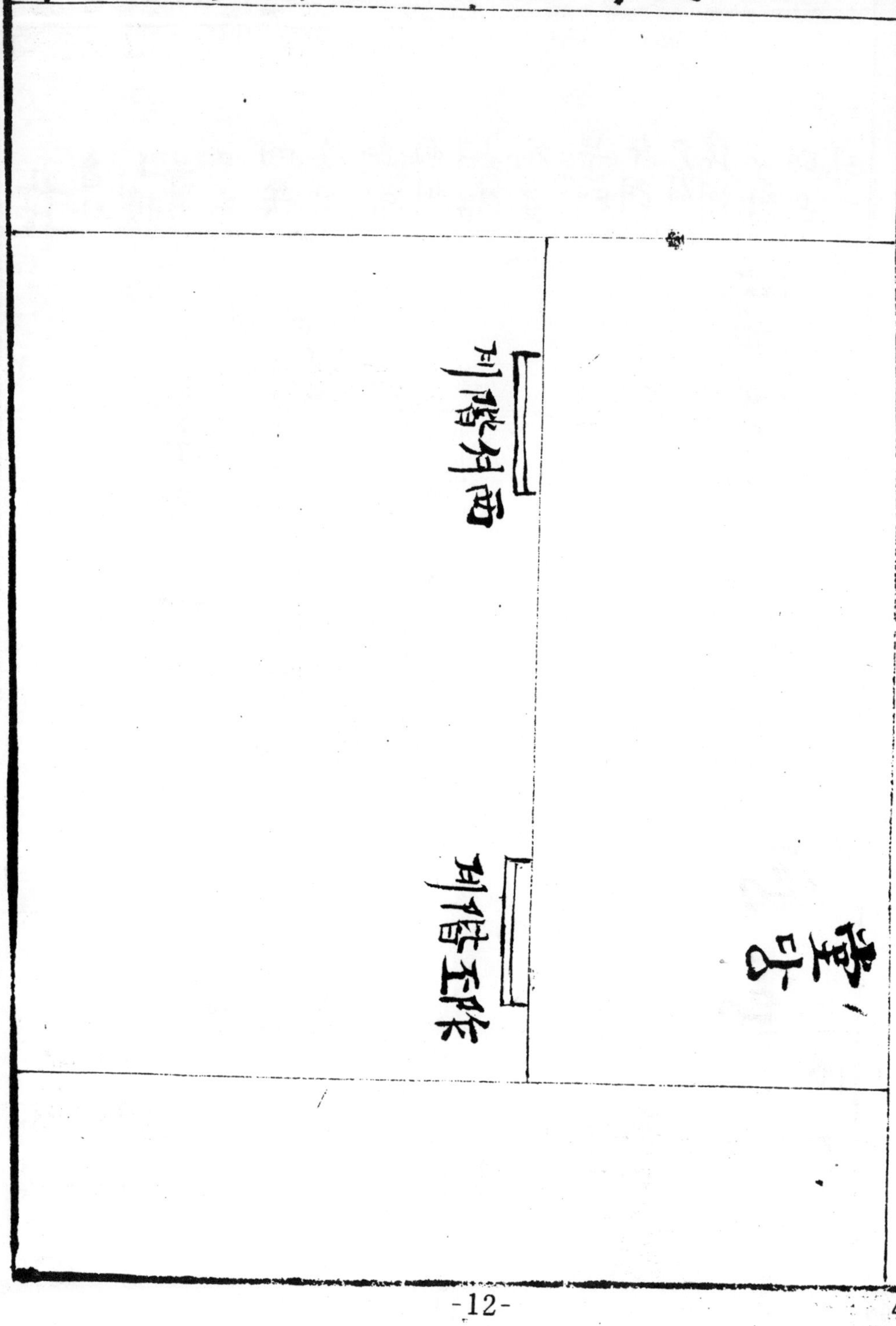

喪상主쥬ᄅᆞᆯ셰오라

喪상主쥬ᄂᆞᆫ닐온長쟝子자ㅣ니업스면長쟝孫손
이承승重듕ᄒᆞ야饋궤奠뎐밧ᄃᆞᆯ사ᄅᆞᆷ을셰오라

主쥬婦부ᄅᆞᆯ셰오라

主쥬婦부ᄂᆞᆫ주근사ᄅᆞᆷ의妻쳐ㅣ니업스면喪상人
인의妻쳐ᄅᆞᆯ셰오라

護호喪상을셰오라

子ᄌᆞ弟뎨禮녜문알고ᄀᆞᆯᄂᆞᆫ者자로ᄡᅵᄒᆞ야믈읫
喪상事ᄉᆞᄅᆞᆯ다취稟품ᄒᆞ야ᄒᆞ라

니벗던옷ᄉᆞ베라

주근사ᄅᆞᆷ의妻쳐와子자식과며ᄂᆞ리와妾쳡이다
반것과웃옷벗고머리풀되ᄉᆞ나희ᄂᆞᆫ深심衣의앏
셥플ᄶᅳ고신벗고모든服복人인은다고온것벗고
出츌繼계ᄒᆞ니와出츌家가ᄒᆞ니ᄂᆞᆫ다머리푸지말
ᄯᅥ신벗지말라

밥먹지말라

三삼年년喪상은사ᄒᆞᆯ을밥먹지말고期긔年년喪
상과大대功공喪상은세ᄒᆞᆯ밥먹지말고小소功
공喪상과緦시麻마喪상은두ᄒᆞᆯ밥먹지말ᄋᆞ되
권당과隣린里리나들희원미와粥쥭을ᄡᅮ어먹거든

尊존長쟝이굿되여젼ᄒᆞ면져기머그라
이날부터喪상人신이尸시体톄계틀셰나디말고
거젹셜고잘졔ᄒᆞ던이ᄢᅢ고病병든이논자리셜
고期긔年년喪상은尸시体톄갓가이잇고男남
女녀ㅣ別별處쳐ᄒᆞ여잇디말라
棺관을다ᄉᆞ리라
護호喪상이지위로더부러松숑板판이넙고팔고
白빅邊변파곰에섭ᄂᆞᆫ에굴글희에고로갓가틈업
시맛되그制뎨度되方방直직ᄒᆞ고머리크고아릭
져그니高고廣광과長쟝短단은小쇼斂렴견양을

依의지ᄒᆞ야호되너무크면棺관中즁이虛허소ᄒᆞ

고너무젹으면入입棺관ᄒᆞ기어려오니ᄆᆞ쟝잠가

ᄒᆞ라

棺관 全젼 圖도

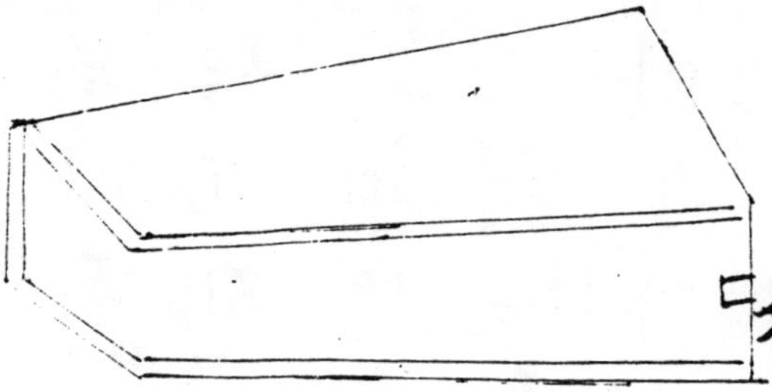

棺관은두듸두引인半반或혹세치로

ᄒᆞ고棺관틈을다松송脂지와기름파만을

合합ᄒᆞ야노겨메우고黑흑ᄒᆞ繒증或혹五오

취로棺관안을다ᄇᆞᄅᆞ고松송烟연或혹

全젼漆칠로그밧글칠ᄒᆞ라

柈임도솔삼고로길그너기리세치너

븨두치六뉵분두듸두치두픈으로

두머리크고가온ᄃᆡ작게밍그라棺

관上상下하左좌右우셔우름세막

으니世셰俗쇽이날은銀은釘뎡이

니라

七칠星셩板판圖도

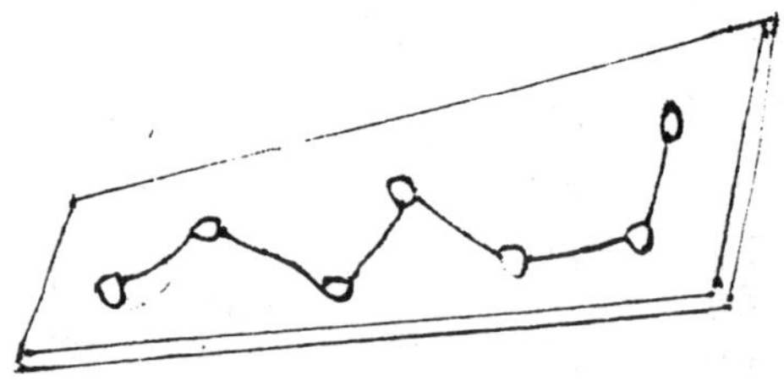

厚후五오分분

七칠星셩板판은松숑板판五오푼두티로長댱廣광을棺관안희맛게ᄆᆡᆼ그라널곱궁글ᄯᅮ러北븍斗두七칠狀샹ᄀ치ᄒᆞ야黑흑繒증或혹호고칠로그우을ᄇᆞᆯ라ᄊᆞ라

棺관과七칠星셩板판을다營영造조尺쳑을ᄡᅳ라

訃부ᄒᆞ야권당과동관파버티게告고ᄒᆞ라

護호喪상이권당과동관파버티게편지ᄒᆞ야告고호되아뫼아모돌아모날病병들어不불幸ᄒᆡᆼᄒᆞ야

아모도아모날棄기世셰ᄒᆞᆯ시죽단말이라사람부텨訃
부告고ᄒᆞ노라

沐목浴욕ᄒᆞ다

侍시者쟈ㅣ櫛즐ᄒᆞ나와빗시라組조ᄒᆞ나와댕기라笄
계ᄒᆞ나와빈혀라囊낭다ᄉᆞᆺ과시ᄂᆞᆫ뭇라沐목巾건ᄒᆞᄂᆞ와
浴욕巾건들ᄒᆞᆯ西셔다히卓탁子ᄌᆞ우희베프고香
향물을달혀동희들희다맛다가侍시者쟈ㅣ沐목
浴욕ᄒᆞᆯ床상에자리와돗과벼개를노화尸시床상
東동首슈ᄒᆞᆫ노핫ᄂᆞᆫ이라앏희南남首슈ᄒᆞ야노화든모다ᄉᆞ싯
고尸시體톄를븟드러그우희옴기고니블덥고尸

시體톄노횻던床상앗고帳쟝티면主쥬人인以이
下하ㅣ다帳댱밧긔나北븍向향ᄒᆞ야울거든侍시
者쟈ㅣ 女녀喪상은계집 사ᄅᆞᆷ으로ᄒᆞ라 病병드러실제닙엇던옷
파招쵸魂혼ᄒᆞᆫ옷슬다앗고香향블을소라에부어
친親친이다리ᄅᆞᆯ풀어감겨빗기고슈건으로ᄡᅳ서몸
ᄅᆞᆯ여닷기미야샹토ᄒᆞ고 女녀喪은마리샹 밧고빈혀ᄭᅩ조리 빗길졔
ᄲᅥ러진마리터럭을ᄂᆞ못치녀코덥펏던니블네귀
ᄅᆞᆯ드러ᄒᆞᆫ댜쟈바든侍시者쟈ㅣ ᄯᅩ몸을소라에부
어몸을ᄀᆞ장싯기고슈건으로ᄡᅳᆺ고左좌右우손톱
베혀ᄂᆞ못치녀코아래ᄅᆞᆯ싯겨슈건으로ᄡᅳᆺ고左좌

右우髮발툐 버혀 ᄂᆞ믄 치녀코 沐목浴욕다ᄒᆞᆫ 후에 니
블도로 더푸며 主쥬人인 以이下하ㅣ 帳댱 산히도
로 들라 沐목浴욕 믈파 동ᄒᆡ와 소라와 슈건을 다 굿
판 뒤 무드라 만일 여름이어든 그ᄅᆞᆺ서 어름을 다마
尸시床상 밋ᄐᆡ 노핫다가 襲습ᄒᆞᆫ 後후에 아ᅀᅡ 게 ᄒᆞ
라

襲습ᄒᆞ라

侍시者쟈ㅣ 幅복巾건ᄒᆞᆫ나와 女녀帽모 女녀喪상 롤 ᄢᅳᆫ 모 充츙
耳이 돌파 網망巾건ᄒᆞ나와 幎명目목 ᄒᆞᆫ나와 握악
手슈 돌파 深심衣의 ᄒᆞᆫ나와 或혹 團단領녕과 더그
래 或혹 直딕領녕 시오

女녀喪상은圓원衫삼或혹蒙몽大대帶ᄒᆞ니와대
頭두衣의長댱襖오子ᄌᆞㅣ라
或혹상시汗한衫삼ᄒᆞ나와적삼袍포겹옷襖오와
쎡더쎡라시라시라
핫옷시라이두가지는드는바롤ᄯᅩ롤袴고ᄒᆞᆫ나와바지
와ᄒᆞ고女녀喪상은치마롤쌔쓰라라
簞단袴고ᄒᆞᆫ나와속것시라行ᄒᆡᆼ縢등둘파ᄒᆡᆼ뎐이라襪멸둘
파보션이라履이둘파신이라東동다취卓탁ᄌᆞ우희볘갯
다가侍시者쟈ㅣ襲습床상에자리와褥요와옷파
볘개롤베펴帳쟝밧긔노코옷우희몬져深심衣의
와大대帶대와中즁치막파속옷세젹삼세고바지
씌소것재노화床상을들어드리浴욕床상西서에
南남首슈ᄒᆞ야노화든侍시者쟈ㅣ손싯고尸시體

톄를들어그우희옴기고沐목浴욕床상앳고몯젹
바디피이고옷슬두폴에쥔쥔이셰고산과옷섭플
솔히념의여플홈미고보션신기고深심衣의채납
피지말고幅복巾건채메오지말고선채신기지말
고招초魂혼옷슬가져겨틔두고襲습床상을正
졍寢침가온대南남首슈ᄒᆞ야노ᄒᆞ되져믄의喪상
事사ㅣ어든대뎡의말고私사室실세ᄒᆞ라

奠뎐을베플라

執집事사者쟈ㅣ卓탁ᄌᆞ에脯포와醢해를노하阼
조階계븟로브터올나尸시体톄東동녁엇게마ᄎᆞ놋

주와드로초마못ᄒᆞ며주근샹ᄉᆞ라祝츅이로권당ᄒᆞ라ᄉᆞ손시고盞잔

시서쓰셔술부어노쥽고焚분香향아니코울라 ○

脯포와醢해ㅣ업스면다른거스로ᄒᆞ라녯사ᄅᆞᆷ이

餘녀閣각으로ᄒᆞ다ᄒᆞ니生ᄉᆡᆼ時시예ᄡᅳ다가남ᄋᆞᆫ거시라별로당

만티말라

主쥬人인以이下하ㅣ位위ᄒᆞ고哭곡ᄒᆞ라

主쥬人인ᄋᆞᆫ尸시體톄東동녁奠뎐노ᄒᆞᆫ北북에西

向향ᄒᆞ야거젹ᄭᆞᆯ고안지울거던或혹族족해代ᄃᆡ老상ᄒᆞ면기

무니혀산지리모든ᄉᆞ나희三삼年년喪상님으리는그아

래ᄒᆞᆫ줄에안자울고同동姓셩ᄉᆞ나희期긔와大대

功공으로버아래ᄂᆞᆫ各각각服복次ᄎᆞ례로그뒤헤
西셔向향ᄒᆞ야南남을우삼아안자을고아ᄌᆞ비로
우ᄒᆞᆫ北븍壁벽에南남向향ᄒᆞ야西셔를우삼아자
리예안자을고主쥬婦부ᄂᆞᆫ尸시體톄西셔녁긔東
동向향ᄒᆞ야거젹셜고안자을거든主쥬婦부ᅵ喪상人인의母모
나ᅵ어든ᄌᆡ게아안조카모든婦부女녀三삼年년喪상님을이
ᄂᆞᆫ그아래ᄒᆞᆫ줄에안자을고同동姓셩婦부女녀期
긔와大대功공으로버아래ᄂᆞᆫ各각각服복次차례
로그뒤헤東동向향ᄒᆞ야南남을 우삼아안자을
꼬아ᄌᆞ미로우ᄒᆞᆫ北븍壁벽에南남向향ᄒᆞ야東동을

우삼아자리의안자울고모든妾쳡파됴들은그뒤
헤쎄울고異이姓셩ᄉᆞ나희ᄂᆞᆫ帳댱밧東동녁킈
北븍向향ᄒᆞ야西셔울우삼아돗긔안자울고異이
姓셩婦부女녀ᄂᆞᆫ帳댱밧西셔녁킈北븍向향ᄒᆞ야
東동울우삼아돗긔안자울고服복엽ᄉᆞᆫ이ᄂᆞᆫ그뒤
헤셔울라만일內ᄂᆡ喪상이어든同동姓셩ᄉᆞ나희
ᄂᆞᆫ帳댱밧東동녁킈北븍向향ᄒᆞ야안자울고異이
姓셩ᄉᆞ나희ᄂᆞᆫ帳댱밧西셔녁킈北븍向향ᄒᆞ야안
자울라

飯반含함ᄒᆞ라

侍시者쟈ㅣ미리真진珠쥬셋或혹돈셋흘닷가籍
샹ᄌᆞ의담고白ᄇᆡᆨ米미두되롤시서사발의담고니
무숩민들고洗셰手슈그릇슬츨혀다가沐목浴욕
ᄒᆞ고襲습ᄒᆞ고位위次ᄎᆞ에산ᄌᆞ後후에主쥬人인
이울며웃옷왼녁ᄉᆞ매롤메여허리올흔녁킈ᄭᅩᆺ고
ᄉᆞ신고真진珠쥬籍샹자롤자바尸시體톄西셔녁
크로들셔侍시者쟈ㅣ밥사발자바곳티들어가尸
시體톄西셔녁킈두고벼개앗고瞋명巾건으로ᄂᆞᆺ
출덥고나무筋뎌맛거든主쥬人인이尸시體톄東
동으로부터발을말미암아西셔의나아가床상우
우

희안자東동으로낫두어瞑명巾건을들고나무술로발을셔ᄆᆡ시體톄십삼右우녁킈녀코真딘珠쥬ᄒᆞᆫ나녀코또십삼左좌녁킈발파真딘珠쥬녀코또십가온대발파真딘珠쥬녀허飯반含함다ᄒᆞ고主쥬人인이술며位위次차에와메어뎐옷사매다시쎄고그잔술라侍시者자ㅣ箱상즈와사발파나무술을가즈라

箱상圖도

真딘珠쥬

真딘珠쥬세흘箱상즈의다마飯반含함ᄒᆞᆯ제ᄡᅳ라或혹金금玉옥錢뎐貝픠도ᄡᅳᄂᆞ니라

椀완圖도	匙시圖도	幎멱巾건圖도
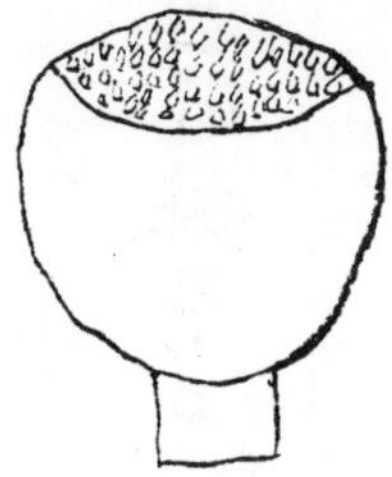	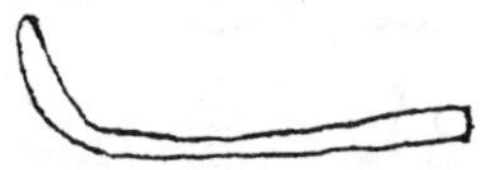	四ᄉ方방二이尺쳑

뱓두되를미이슬허접南남녁키
에사물에녀러번시서椀완의다
마飯반含함홀졔쁘라
술은飯반含함홀제쓰는거시
니世셰俗쇽이버드남그로밍그
누니라
幎멱巾건은뵈四ᄉ方방두자ᄒᆞᆫ
로밍그라飯반含함홀졔ᄂᆞᆺ츨덥
푸되뱓이뎌러질가ᄒᆞ미니라

襲습을다ᄒᆞ고니블로ᄲᅧ덥프라
侍시者쟈ㅣᄇᆡ개노코幎멱巾건삿고網망巾건쓰
오고幅복巾건ᄭᅢ비오고充츙耳이귀예막고幎멱
目목ᄀᆞ치덥고셴뫼고신발의신기고深심衣의롤
올ᄒᆞᆫ편으로녀미여플홈미고大대帶ᄃᆡ ᄯᅴ워條됴
帶ᄃᆡ로同동心심結결ᄒᆞ고握악手슈손에미야襲
습다ᄒᆞ고홋니블로尸시體톄롤덥프라○만실質
질殺쇄롤ᄡᅳ거든몬져殺쇄로ᄲᅧ발을덥페올니고
後후ᄒᆞ세質질로ᄲᅥ머리롤덥퍼누리와고셴을뫼라
○楔셜齒치와幎멱巾건을곳폰ᄃᆡ무드라

靈령座좌ᄅᆞᆯ노코魂혼帛ᄇᆡᆨ을베플라、
執집事ᄉᆞ者쟈ㅣ襲습床상南남首슈ᄒᆞ南남녁帳
댱밧긔옷거리노코보흘결쳐덥고그ᄲᅡᆯ픠交교椅
의노코倚의우희遺유衣의와魂혼帛ᄇᆡᆨ노코그
ᄲᅡᆯ픠卓탁ᄌᆞ노코卓탁자우희酒쥬와果과와盞잔
과酒쥬注주ᄅᆞᆯ노코香향爐노와香향盒합을베프
고 尸시體톄예奠뎐시시나靈령座좌둔後후뷔 오지못ᄒᆞ야奠뎐의ᄡᅳᆫ거슬두ᄂᆞ니라 ᄯᅩ侍시
者쟈ㅣ朝됴夕셕에ᄡᅳ던ᄇᆡᆺ뎝과슈건과막대와신
과衣의服복을常샹時시ᄀᆞ치베플라 大대斂렴後후ᄂᆞᆫ靈령牀상
에베플라

魂혼帛빅圖도라　　箱상圖도

목근그림

即즉수금표시져

버쓰는그림이라

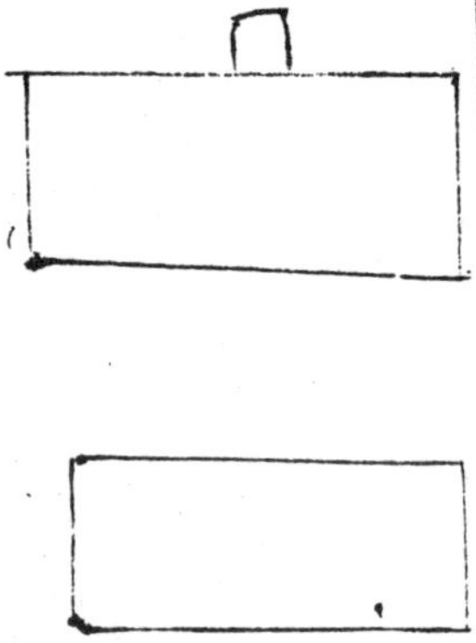

魂혼帛빅은흰깁或혹모시셔자너ᄒᆞ로
밍그되그制졔되두가지니或혹同동心
심結결ᄒᆞ고或혹깁으로무누니라
儀의節졀에깁을져버긴오리로밍그라
어그막켜자우츠로내여그며리로밍글
고左좌右우엽흘내여두귀를밍글고그
나믄거슬드리와두발을밍그니사ᄅᆞᆷ의
形형狀상곳다ᄒᆞ고또깁ᄒᆞᆫ끈필을두곳
츨져버서로졉ᄒᆞ야무거쓴다ᄒᆞ니두
가지中즁의ᄒᆞᆫ가지을쓰라다만世셰俗
속이깁무거쓰는法법을쓰지아니ᄒᆞ
고모시ᄒᆞᆫ자서너치로됴히겨져버神신
主주새셔長쟝廣광도금크게ᄒᆞ야쓰누이라
箱상은두거온壯장紙지로비
졉ᄒᆞ야밍그나글나魂혼帛빅을닮
고며細셰듀或혹모시로보흘맛을
아밧글덥프라

椸이 圖도

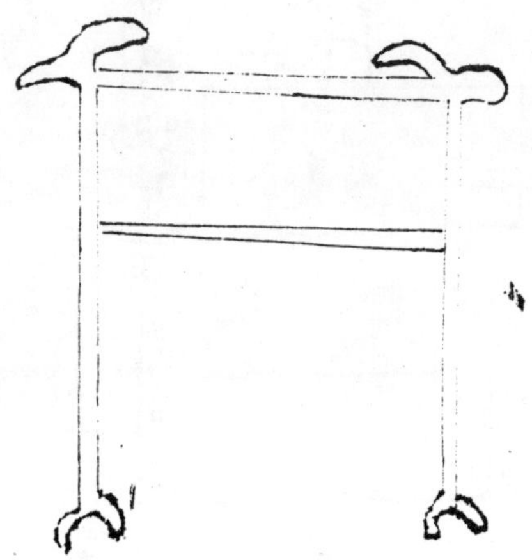

椸이ᄂᆞᆫ 옷거리니 靈령座좌의
魂혼帛ᄇᆡᆨ 베픈 後후에 尸시體톄
南남녁키 노화 보로 ᄒᆞᆫ벌 덥
프라

銘명旌졍을 세오라

블근 깁에 도흔 粉분을 牙아膠교 플에 새 붓스로 ᄡᅳ
고ᄂᆞᆫ 대 둘로 두굿 뒤죡 죠튝ᄀᆞ치 ᄲᅡ호고 上샹下
차에 軸튝 두라 큰 뒤에 ᄆᆡ야 附부섯자 靈령座좌西
서에 지혀 두라

銘명旌졍圖도

男남子ᄌᆞᄂᆞᆫ某모官관某모公공之지柩구ㅣ라ᄒᆞ고

女녀子ᄌᆞᄂᆞᆫ某모封봉某모氏시之지柩구ㅣ라쓰라

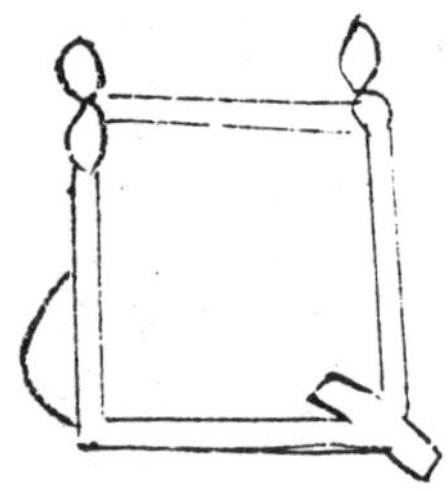

銘명旌졍은블근깁뵈幅복
늬뵈로ᄒᆞ니三삼品품으로
써우흔아홉ᄌᆞ히오五오品
품으로써우흔여ᄃᆞᆲ자히오
六뉵品품으로써아래ᄂᆞᆫ닐
곱자히니造됴禮례器긔尺쳑을ᄡᅳ라
附부ᄂᆞᆫ뎌돌이雨우傘산들
ᄀᆞ두니銘명旌졍대바가세
오라

執집友우와親친厚후ㅣ드러哭곡ᄒᆞ라
親친ᄒᆞᆫ벗과親친ᄒᆞᆫ사ᄅᆞᆷ이울며帳쟝안희드러尸
시體톄예臨님ᄒᆞ야가쟝우다가帳쟝밧긔나靈령
座좌앏피焚분香향ᄒᆞ고(香향ᄉᆞᆺ기쳐엄이라)再재拜비ᄒᆞ고
우다가主주人인의位위次ᄎᆞ의나아가긔로向향
ᄒᆞ야울며실오ᄃᆡ엇지그리되시고ᄒᆞ거던主주人
인이울며對ᄃᆡ答답ᄒᆞ고말이업ᄉᆞ라
儀의의節졀에손이오거든護호喪상이나對ᄃᆡ答답
ᄒᆞ면손이울며실오ᄃᆡ엇지그리되신가ᄒᆞ고울며
졀ᄒᆞ거든護호喪상이울며答답拜비ᄒᆞ고니ᄅᆞᄃᆡ

喪상人신이凶흉禍화ᄅᆞᆯ만나거든慰위問문ᄒᆞ심을닙으니슬프고感감激격ᄒᆞ나成셩服복前젼이라對ᄃᆡ接졉지못ᄒᆞ야날로ᄒᆞ여곰보오라ᄒᆞ다ᄒᆞ고울며再ᄌᆡ拜비ᄒᆞ여든손이울며荅답拜비ᄒᆞ고가라

遷쳔尸시沐목浴욕襲습奠젼爲위

侍시者쟈ㅣ 別별로
襲습牀상을 設셜ᄒᆞ고
지벼ᄃᆡ 薦쳔ᄒᆞ고 席셕
을 벼로고 大ᄃᆡ帶ᄃᆡ
衣의ᄅᆞᆯ 그우희 두
ᄒᆞ야 北북面면ᄒᆞ야셔
ᄒᆞㅣ 당 以이下

襲습牀상

主주婦부

侍시者쟈

主주人인

湯탕물 노ᄒᆞ드리라

以이下ㅣ 당ᄒᆞ야 北북面면ᄒᆞ야셔 라

沐목牀상西셔에 두라

襲습牀상

浴욕牀상

尸시牀상 앏픠 펴되
바로 노코 簀책을 베
프고 席셕과 枕침을
베프고 尸시体톄를
옴겨 南남首슈ᄒᆞ
고 니불 덥프라

尸시牀상東동首슈ㅣ

侍시者쟈ㅣ 마라ᄀᆞᆷ고 져비기
고 슈건으로 위ᄶᅡ팔뇌셔 트
려조지고 니블을 둘고 셋거뉴
건으로 빼쓰고 ᄉᆞᆫ톱 발톱 베
히라

房방

位 위 飯 반 含 함 卒 襲 습 說 설 靈 령

主喪人

護喪

司書

司貨

祝

主婦

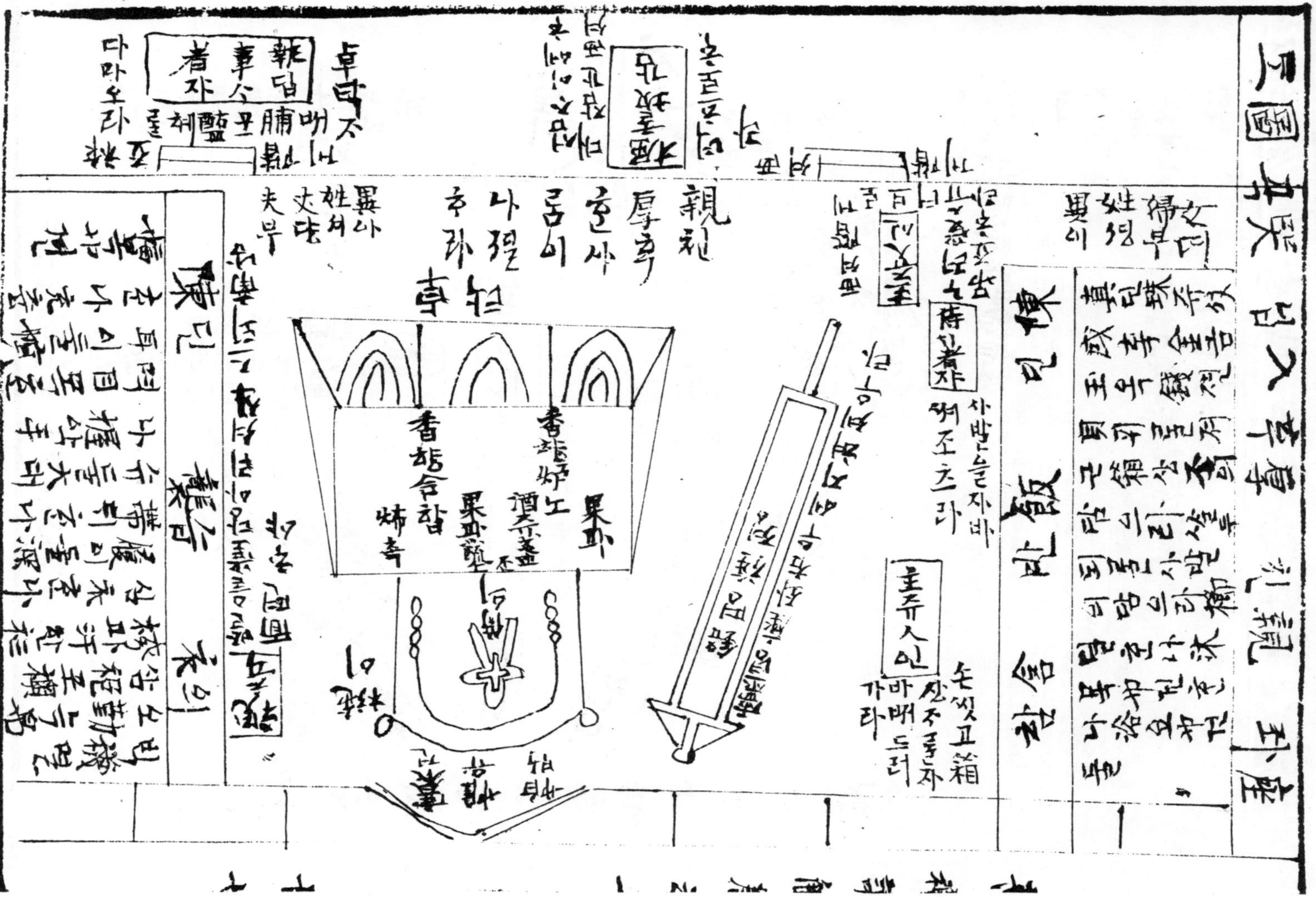

親享
卓
香盒
果

집이다南남向향치몯홈으로다만앏흘南남이라
ᄒᆞ고뒤흘北북이라ᄒᆞ고左좌ᄅᆞᆯ東동이라ᄒᆞ고右
우ᄅᆞᆯ西셔ㅣ라ᄒᆞ려니와집이좁으면左좌右우前
젼後후ᄒᆞ도ᄎᆞ히지몯ᄒᆞᄂᆞ니臨님時시ᄒᆞ야隨슈便
편ᄒᆞ야ᄒᆞ면도로혀禮녜예올흐니라

小소斂렴이라

ㄱ주근이튼날이라

小소斂렴홀옷과니블을베플라

執딥事ᄉᆞ者자ㅣ小쇼斂렴날언즉이小쇼斂렴의
뽈옷과핫니블과絞교布포ᄅᆞᆯ卓탁ᄌᆞ에베려집東

동壁벽下하에 노흐라

奠뎐홀 긔具구롤 베플라

執집事ᄉ者자ㅣ 奠뎐홀 饌찬을 파 盞잔과 酒쥬注

주롤 卓탁ᄌ에 버려 東동階계 우희 두고 洗셰手슈

그릇과 슈건 둘흘 노코 ᄯᅩ 다ᄅᆞᆫ 卓탁ᄌ에 조ᄒᆞᆫ 블동

회와 새 슈건을 노화 盞잔 싯게 ᄒᆞ라

括괄髮발홀 삼과 免문布포와 髽사홀 삼을 베

플라

侍시者쟈ㅣ 男남子ᄌ 括괄髮발홀 삼노와 婦부人

인 髽사홀 삼노와 대빈혀와 齊지衰최 以이下하 免

문ᄒᆞᆫ免문布포ᄅᆞᆯ다別별室실에베프고首슈經질

파腰요經질파交교帶대ᄅᆞᆯᄀᆞ치베플라

小쇼歛렴床상을베플고絞교布포와니블파

옷슬펴라

侍시者쟈ㅣ小쇼歛렴ᄒᆞᆫ床상에자리와돗과褥요

와벼개ᄅᆞᆯ베퍼西셔階계우희노코그우희絞교布

포와니블과옷들펴고床상을들러드러襲습床상

벼맛뒤南남首슈ᄒᆞ야노코되몬져ᄀᆞᄅᆞᆫ絞교布포

세幅폭을ᄀᆞᆺ마다ᄡᅦ고바ᄅᆞᆫ絞교布포ᄒᆞᆫ幅폭을두

ᄀᆞᆺ츨ᄡᅵ여ᄀᆞᄅᆞᆫ絞교布포우희노코핫니블펴고그

우희옷슬펴되바로나것구로나다만ᄒᆞ방正졍케

ᄒᆞ야고온거시산희잇게ᄒᆞ고웃옷슨것구로지말

라 집시조부면小소斂렴床상 을襲습床상西셔의노ᄒᆞ라

襲습奠뎐을옴기라

執집事ᄉᆞ者쟈ㅣ襲습奠뎐을옴겨靈령座좌西셔

편南남首슈ᄒᆞ다희두고새奠뎐베프기ᄅᆞᆯ가ᄃᆞ려야

스라後후에믈읫奠뎐이다이가ᄐᆞ니라

小소斂렴ᄒᆞ라

小소斂렴날主쥬人신以이下하ㅣ유다가侍시者

쟈ㅣ손싯고帳쟝안희드러襲습床상에나어가尸

시體톄ᄅᆞᆯ들려커든主쥬人인兄형弟뎨白ᄇᆡᆨ布포로
견우희環환經뎔ᄡᅳ고袒단ᄒᆞ고ᄒᆞᆫ가지로븟들어
小쇼斂렴ᄅᆞᆯ床상옷편우희옮겨놋ᄌᆞᆸ고襲습床상을
아직두고執집事ᄉᆞ者쟈ㅣ몬져벼개ᄡᅡᆺ고노핫던
뒤깁혹면一쥬ᄒᆞᆫ條됴ᄅᆞᆯ펴고그우희조흔옷ᄒᆞ나
ᄒᆞᆯ가혀노핫尸시体톄머리ᄅᆞᆯ볘오고仍잉ᄒᆞ야두
그ᄒᆞᆯ모아그머리두녑흘곤뒤ᄅᆞᆯ몌워엇게와ᄀᆞᆺ게
ᄒᆞᆫ後후에綃견두그ᄒᆞᆯ믜야플어지디아니케ᄒᆞ고
ᄯᅩ옷ᄉᆞᆯ길게모아두다리ᄉᆞ이곤뒤세워바로게ᄒᆞᆫ後
후에옷들ᄒᆞᆯ켠켠희시尸体톄예섭피되오념의여

끌흠미지말고핫니블ᄉᆞ잣고絞교布포ᄉᆞ젹미지

말고ᄂᆞᆺ출아적덥지마라衰상人인이ᄯᅢ〻그얼굴

을보게ᄒᆞ고혼니블로더퍼라○만일날더워尸시

体체傷상ᄒᆞᆯ가시보거든ᄂᆞᆺ덥고絞교布포ᄆᆞ자

미라

小쇼 斂렴

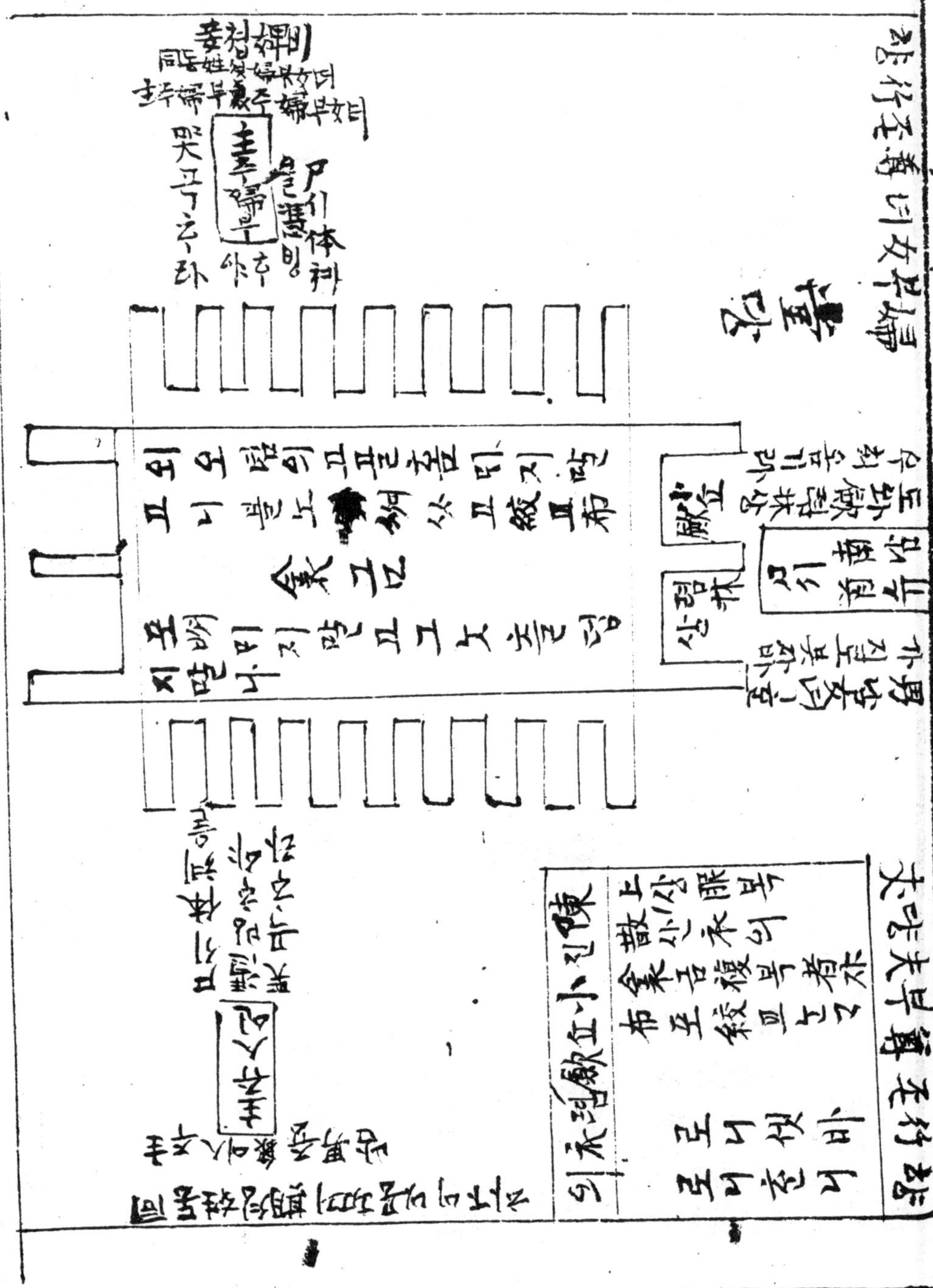

之지圖도

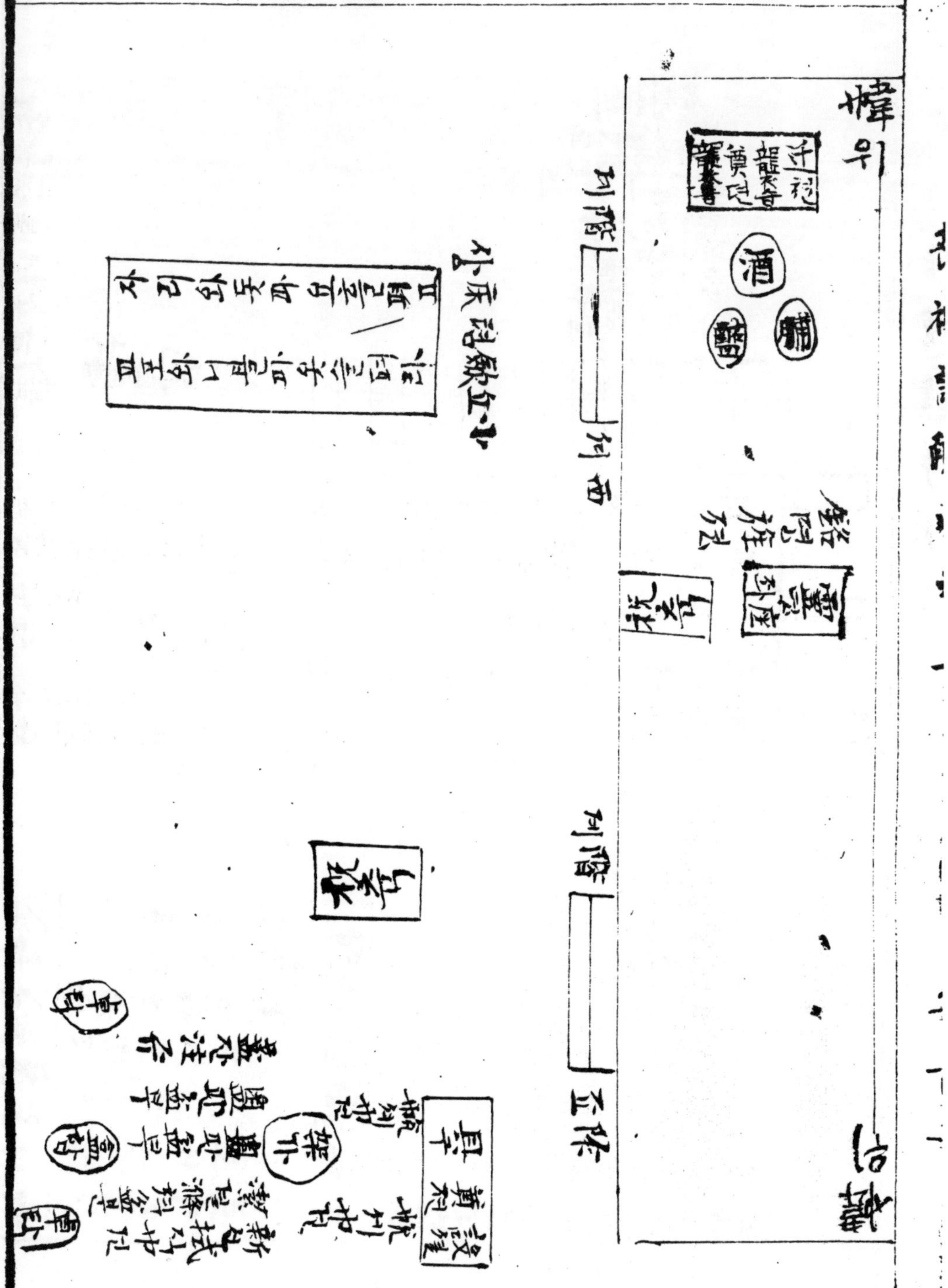

尸시体톄롤凴빙ᄒᆞ야哭곡擗벽ᄒᆞ라
主쥬人인이西셔向향ᄒᆞ야尸시体톄롤。凴빙ᄒᆞ야
哭곡ᄒᆞ며擗벽ᄒᆞ고 울며가삼두다리이라 主쥬婦부ᄂᆞᆫ東동向
향ᄒᆞ야ᄯᅩᄒᆞᆫᄀᆞ지ᄒᆞ고모든服복人인다울라
袒단ᄒᆞ며括괄髮발ᄒᆞ며免문ᄒᆞ며髽사ᄒᆞᆷ을
다른방에가ᄒᆞ라
男남子자斬참衰최散산髮발ᄒᆞᆫ이다른방에가左
좌袒단ᄒᆞ고삼노ᄒᆞ로머리를ᄌᆞ플헤미고 母모喪상은뫼
로ᄲᅢ頭두須슈룰 밋그라免문ᄒᆞ라 絞교帶ᄃᆡ만ᄯᅴ고婦부人인散산
髮발ᄒᆞᆫ이도다른방의가삼노ᄒᆞ로머리를ᄌᆞ플헤

미고대빈혀옷고毋모喪상은나무빈혀옷디라首슈經질쓰고腰
요帶ᄃᆡ띄고齊지衰최ㅣ以이下하ㅣ다袒단ᄒᆞ고頭
두巾건쓰고免문ᄒᆞ고뵈띄로ᄒᆞ라○免문袒단은十
십寸촌兄형弟뎨ᄭᆞ지다ᄒᆞᄂᆞ이라
도로尸시床상을堂당中즁에옮기라
執집事ᄉᆞ者쟈ㅣ帳댱것고襲습ᄒᆞ얏던床상앗고
小쇼斂렴ᄒᆞᆫ床상을襲습床상잇던ᄃᆡ옮기고小쇼斂렴
床상이襲습床상벼맛태南남首슈홈무로小쇼斂렴ᄒᆞᆫ졔두엇ᄂᆞ이라소당치고그밧
긔靈령座좌를도로노ᄒᆞ와든主쥬人인ᄂᆞᆫ이下하
ㅣ各각각位위次차에도로가되尊존長쟝은산셔

祖조와叔숙과兄형이라 卑비幼유ᄂᆞᆫ 셰셰ᄋᆞᆯ라 弟뎨와姪질과孫손이라 ㅇ喪

산人인도 산조ᄋᆞᆯ라

主쥬人인이 賓빈의게 걸ᄒᆞ고 經질을 襲습ᄒᆞ

라

主쥬人인이 손이와 小쇼斂렴을 도와 ᄒᆞᆫ이 ᄅᆞᆯ 졀ᄒᆞ

샤 謝샤ᄒᆞ고 主쥬人인 兄형弟뎨 다 環환經질 벗고

袒단ᄒᆞ샷 덧옷도로 넘고 首슈經질 벗고 腰요經질

ᄯᅴ고 散산垂슈ᄒᆞ라 大대功공以이下하와 婦부人인은 散산垂슈치 말고 ᄯᅴ라

奠뎐ᄒᆞ라

祝츅이 執집事ᄉᆞ者쟈ᄅᆞᆯ 거ᄂᆞ려 손 씻고 奠뎐믈을

밧들어阼조階계로부터올나靈령座좌앏卓탁ᄌᆞ
에버리고祝츅이焚분香향ᄒᆞ고盞잔시서브ᅀᅥ술
부어놋ᄌᆞ와든卑비幼유ㅣ다再ᄌᆡ拜ᄇᆡᄒᆞ고主쥬
人신以이下하ㅣ그잠우다가의진ᄒᆞ거든계로ᄅᆞᆯ
아울어소리ᄅᆞᆯ그치지말라.

大대斂렴이라

小쇼斂렴ᄒᆞᆫ이튼날이니쥬건지사ᄒᆞᆯ채라

大대斂렴ᄒᆞᆯ옷과니블베플라.

執집事ᄉᆞ者쟈ㅣ大대斂렴날ᄉᆡᆫ즉이大대斂렴세
받ᄋᆞᆯ옷과ᄒᆞᆺ니블과絞교布포ᄅᆞᆯ卓탁ᄌᆞ예버려집東

돈壁벽下하의노효라
奠뎐홀기具구굴베플라
小쇼斂렴제와가지ᄒᆞ라
大대斂렴홀床상을베플고絞교布포와니블
파옷슬펴라
侍시者쟈ㅣ大대斂렴홀床상세자리와돗파褥욕
와베개롤베퍼西셔階계우희노코그우희絞교布
포와핫니블파옷슬펴床상을들어드려尸시体톄
南남에노효되몬져그롣絞교布포펴고버거바로
絞교布포펴고버거니블펴고버거웃옷펴고버겨

散산衣의폐티바로나것구로나다만方방正졍케
ᄒᆞ야고온거시밧고로나게ᄒᆞ라○만일家가禮례
대로棺관우희大대斂렴ᄒᆞ야入입棺관ᄒᆞ면大대
斂렴床상애베프논節졀次ᄎᆞㅣ업ᄂᆞ니라
棺관을들어堂당中즁에드려져기西셔다하
노ᄒᆞ라
棺관을ᄲᅡ茶차쳔ᄒᆞ야든執집事ᄉᆞ者쟈ㅣ몬뎌靈령
座좌와小쇼斂렴奠뎐을ᄒᆞ고의옴기고帳댱티고
主쥬人인이마졀ᄒᆡ올라西셔向향ᄒᆞ야袒단ᄒᆞ야든
役역者쟈ㅣ棺관을들어드려 主쥬人인은우지말고보라 小쇼

斂렴牀상西셔녁楃악木목노흔우희놋줍고役역
者쟈ㅣ나가거든侍시者쟈ㅣ믿아 은로ᄒᆞ라난 사ᄅᆞᆷ몬져秫
㽅灰회或혹그 저지라 물 첫다가斟짐酌쟉ᄒᆞ야棺관밋틔
고로셜고七칠星셩板판노코돗과褥요와벼개를
노코棺관우희햣니블결쳐지아니케ᄒᆞ을자棺
판밧기뫼뫼취미고옷슬고로펴大대斂렴ᄒᆞ게ᄒᆞ
라○만일吉길고禮녜대로牀상에셔大대斂렴ᄒᆞ면
棺관우희니블결치노節졀치업ᄂᆞ니라

大대斂렴ᄒᆞ라

大대斂렴날主쥬人인ᄊᆡ이下하ㅣ우다가侍시者

쟈와子조孫손婦부女녀ㅣ다손싯고帳댱것고小
쇼斂렴床상의나아가ᄂᆞᆺ출개덥고니블다시감쳐
ᄇᆞᆺ고모뎌바론絞교布포다시미고버거ᄀᆞ론絞교
布포로다시미고尸시體톄를ᄒᆞᆫ가지로ᄇᆞᆺ들어棺관
의결친니블우희옮겨놋ᄌᆞᆸ고小쇼斂렴床상앗고
옷ᄉᆞᆯ尸시體톄예님펴왼편으로념의여고로틈섭
시ᄒᆞ고니블을부ᄅᆞᆺᄲᅡ漸졈졈ᄂᆞ리와棺관아ᄅᆡ다
커든니블념플도로펴고쥭남그로니블산녀모홀
눌러棺관구석의다계ᄒᆞ고니블을굼근뒤섭서도
로ᄇᆞᆺ되모뎌발을렴의고버거머리로념의고버거

왼편을념의고버거솔흔편을덤의여紋교布포믜
고生싱時시에ᄯᅥ려진니와沐목浴욕홀졔ᄯᅥ러진
터럭과손톱과발톱을棺관네모희녀코뷘ᄃᆡ롤옷
ᄉᆞ로메워棺관中즁이平평滿만케ᄒᆞ고主쥬人신
파主쥬婦부ㅣ棺관을만지며가쟝울고모든男남
女녀ㅣ우다가婦부人인들이避피ᄒᆞ야든지위롤
블러天텬盖개닷고어우롬에銀은釘졍박은後후
에(어우롬에ᄇᆞ롬라)옷衾쳔或혹곰을油유芚둔으로棺관을싸고細
셰繩승으로얽고大대索삭으로얼기ᄒᆞ야棺관을
잠간西셔로노흡고柩구衣의남피고大대斂렴床

상삭고祝츅이靈령座좌로됴로놋좁고銘명旌졍
세받드러靈령座좌東동에셰오고두婦부人인을
머무러닥키라

凳둥圖도

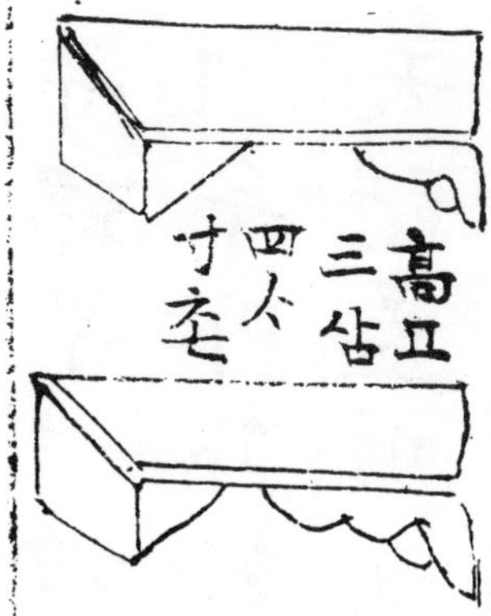

柩구衣의圖도

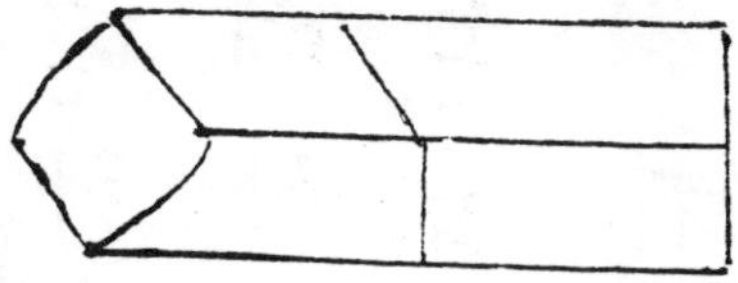

凳둥은기리棺관너븨와곳고노픠三삼四ᄉ寸촌이니成셩殯빈홀제棺판上샹下하로괴오니世셰俗쇽이닐온온피남기니라 ○ 柩구衣의눈家가禮예닐온使ᄉ이衾금이오即즉숨금棺판덥ᄂᆞᆫ거시니우흔거문새오아래ᄂᆞᆫ블근사로連련ᄒᆞ야호와棺판의맛게밍그라ᄇᆞᄉ라

高고氏시ᄀᆞ로ᄃᆡ大대斂렴에絞효布포ᄅᆞᆯᄡᅳ라ᄒᆞᄃᆡ家가禮녜예엽스니大대盖개高고氏시ᄯᆞᄅᆞᆷ은大대斂렴ᄒᆞ야入입棺관ᄒᆞ미오家가禮녜ᄂᆞᆫ入입棺관ᄒᆞ야大대斂렴ᄒᆞ미니라

陳진大대斂렴絞효布포ᄅᆞᆯ圖도

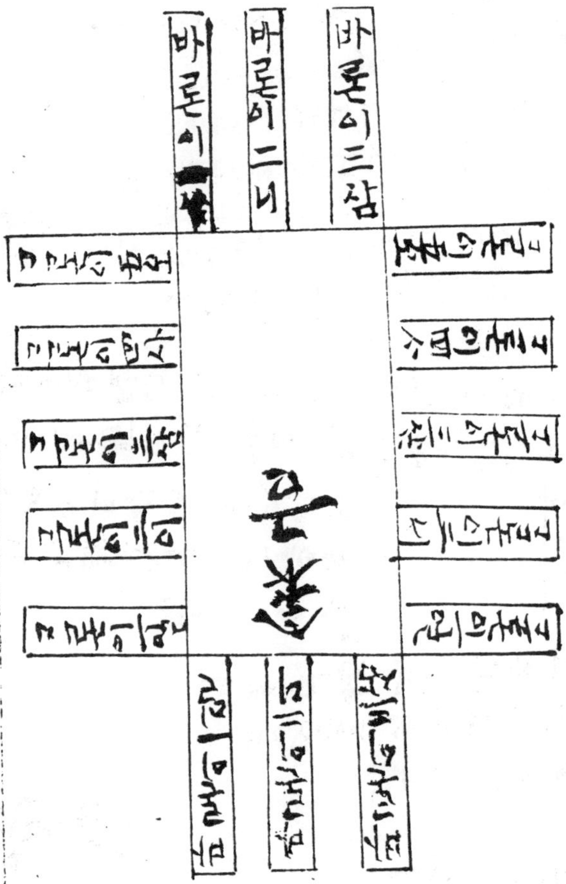

大대斂렴入입

棺관을드려牀상西서의노코두衾금으로써피고니블

棺관 [illegible] 殯빈 [illegible] 유중 [illegible] 라

主주婦부

頭두

尸시体체를드리고니와덜파손돔발븜
베희거슬棺판네모히메소고그뷔굴흔곳
을혜아려옷슬저버메오고니블을거두
되몬져발을덥고버거마리을덥고버거
좌편을덥고버거右우편을덥퍼棺판가
운디로추아곰平평滿만케ᄒᆞ고天텬盖
리을덥드라

足족

足족

을棺판가온ᄃᆡ노코옷슬네녁밧고로드리라 ○上상去거고禮
례를明밍紋교布포로ᄂᆞᆫ
미샤入입棺관ᄒᆞ면衾금
금을거두노節졀치
셥ᄂᆞ니라

主주人인

侍시者자ㅣ子ᄌᆞ孫손과婦부女녀
로더브러다손씨고마리로덥고

尸시

紋교布포로ᄆᆡ고

그옷술덥ᄂᆞ니라

紋교布포로ᄆᆡ아호가지로ᄒᆞ시
體체를드려棺판가온대드리라

堂당

陳진大대斂렴衣의

小소斂렴牀상

옷슨졍ᄒᆞᆫ쉬셥고니블은
소홈신노ᄅᆞᆯ쓰라

棺관之지圖도

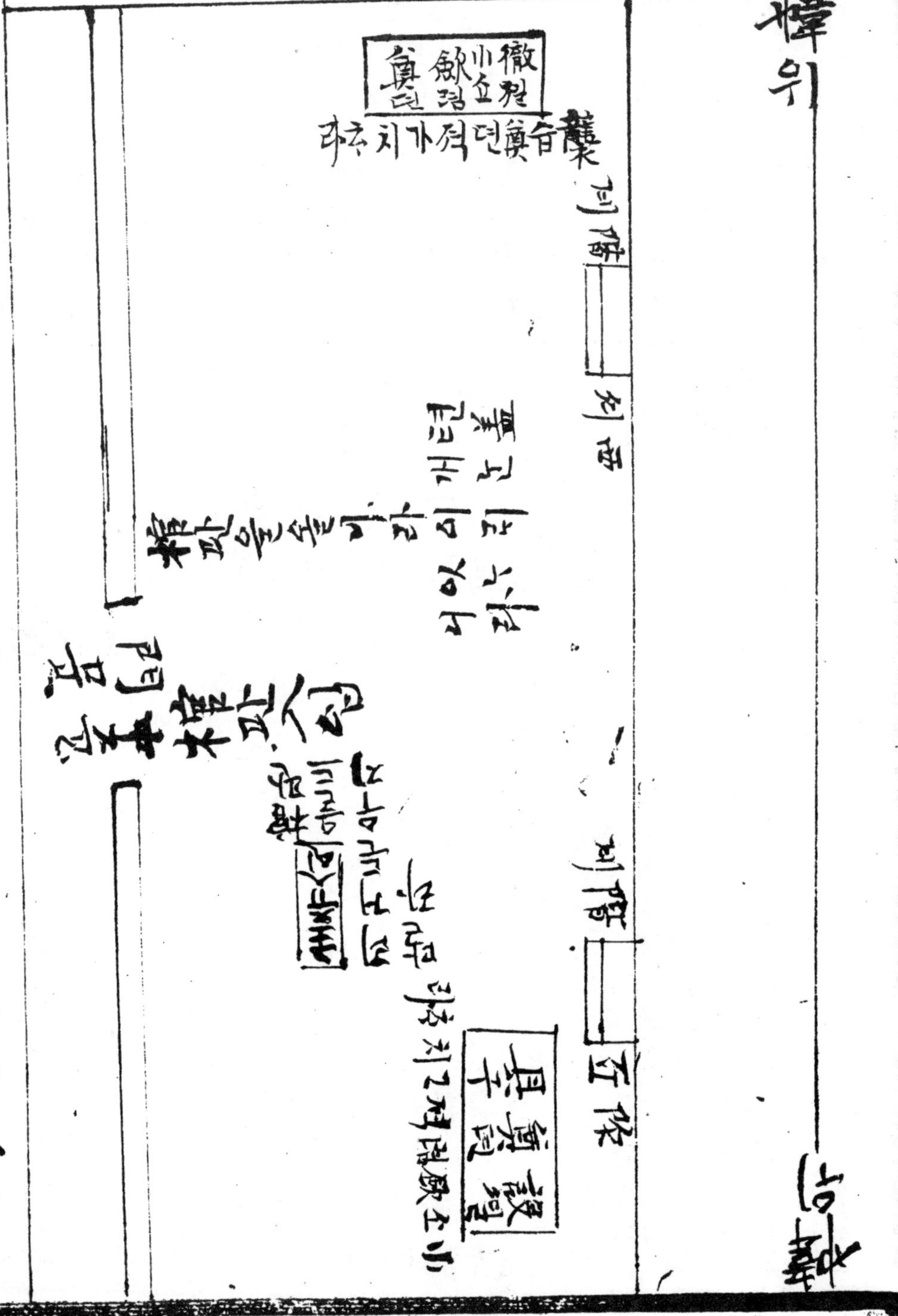

立입銘명旌졍設셜靈령

幃위

만일嬪빈이西셔壁벽에셔遍편립ᄒᆞ거든婦부人인은다嬪빈되北북에位위ᄒᆞ야南남面면ᄒᆞ고東동은우ᄒᆞ라

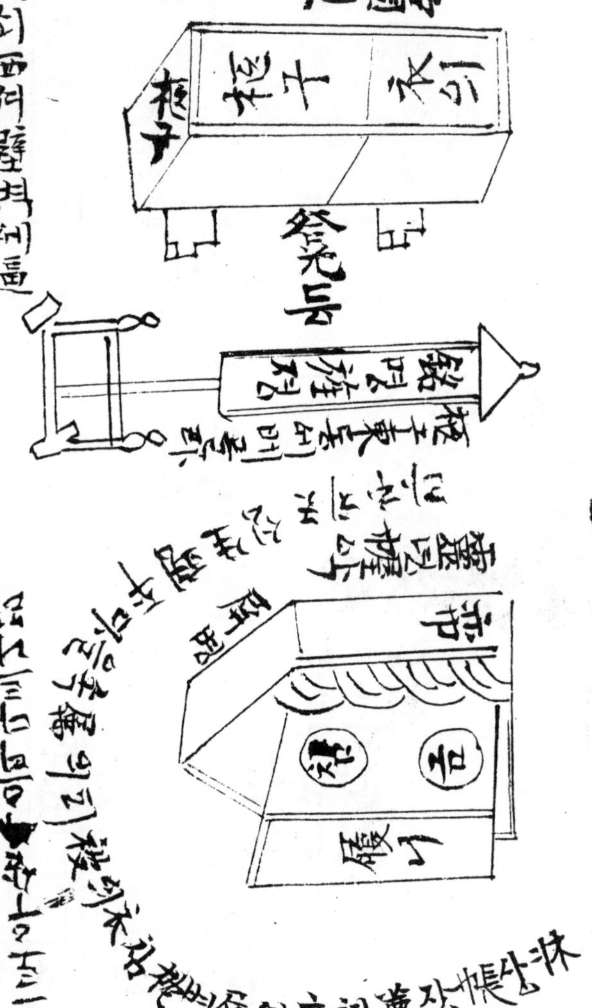

丈쟝夫부尊존至지行ᄒᆡᆼ

堂당

婦부女녀尊존至지行ᄒᆡᆼ

幃위

만일堂당우ᄒᆡ좁거든丈쟝夫부ㅣ古고禮례에가치ᄒᆞ야階계下하의位위ᄒᆞᄂᆞᆫ堂당우ᄀᆞᆺ치ᄒᆞ되오직北북으로우ᄒᆞᆷ이다ᄅᆞ니라

28b

座좌及급奠뎐之지圖도

異니姓셩婦부女녀ᄃᆡ

西셔 ── 階계

阼조 ── 階계

異니姓셩婦부女녀ᄃᆡ

祝츅

焚분香향ᄒᆞ고 盞잔 븟고 再ᄌᆡ拜ᄇᆡᄒᆞ여든 侍시者쟈ㅣ 잔ᄋᆞᆯ 믈리라

祝츅

執집事ᄉᆞ者쟈ᄅᆞᆯ 거ᄂᆞ리고 손 싯고 饌찬을 밧드러 오ᄅᆞᄆᆞᆯ 阼조階계로브터 ᄒᆞ라

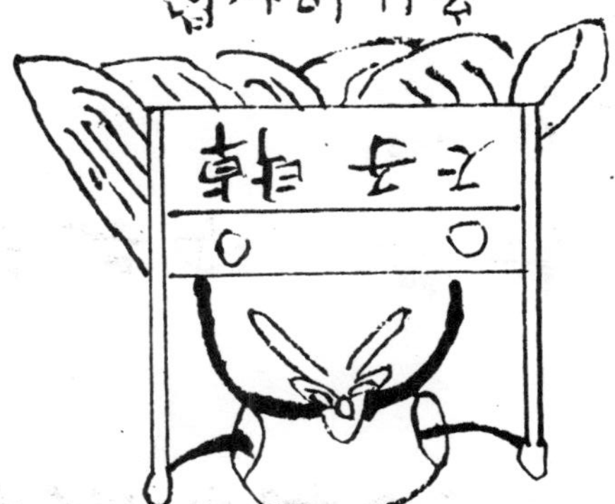

靈령座좌

靈령床상을柩東동세베플라 이닐온成셩殯빈시라

執집事ᄉ者쟈ㅣ靈령床상을棺관東동녁게베프

되자리와돗과褥요와벼개와니블을그우희펴고

靈령座좌앏피베펏던거슬다옴겨노코屛병風풍

을두로치라

奠뎐을베플라

小쇼斂렴奠뎐ᄀ치ᄒ라

主쥬人인以이下하ㅣ各각각喪상次ᄎ세도

라가라

中듕門문밧사오나온房방을喪상次ᄎ를ᄆᆡᆼ그라

喪상大대記긔에父부母모喪상을倚의廬려에居거ᄒᆞ라ᄒᆞ니라거적의자고흙덩
이베고首슈經질과腰요經질絞교帶대를벗지말
고사롬과편히對대ᄒᆞ야산ᄯᅵ말고잇다감엄의게
뵐제사니여든산해드려가지말고婦부人신은스
나히喪상次ᄎᆞ에도니지말라期긔年년服복과齊
진衰최삼月월服복은高고祖조의服복이라돗긔자고大대
功공以이下하ᄂᆞᆫ成셩服복ᄒᆞ고제집의가되밧긔
쳐자라이날부터서로글와울기를근치라

倚의廬려圖도

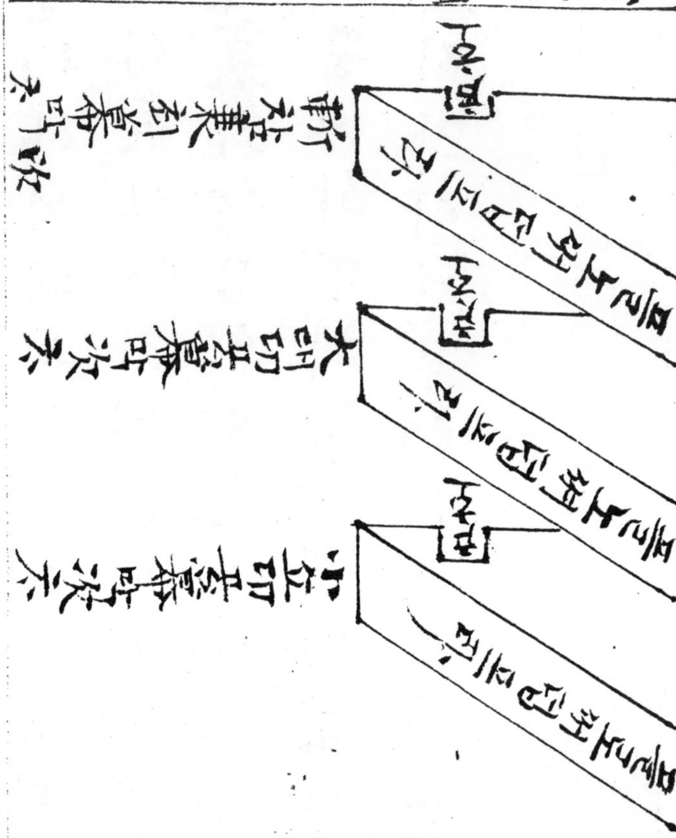

倚의廬려ᄂᆞᆫ 跡조

에中즁門문밧東

동편담아래남글

로디쳐ᄆᆡᆼ그라플로

니고흙ᄇᆞᆯ라ᄉᆞ미

지아닌ᄂᆞᆫ다ᄒᆞ니

라

成셩服복이라

大대斂렴ᄒᆞᆫ 이튼날이니주검지나ᄒᆞᆯ채라

成셩服복ᄒᆞ라

主쥬人인以이下하ㅣ成服셩복날일즉이다各각
각그喪상服복을닙고大대功공以이上샹腰요絰질散산垂슈ᄒᆞ얏더이
位위次ᄎᆞ에나아가尊존長쟝을안자셔울고卑비
幼유ᄂᆞᆫ셔셔울거든侍시者쟈ㅣ洗셰手슈그릇과
빗졉기구ᄅᆞᆯ靈령床상겻ᄐᆡ베퍼ᄯᅡ가잠간ᄒᆞ야다
샷고靈령床상에ᄂᆡ블것고魂혼帛ᄇᆡᆨ뫼셔靈령座
좌의노ᄌᆞᆸ고執집事ᄉᆞ者쟈ㅣ蔬소果과와脯포醢
혜ᄅᆞᆯ靈령座좌앏卓탁ᄌᆞ의버려든祝츅이손싯고
焚분香향ᄒᆞ고盞잔서어술부어노ᄒᆞ면主쥬人인
以이下하ㅣ再지拜ᄇᆡᄒᆞ고哭곡ᄒᆞ믈을盡진哀비이ᄒᆞ

복은섯긴밥과물마시고菜치와果과實실먹지말
고小쇼功공服복과緦싀麻마服복은술먹고고기
먹은되잔치에叅참與예치말다

朝됴哭곡이라

主쥬人신이下하ㅣ每미日실새지안녀셔各
각喪상服복닙고位위次차에나아가울거든侍시
者쟈ㅣ靈령床상에드러가니블가혀고빗졉과洗
셰手슈그릇슬靈령床상뒤노핫다가삿고朝됴
奠뎐ᄒᆞ라

朝됴奠뎐이라夕셕奠뎐을아스라

執집事ᄉᆞ者쟈ㅣ每ᄆᆡ日일朝됴哭곡ᄒᆞᆫ후에魂혼
帛ᄇᆡᆨ을뫼셔靈령座좌의놋ᄌᆞᆸ고奠뎐物믈을卓탁
조에버려든祝츅이손싯고焚분香향ᄒᆞ고盞잔시
셔ᄠᅳ셔술부어노흐면主쥬人인以이下하ㅣ再ᄌᆡ
拜ᄇᆡᄒᆞ고울라 ○ 만일녀름이어든傷샹ᄒᆞᆯ거ᄉᆞᆫ맛
고酒쥬果과만두고덥프라
아ᄎᆞᆷ의上샹食식ᄒᆞ라
執집事ᄉᆞ者쟈ㅣ밥ᄯᅢ예飯반羹ᄀᆡᆼ과젓佐좌飯반
과沉침菜ᄎᆡ醬쟝과湯탕炙젹을常샹時시밥床상
ᄀᆞ치ᄒᆞ야靈령座좌앏卓탁조에버려든祝츅이손

식고焚분香향ᄒᆞ고盞잔시서술부어노흐면主쥬
人인以이下하ㅣ再ᄌᆡ拜비ᄒᆞ고수다가食식頃경
에歜흠冷ᄂᆡᆼ드리고ᄯᅩ울믈盡진哀이ᄒᆞ고아스라

나죠히上상食식ᄒᆞ라
申신時시예上상食식홈믈朝됴上상食식節졀次
ᄎᆞ마치ᄒᆞ라

夕셕奠뎐이라 朝됴奠뎐을아스라

날이져믈거든夕셕奠뎐홈믈朝됴奠뎐節졀次ᄎᆞ
마치ᄒᆞ라

夕셕哭곡이라

執집事ᄉᆞ者쟈ㅣ 夕셕奠뎐ᄒᆞᆫ 後후에 靈령床상에
자리 파고 魂혼帛백을 뫼셔 靈령床상에 노ᄌᆞᆸ고 帳
댱 디우고 차 그릇과 요깡 드려 노ᄒᆞ면 主쥬人인이
이 下하ㅣ 울믈 朝됴哭곡ᄀᆞ치 ᄒᆞ라

朔삭日일에 殷은奠뎐을 지내라

朔삭日일 신이어든 常상時시 奠뎐믈 밧괴 各각別별
이 魚어肉육과 麪면餠병을 ᄃᆞᆯ만ᄒᆞ야 靈령座좌 앏
卓탁子ᄌᆞ의 버리고 朝됴上상食식飯반羹깅과 져 佐
좌飯반과 沉침菜ᄎᆡ 醬쟝을 ᄒᆞᆷ긔 버리면 든 祝츅이 손
싯고 焚분香향ᄒᆞ고 盞잔 시서 ᄡᅥ 술 부어 노ᄒᆞ면

主쥬人인以이下하ㅣ再ᄌᆡ拜ᄇᆡᄒᆞ고우다가食식
頃경에熟슉冷닝드리고또울믈盡진哀ᄋᆡᄒᆞ고아
스라 蔬소果과와脯포 醢해ᄂᆞᆫ엇지말라
望망日일에殷은奠뎐을지내라
望망日일에朔삭日일ᄀᆞ치朝됴奠뎐에上상食식
兼겸ᄒᆞ야지내되奠뎐믈을朔삭日일에서减감ᄒᆞ
라○疏소에大태夫부以이上상이야望망日일奠
뎐을ᄒᆞᆫ다ᄒᆞ되卽즉今금셰俗속이벼슬업ᄂᆞᆫ사ᄅᆞᆷ
이라도朔삭望망두奠뎐을다지내ᄂᆞ니라
奔분哭곡이라

외되엿다가비로소父부母모의喪상ᄉᆞ롤듯고며
리플고고온옷벗고크게울고온사롬두려喪상ᄉᆞ
나신연故고로몯고또울믈盡진히ᄒᆞ고머리롤삼
노ᄒᆞ로주프려미고(母모喪상은 / 뵈로ᄒᆞ라)四ᄉᆞ脚각巾건ᄡᅳ
고白ᄇᆡᆨ布포衫삼(시흰 / 뵈라)옷닙고삷쳡삿고노ᄯᅴᄯᅴ고
(·母모喪상은 / 뵈로ᄒᆞ라)삼집신신고드되여갈나출오百ᄇᆡᆨ
里니식가되갈희슬프떠니르거든울고집近근處
ᄎᆡ의두돗거든울고집門문[illegible]에드러棺관삷피나아
가울고再ᄌᆡ지拜ᄇᆡᄒᆞ고(집의잇던사롬들이各각 / 柩위예나아가우다가奔분)
(ᄒᆞᄂᆞᆫ者쟈ㅣ니르 / 거든ᄀᆞ지울라)棺관東동녁西서向향ᄒᆞ야四

亽腳각巾건벗고다시머리플고位위次ᄎ에나아
가울고이튼날바棺관東동녁킈西셔向향ᄒ야祖
단ᄒ고삼노ᄒ로머리주프려ᄆ고(母모喪상은뵈로ᄒ라)白
빅布포巾건우희環환쵤經질쓰고絞교帶대띄고位
위次ᄎ에나아가울고또이튼날棺관東동녁킈西
셔向향ᄒ야祖됴단ᄒ샤던옷도로ᄇ제고首수經질ᄡ
고腰요經질띄고그곳츨플고잇다가四ᄉ日일만
朝됴奠뎐때에成셩服복ᄒ고집사룸으로더부러
서로弔됴喪상ᄒ고손이와弔됴喪상ᄒ거든나마
즈라

만일나라일로卽즉시奔。喪。치몯ᄒᆞ며분상잇ᄂᆞ고
디고倚의로써棺관을디ᄒᆞ야處처位위를베푸고
朝됴夕、셕哭곡과다ᄅᆞᆫ節졀次ᄎᆞ를다喪상次ᄎᆞ와
ᄀᆞ치호ᄃᆡ다만奠뎐을베프디말며四ᄉᆞ。삭만日ᄋᆡ의
成셩服복ᄒᆞ라
〔孔공子자ㅣ〕ᄀᆞᄅᆞ샤ᄃᆡ婦부人인은百ᄇᆡᆨ里리를奔
분喪상티아니ᄒᆞᄂᆞ다ᄒᆞ시니라

聞문喪상未미得득行힝爲위位위哭곡圖도

丈쟝夫부尊존行항　　婦부女녀尊존行항

同동姓셩朞긔以이下하

主쥬人인衆즁男남

幃위

倚의

尸시톄와 椅子로 代ᄃᆡᄒᆞ리라

만일 喪상側측에 子조孫손이 업스면 奠뎐을 베플나

同동姓셩婦부女녀

婦부女녀衆즁婦부女녀

主쥬婦부

奉 당

異이姓셩丈쟝夫부　　異이姓셩婦부女녀

四亽脚각巾건圖도

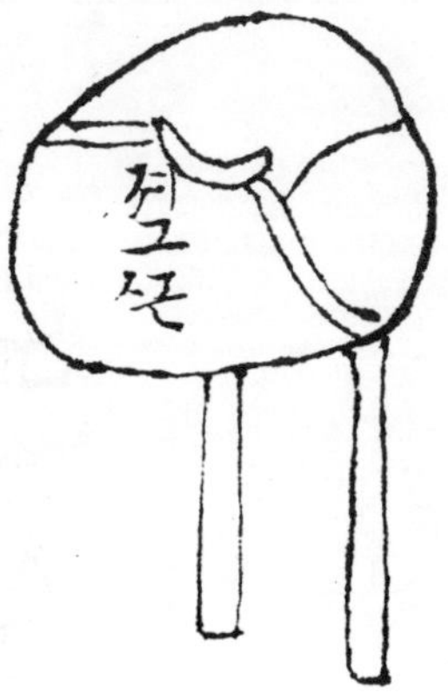

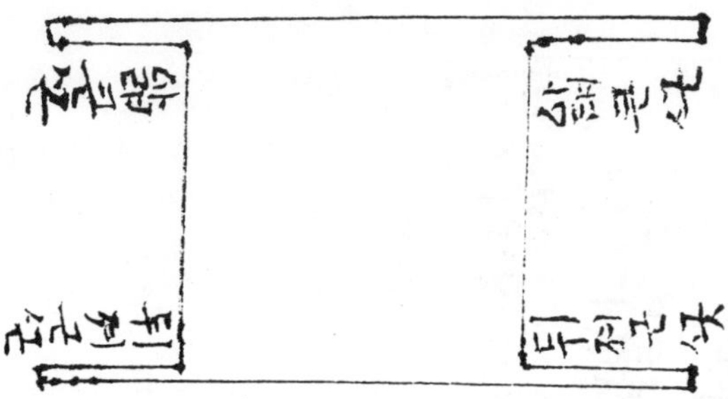

四亽脚각巾건은뵈네도반ᄃᆞᆺ
ᄒᆞᆫ幅복으로ᄆᆡᆼ그라ᄋᆞᆲ두귀
예큰ᄯᅴᆫ드리고뒤두귀예져근ᄯᅴᆫ
드라졍박이ᄅᆞᆯ덥퍼네편으로
드리워ᄋᆞᆲ프로ᄂᆡ마ᄅᆞᆯ믈러큰
ᄯᅴᆫ을腦뇌後후에매야드리오
고또뒷ᄯᅴᆯ을거두워뒷져근ᄯᅴᆫ
ᄃᆞᆯ온ᄋᆞᆲ프로ᄆᆡ야쓰니幞복頭
두ᄂᆞᆫ것ᄀᆞᄐᆞ니라

喪상禮녜諺언解해卷권之지二이

襲습斂렴衣의服복圖도說셜

士ᄉᆞ喪상禮례비襲습홀옷ᄉᆞᆫ三삼稱칭이오小쇼斂
렴홀옷ᄉᆞᆫ十십九구稱칭이라ᄒᆞ고(喪상大대記긔
예大대斂렴홀옷ᄉᆞᆫ三삼十십稱칭이라ᄒᆞ나卽즉
今금이대로ᄡᅳᄂᆞᆫ이업스니臨림時시ᄒᆞ야인ᄂᆞᆫ대
로ᄒᆞ라(喪상大대記긔예間간色ᄉᆡᆨᄧᅡ섯나히와뫼
시ᄂᆞᆫ襲습斂렴에ᄡᅳ지말라ᄒᆞ니라○衾옷겹옷셴
거ᄉᆞᆯ稱칭이라ᄒᆞ니ᄀᆞᆫ또옷ᄭᅡ치마셴거ᄉᆞᆯ稱칭이
라ᄒᆞᄂᆞ니라○(床상)은平평床상이라

(薦쳔)자리라 ( )

(席셕)돗기라

(褥욕)요히라

(枕팀)버개라

이다ᄉᆞᆺ가지ᄂᆞᆫ沐목浴욕과襲습과小쇼斂렴과大대斂렴에다ᄡᅳᄂᆞ니라○五오禮례儀의예褥요와돗과벼개棺과산ᄎᆔ도ᄠᅳ다ᄒᆞ니라

小쇼大대斂렴布포細세布포合합ᄒᆞ야布포帛ᄇᆡᆨ尺쳑으로四ᄉᆞ十십餘여尺쳑이드니連년幅복ᄒᆞ면六뉵十십餘여尺쳑이드ᄂᆞ니라 넷뵈너뵈 두자두치로

小쇼斂렴衾금으로둘회니ᄒᆞᆫ나ᄒᆞᆫ小쇼斂렴홀찻니블
이쇼ᄒᆞᆫ나ᄒᆞᆫ尸시體톄덥플홋니블이니곳使ᄉᆞ이
衾금이라
大대斂렴衾금으로둘회니大대斂렴홀찻니블이니처
엄에尸시體톄덥펏던거시오ᄒᆞᆫ나ᄒᆞᆫ尸시體톄
덥플홋니블이라블잇니블이다ᄉᆞᆺ幅복이니라
蒙몽頭두衣의五오禮례儀의蒙몽頭두衣의라
長댱襖오子ᄌᆞ卽즉今금댱옷시라
褡 襆 더그레니團단領령或혹深심衣의속의
비甲치닙으니五오禮례儀의半반臂비衣의라

袍포와襖오袍포는긴옷시오襖오는핫속옷시니

女녀裳상은치마는 셰쁘라

汗한衫삼젹삼이니면紬쥬或혹뵈로ᄒᆞ라

袴고소홈뎐바지니면紬쥬或혹무명으로ᄒᆞ라

單단袴고즁의니면紬쥬或혹뵈로ᄒᆞ라

裹과肚두비오라기라

勒늑帛뵉마라쳐미는거시니或혹힘뎐이라ᄒᆞ나

니라

襪멸둘희니소홈뎐보션이라

散산衣의잡옷시니袍포襖오類뉴ㅣ라男남裳상

은 女녀 服복을 ᄡᅳ지 아니ᄒᆞ고 女녀 喪상은 男남

服복을 ᄡᅳ지 아니ᄒᆞᄂᆞ니라

上상衣의 웃옷시니 團단領령 直딕領령 ᄯᅴ 類류ㅣ라

網망巾건

幎멱目목 (幎멱巾건은 飯반含함圖도의 보라)

充츙耳이

握악手슈

緇치布포冠관

幅복巾건

深심衣의

大대帶ᄃᆡ

黑흑履리

冒모 質딜殺쇄라

舒셔絹견

行ᄒᆡᆼ縢등 ᄒᆡᆼ뎐이라

婦부人인 掩엄女녀帽모ㅣ라

圓원衫삼

大대帶ᄃᆡ

이 열다ᄉᆞᆺ 가디ᄂᆞᆫ 다 圖도의 신ᄂᆞ니라

網망巾건圖도	幎目멱목圖도	充츙耳이圖도
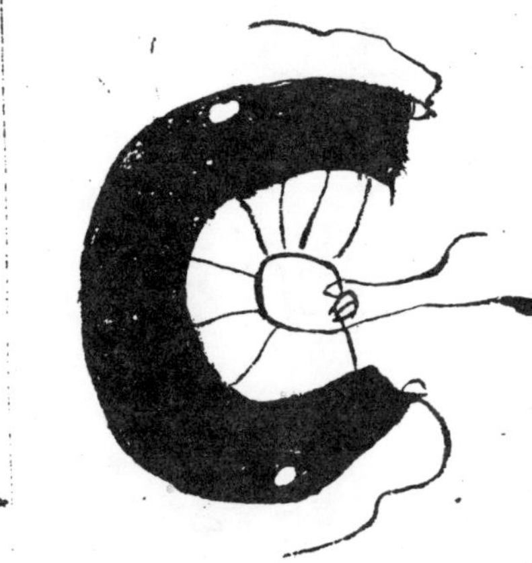	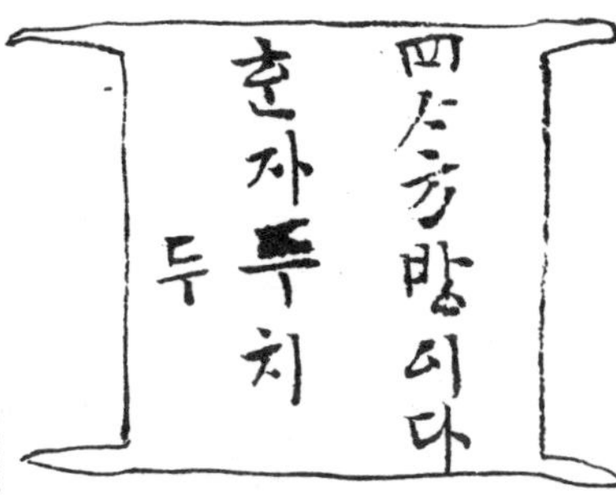	

網망巾건은龍룡鬚슈ᄒᆞᆯ제ᄡᅳ니問문解해ᄒᆡ셔
冒모段단으로ᄆᆡᆼᄀᆞ다ᄒᆞ고五오禮례儀의에거
믄깁으로ᄒᆞᆫ다ᄒᆞ니아모거시라도거
믄거ᄉᆞ로ᄆᆡᆼᄀᆞᆯ라
幎멱目목은襲습ᄒᆞᆯ제幎멱 巾건삿고
ᄡᆞ오니冒모段단或혹黑흑繒증或혹明紬쥬四
ᄉᆞ方방ᄒᆞᆫ자두치로블근산녀허소옴두어ᄆᆡᆼᄀᆞᆯ고
네귀에셔다라눈덥고뒤ᄒᆞᆯ幎멱巾건우ᄒᆡ로ᄆᆡ
充츙耳이눈ᄃᆞᆯ희ᄂᆡ새플소옴으로대초
씨만치ᄆᆡᆼ그라두귀에삽ᄂᆞ니라

握악手슈圖도

모ᄅᆞᆫ 그림

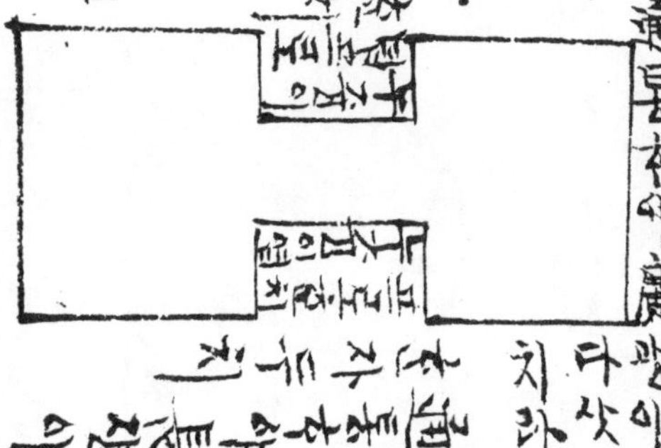

지은 그림

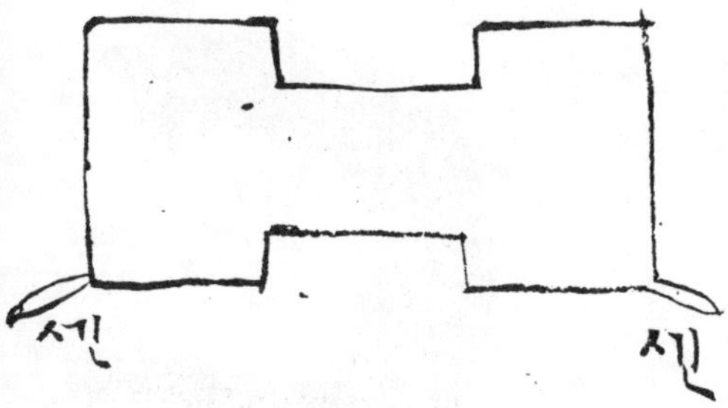

握악手슈ᄂᆞᆫ 둘히니 靑묘段단 或혹 거믄면
紬쥬 기릐 자두치 너븨 다ᄉᆞᆺ치로 ᄒᆞ야 자두치
를 세희 저브면 各각 너븨 네치식 되니 가온
다 네치ᄅᆞᆯ 두녁 가을 각각 ᄒᆞᆫ치식 베혀
고블ᄅᆞᆫ 안ᄒᆞ로 소옴 두어 두 귀예 션다ᄂᆞ고
손의미ᄂᆞᆫ 법이 몬져 올ᄒᆞᆫ 손을 樓누
中즁에 두어 ᄒᆞᆫ 긋ᄎᆞ로 손등을 덥퍼 셩
으로 擊왁을 ᄒᆞᆫ 블을 둘너 도로 우ᄒᆞ로 조차
제게 새고 ᄯᅩ ᄒᆞᆫ 긋ᄎᆞ로 덧더펴 셴을 로 셴손
밧고로 ᄆᆞᆯ미아마 우ᄒᆞ로 向향ᄒᆞ야 中즁지에
거러 ᄯᅩ 도로 우ᄒᆞ로 둘너 셴을 아래로 向향ᄒᆞ
ᄒᆞ야 擊왁에 두ᄅᆞᆫ 것ᄉᆞ로 더 브러 손바
닥 뒤ᄭᅩᄆᆡ 세 미고 왼손의 ᄯᅩ ᄒᆞᆫ 시 가시
티ᄒᆞ되 右우手슈ᄂᆞᆫ 左좌를 몬져 미고
左좌手슈ᄂᆞᆫ 右우를 몬져 미라

緇츼布포冠관圖도

무릇져버첩뫼그는그림관뫼은그림

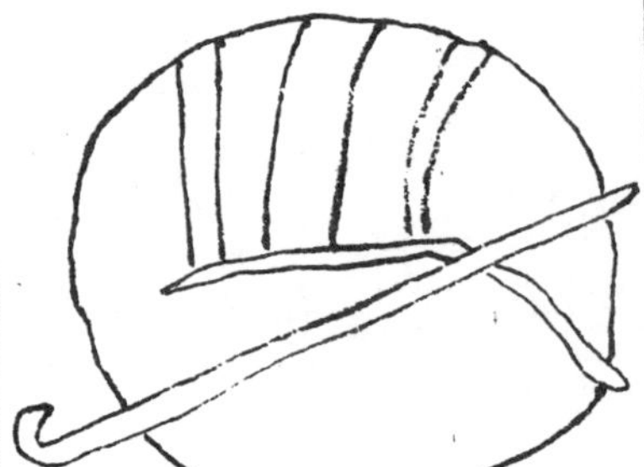

方방八팔寸촌

광이뉵폭남즛니

광팔폭을져버냥을ᄒᆞ라

광이뉵폭니남즛

광팔폭을져버냥을ᄒᆞ라

광에뉵폭니남즛

광팔폭을져버냥을ᄒᆞ라

광이뉵폭니남즛

광팔폭을져버냥을ᄒᆞ라

광이뉵폭니남즛

광팔폭져버냥을ᄒᆞ라

광이뉵폭뉵니남즛

方방八팔寸촌

緇치布포冠관은됴희ᄅᆞᆯ비졉ᄒᆞ
야거ᄐᆞᆫ깁을덧붓나니그ᄒᆞᆫ條됴ᄅᆞᆯ모ᄅᆞᆫ
나그기릐ᄒᆞᆫ자네치남즛ᄒᆞ고그넙희ᄒᆞᆫ치
남즛ᄒᆞ니로둘너武무를밍글고그ᄅᆞᆯ
은두텁희各각너븨세치오前젼後후ᄒᆞ
各각기릐네치니라ᄯᅩᄒᆞᆫ긴條됴니비
와기릐다ᄉᆞᆺ치남즛ᄒᆞ니로우희주
름자바다ᄉᆞᆺ물ᄅᆞᆯ밍글면너비네치니
ᄒᆞ외다左좌로向향ᄒᆞ야그가온대ᄅᆞᆯ
두렷게ᄒᆞ고졍박이前젼後후세넘게
아리로武무에붓게ᄒᆞ고그두ᄭᅳᆺᄎᆞᆯ
各각半반치식곱쳐밧그로셔안
ᄒᆞ로향케ᄒᆞ고검게漆칠ᄒᆞ야幅
복가젼속의ᄢᅳ라武무두녁겻ᄉᆞ
半반치우희궁글ᄯᅮ러위빈혀
ᄭᅦ게ᄒᆞ라빈혀는ᄲᅧ나或혹象샹
牙아로ᄒᆞ라

幅복巾건圖도

빗기호와좌로향ᄒᆞᆫ그림	머리에쓴그림
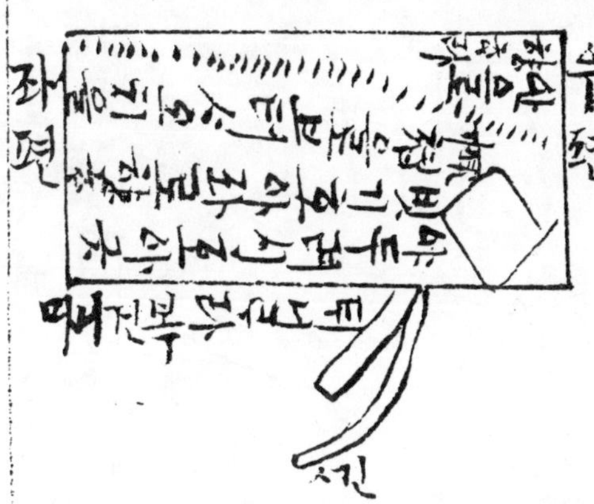	

幅복巾건은거믄깁或혹冒모段단니뵈
만幅복기리셕자ᄒᆞ로곱지브며두편
식다시되니곱집은되골니마當당ᄒᆞ
여摺접左좌편ᄉᆞᆺ취넛다체졍박이다
히로두렷시ᄒᆞ야左좌편으로나니닷게
ᄒᆞ고도로두혀주름너니마셰細망巾
건쓰드시ᄒᆞ고두귀엣當당ᄒᆞ야신다
라곡뒤혜매야드리오라무라기을다指
지尺척을ᄇᆞ라指지尺척은中중[illegible] 指지節절이ᄒᆞᆫ치 補보註쥬
셔幅복巾건너브ᄒᆞᆫ자니幅복치ᄒᆞ피或혹외 복을쓴다ᄒᆞ니라

深심

앏그림

袪거ᄂᆞᆫ 袖수ᄆᆞ구ㅣ니 단

너븨 ᄒᆞᆫ치 半반

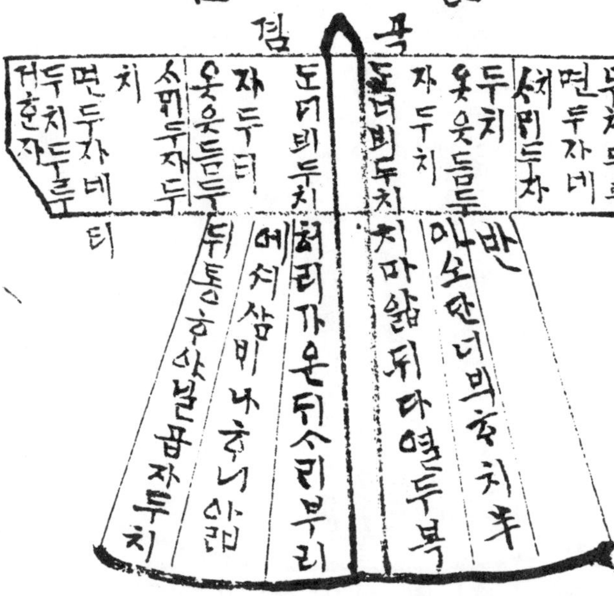

深삼衣의ᄂᆞᆫ 흰ᄀᆞᄂᆞᆫ뵈로 ᄆᆡᆼ그니 그 制
졔 되 뵈 두幅복 기릐 各각각 두자 두
치로 ᄲᅡ 가온ᄃᆡ 곱펴 아래로 드리오
면 앏뒤 ᄒᆞ대 되 네幅복이 되 이 졔 直딕
領령衫삼ᄀᆞ 두되 두 ᄆᆞᆫ져 두량 아래
ᄀᆞᆯ 베혀 기지 말라 그 아래 녑ᄑᆡ 지나
치마 브친 ᄀᆞᄃᆡ 대강 ᄃᆞᆯ은 거시 닐
곱자 두치니 每ᄆᆡ 幅복에 치다 쎄
幅복식 부치라
裳상은 흰ᄀᆞᄂᆞᆫ뵈로 ᄆᆡᆼ그니 그 制졔
되 뵈 녓ᄉᆞᆺ 幅복으로 비ᄉᆞ기 말나 녑
두 幅복을 ᄆᆡᆼ그라 ᄒᆞᆫ 머리ᄂᆞᆫ 녑 ᄀᆞᆷ
머리ᄂᆞᆫ 조바니 조분 머리 ᄀᆞᆯ너 븐 머

衣 의

뒷 그림

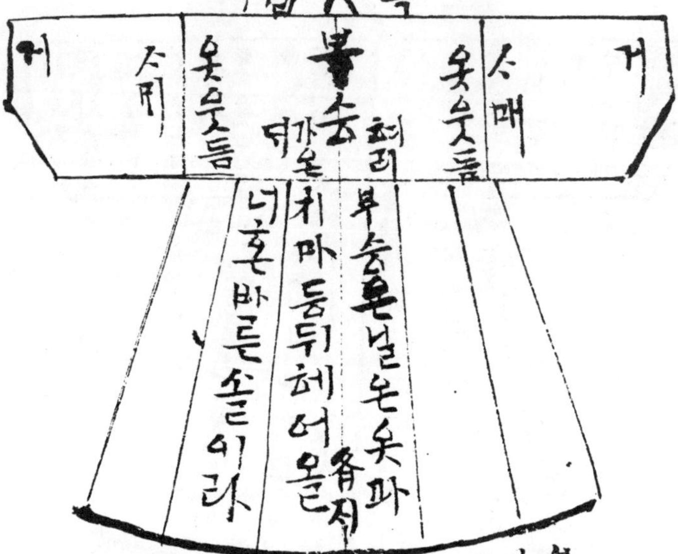

리半반을當당케ᄒᆞ야조ᄇᆞᆫ머리
ᄅᆞᆯ우흐로向향ᄒᆞ야그솔을連련ᄒᆞᆫ
ᄒᆞ야옷세븟치니옷시븟치ᄂᆞᆫ
ᄭᅳᆺ대강ᄃᆞᆯ은거시닐곱자두치
니每ᄆᆡ세幅폭을옷ᄒᆞᆫ幅폭에븟
치고그아래기ᄉᆞᆯ발뒤측에ᄆᆞᆺᄂᆞᆫ
ᄭᅳᆺ대강ᄃᆞᆯ은거시열네자에치
ᄒᆞᆫ 圓원袂메ᄂᆞᆫ뵈두幅폭으로각
각ᄒᆞ온디고펴옷기리와ᄀᆞᆺᄒᆞ야ᄉᆞᆯ
幅폭을각지안여옷左좌右우세
븟치고그아래ᄅᆞᆯ호아合합ᄒᆞ여소
ᄆᆡᄅᆞᆯ밍그되그ᄆᆞᆺ되ᄂᆞᆫ비ᄂᆞᆫ옷기리
와ᄀᆞᆺ고漸졈漸졈두렷게ᄒᆞ야소ᄆᆡ어

圖 도

납으면 두기시 서로겹원그림

曲곡袷겹은 녀ᄆᆡ언기시라

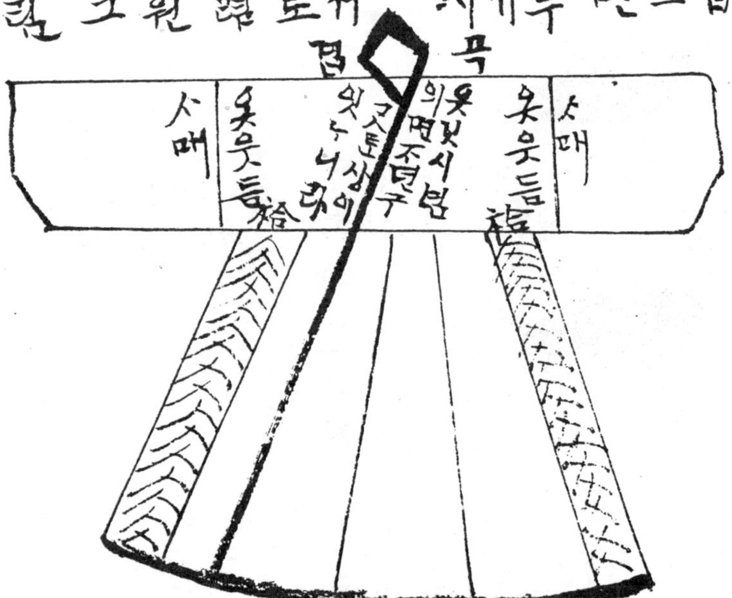

아리기숨 허이 예리 비나 ᄎᆞ고 압뒤통 ᄒᆞ야 너자두치

귀에너ᄇᆞ면그너비ᄒᆞᆫ자두치라

ᄒᆞ방顧은두기ᄅᆞᆯ셔로넘의면

두깃모도미自ᄌᆞ던ᄒᆞ방졉ᄒᆞ니

옷두엇게우희各각셰치식베

허도로계베히고다ᄅᆞᆫ뵈ᄒᆞᆫ條됴

로목뒤흐로브터져버삽프로向

ᄒᆞᆫᄒᆞ야삽쥐버버힐고뒤니어호

니안밧기다두치라널온바

袷겹에두치이라

黑흑緣연은거문깁을깃안

팟기와소매에귀와기마기ᄭᆞ디

안팟기다各각ᄒᆞᆫ치半반식ᄒᆞ

디소매에귀예ᄂᆞᆫ뵈밧기에緣

연너비ᄃᆞᆯ또로ᄒᆞ라

大대帶ᄃᆡ圖도　黑흑履리圖도

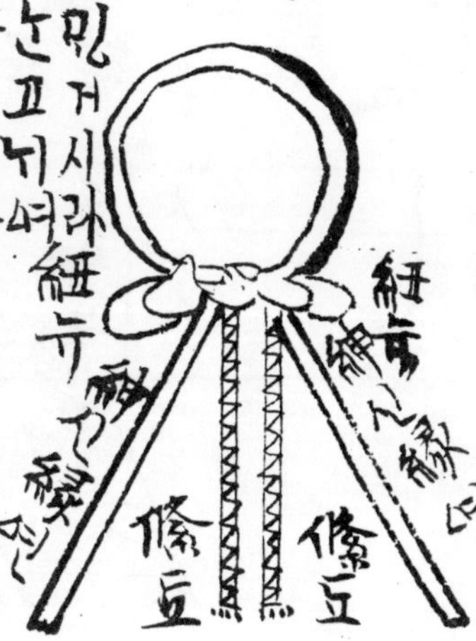

紳신은셔ᄃᆞ리ᄋᆞᆫ거시오緣연단이라

민거시라紐뉴ᄂᆞᆫ고ᄂᆡ여紐뉴條됴ᄂᆞᆫ條됴帶ᄃᆡ됴紐뉴

紳신준ᄂᆞᆫ신위ᄉᆞ민거시오綦긔ᄂᆞᆫ신뒤혜ᄯᅳᆫ셴이라

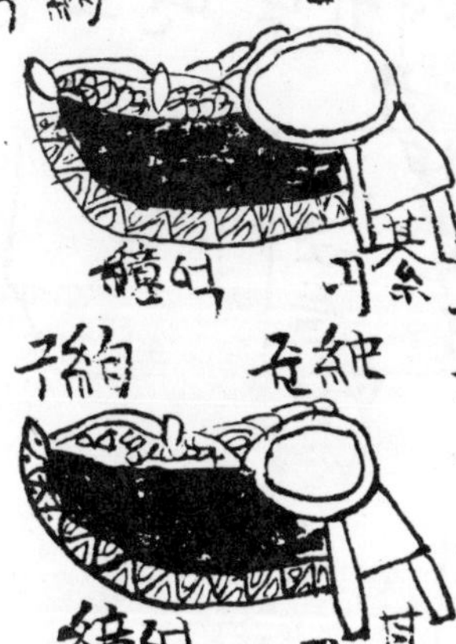

繶억은신ᄉᆞ이ᄉᆞ민산이라絇구ᄂᆞᆫ신부리코이오繶

大대帶ᄃᆡᄂᆞᆫ흰깁네치너븨로새ᄒᆞ니그
세귀허리예둘너앏희미고다시둘귀
를민글고그나ᄆᆞᆫ거슨ᄃᆞ리워紳신을
삼아아래로ᄯᅵ파와가즉게ᄒᆞ고거믄깁
으로紳신두녁과아래를ᄭᅮ미니인ᄂᆞᆫ기
各각半반치니라大ᄃᆡ夫부ᄂᆞᆫ두귀를ᄭᅮ
ᄒᆞᆫᄭᅮ미고다ᄆᆞᆫ五오采ᄎᆡ條됴ᄂᆞᆫ너븨ᄂᆞᆫ서픈
으로그석로미ᄌᆞᆫᄃᆞ를미야기리紳신
과ᄀᆞᆺ즉게ᄒᆞ라엇스면상ᄒᆡᄡᅳ던
셔ᄃᆞᄅᆞᆯᄡᅳ라
黑흑履니ᄂᆞᆫ거믄깁或혹ᄒᆞ면絇구
로됴회예비점ᄒᆞ야ᄆᆡᆫᄀᆞᆯ고白ᄇᆡᆨ帶ᄃᆡ
를或혹組조됴기리두자남즛ᄒᆞ니로ᄀᆞ
로신뒤跟근에돌고ᄯᅩ신머리예條됴
로絇구를ᄆᆡᆫᄀᆞᆯ아곱미사ᄆᆡ게ᄒᆞᆫ
저슨밧ᄀᆡ게ᄒᆞᄂᆞ니라
女녀衣의ᄂᆞᆫ상회신던彩ᄎᆡ취鞋혜
잇거던ᄡᅳ라

玄현冒모黼보殺쇄圖도 緇치冒모赬 殺쇄圖도

質、딜

殺쇄

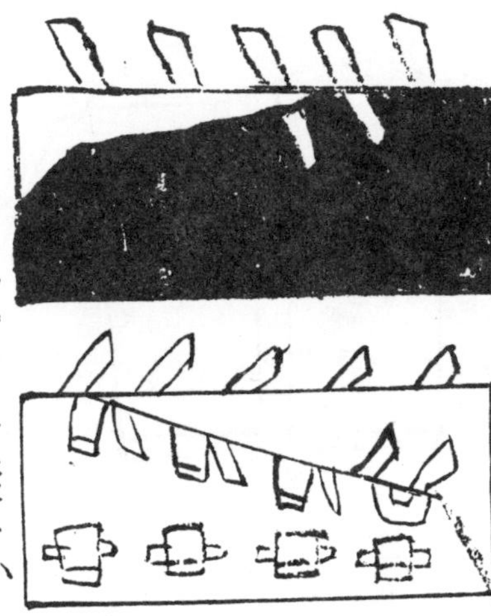

녑피셴다ᄉᆞᆺ슬돌ᄂᆞ니

質、딜

殺쇄

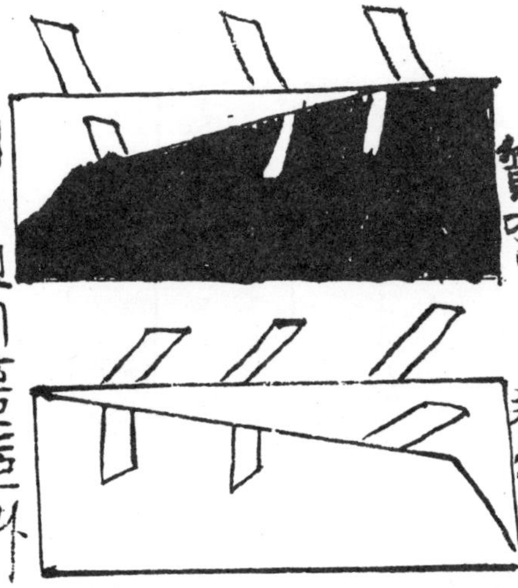

녑피셴세ᄒᆞᆯ돌ᄂᆞ니

冒모ᄂᆞᆫ 면紬듀或혹絹견 거문이 날곱자
블근이 날곱자 ᄒᆞ로 밍ᄀᆞᆫ니(士ᄉᆞ喪상禮
녜註주에 그거ᄉᆞᆯ이 直딕囊낭 ᄀᆞᄐᆞ니
우ᄒᆞᆫ 날온 質、딜이요 아리ᄂᆞᆫ 날온 殺
쇄ㅣ니 몬져 殺쇄로 발ᄋᆞᆯ 덥퍼 올니고
後후에 質、딜노 머리ᄅᆞᆯ 덥퍼 ᄂᆞ리와 ᄉᆡ
見ᄋᆞᆯ 뵈니 이 上샹ᄒᆞ 천下하纁훈이니 天
천地지ᄅᆞᆯ 象샹ᄒᆞ미니라 喪상大대記긔
셰大대夫부ᄂᆞᆫ 玄현冒모黼보殺쇄ㅣ니
녑피 다ᄉᆞᆺ ᄉᆡᆫ을 돌고 士ᄉᆞᄂᆞᆫ 緇치冒모
赬 殺쇄ㅣ니 녑피 세 ᄉᆡᆫ을 돌고 質질은
기리 소ᄂᆞ로 더브러 ᄀᆞᆺ게 ᄒᆞ고 殺쇄ᄂᆞᆫ 기리
석자 ᄒᆡ이니라
丘구氏시ᄀᆞᆯ오ᄃᆡ 冒모 制졔되 ᄒᆞᆫ 머리
ᄅᆞᆯ 호와 合합ᄒᆞ고 ᄯᅩ ᄒᆞᆫ 편을 호와 連
년ᄒᆞ야 ᄒᆞ고 호지 아니 편 上샹下하의 ᄭᅳᆫ 두
라 미ᄂᆞ니라

行힝縢등圖도

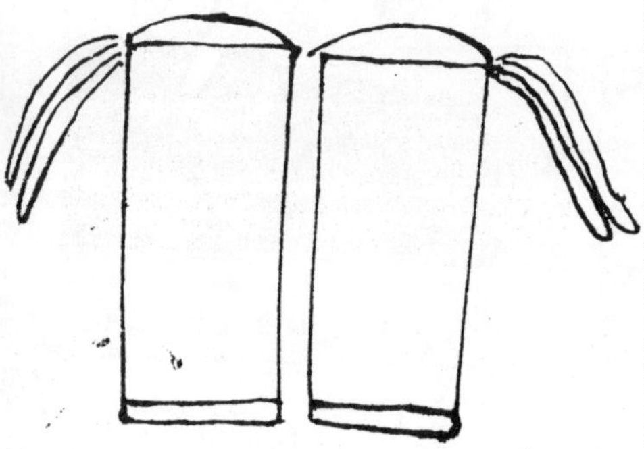

舒付綃견圖도

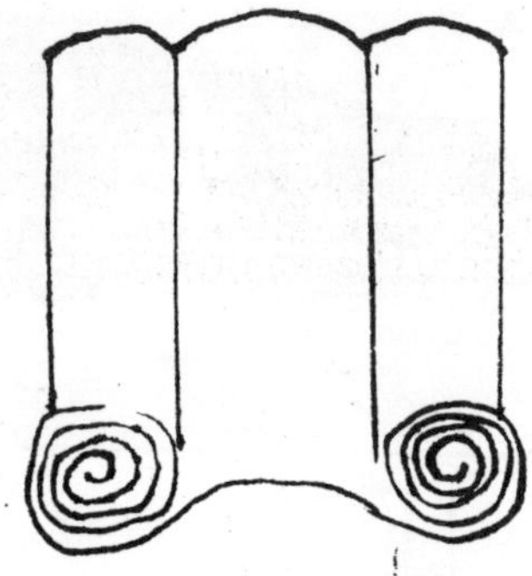

舒付綃견은小쇼歛렴제머리ᄡᆞᄂᆞᆫ거시라輯즙覽람에別별노綃견ᄒᆞᆫ條됴를떼고그우희옷ᄒᆞ나ᄒᆞᆯ져버노코그머리를ᄡᆞ고仍잉ᄒᆞ야두고그ᄒᆞᆯ져버그ᄠᅢ리두녑굴ᄒᆞᆫ뒤ᄃᆞᆯ매워엇게와깃제ᄒᆞᆫ後후에綃견으로ᄡᅡᄆᆞ려지지아니게ᄒᆞᄂᆞ니라

行힝縢등은힝젼이오다리에ᄆᆡᄂᆞᆫ거시니綃견或혹綿면紬듀로ᄆᆡᆼᄀᆞᄂᆞ니라退퇴溪계ᄀᆞᆯ오ᄃᆡ或혹ᄒᆞ者쟈ㅣ勤ᄂᆞᆫ帛ᄇᆡᆨ이니이곳行힝縢등이라ᄒᆞ다ᄒᆞ시니라

婦부人인掩엄圖도

모라논그림

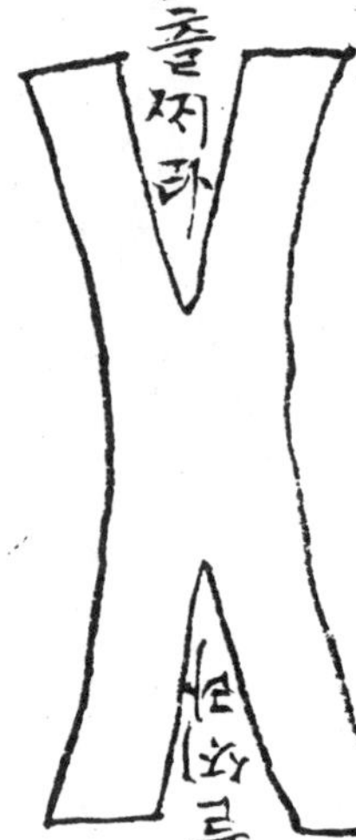

뎡근그림

掩엄은練연帛ᄇᆡᆨ완幅폭너비기리
다숫자ᄒᆞ로그긋츨쎠여독사리미
고ᄯᅩ도로뒤ᄒᆞ로목가온ᄃᆡ미ᄂᆞ니
即즉今금世셰俗쇽이掩엄을女
녀帽모ㅣ라닐으고冒모段단으로뭇
ᄒᆞ고色ᄉᆡᆨ거ᄉᆞ로산ᄃᆡ혀ᄆᆡᆼ그ᄂᆞ니라
(備비要요)에ᄃᆡᆺ숨이죽으매冠관
빈오지아니ᄒᆞ고다만깁으로머리를
ᄊᆞ니닐온掩엄이라幅복巾건이ᄯᅩ
ᄒᆞᆫ이ᄯᅳ지니男남 喪상에
幅복巾건을쓰면女녀喪상에맛
當당히掩엄을쓸지니라

婦부人인大대帶디圖도	婦부人인圓원衫삼圖도
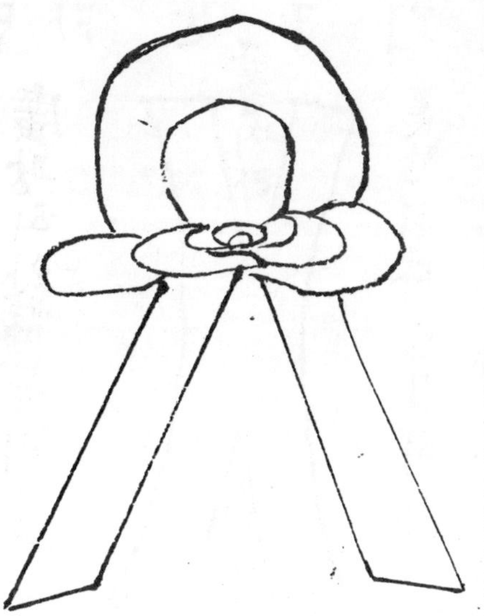	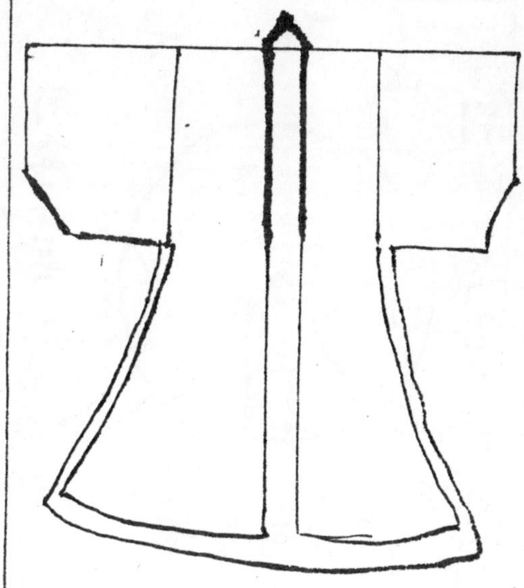

備비要요에女녀喪상은圓원衫삼或혹蒙몽頭두衣의或혹長댱襖오子ᄌᆞ를ᄡᅳ라ᄒᆞ니圓원衫삼制졔되나타난고지업수매아직 世셰俗쇽의지어쓰논대로ᄒᆞ리니대蓋개그制졔되프른깁거믄사두幅복으로ᄭᅵᆸ지버옷ᄀᆞᆺ듬을밍ᄀᆞ니기리몸과ᄀᆞᄌᆞᆨᄒᆞ디삼피뒤혜ᄂᆡ어너치나져르고깃ᄉᆞᆫ深심衣의의깃ᄀᆞᆺ고左좌右우녑플지혀몸의맛게ᄒᆞ고ᄉᆞ매ᄅᆞᆯ두렷게ᄒᆞ야左좌右우에도고ᄋᆞᆺ깃과아래ᄅᆞᆯ다젼노단ᄒᆞ야밍ᄀᆞᄂᆞ니라(備비要요에婦부人인의눈맛당히삼고ᄒᆞᆯ자라ᄒᆞ야시되다ᄅᆞ디나타난고지업고圓원衫삼의업슬거시아니매深심衣의大대帶디ᄅᆞᆯ의지ᄒᆞ야ᄉᆡᄅᆞᆯ그리되ᄒᆞ마條됴帶디이삼업스믈ᄋᆡ지못ᄒᆞ리로다

喪상服복圖도說셜

喪상布포ᄒᆞᆫ사ᄅᆞᆷ의제布포帛ᄇᆡᆨ尺쳑으로셜ᄒᆞᆫ대
에자ᄒᆞ로ᄒᆞ니連년幅복ᄒᆞ면쉰나믄자히오升
승數수ᄂᆞᆫ各각各각그服복을ᄯᆞ라ᄒᆞ고屈굴冠관
뵈ᄂᆞᆫ各각各각옷뵈예세ᄊᆡ기ᄀᆞᄂᆞᆫ거ᄉᆞ로ᄒᆞ라○
믈읫喪상服복을다指디尺쳑을ᄡᅳ라(指디尺쳑은中듕指지
中듕節졀로ᄒᆞᆫ치를ᄒᆞ라)
括괄髮발麻마憑빙尸시ᄒᆞᆫ後후ᄒᆞ斬참衰최男남子ᄌᆞ
括괄髮발과斬참衰최女녀子ᄌᆞ髽사ᄒᆞᆯ제삼최노
ᄒᆞ로ᄒᆞ라

布포頭두𢄔슈)齊졔衰최男남子ᄌᆞ括괄髮발파齊
졔衰최女녀子ᄌᆞ髽좌사ᄒᆞᆯ졔ᄡᅳ니(儀의節졀)에六
뉵升승会布포ᄒᆞᆫ條됴로머리ᄆᆡᆺ츨미야뒤헤드리
온거시여ᄉᆞᆺ치요期긔年년大대功공은여ᄃᆞᆲ치
요小쇼功공總싀麻마ᄉᆡ上논ᄒᆞᆫ자희라ᄒᆞ니이닐온
布포總총이요(儀의禮녜)예집의인논女녀子ᄌᆞ
ㅣ아비를為위ᄒᆞ야布포로總총을ᄒᆞᆫ다ᄒᆞ고(曾증
子ᄌᆞ問문註쥬)에世셰俗쇽婦부女녀ㅣ服복이
이시면白ᄇᆡᆨ布포로머리ᄡᅮ뷔우힐미네닐온孝
효圈권이니또ᄒᆞᆫ이ᄯᅳ지라ᄒᆞ고(五오禮례儀의

예首슈帊파로代ᄃᆡᄒᆞ야ᄡᅳᆫ다ᄒᆞ니라
免문布포뢰ᄒᆞᆫ치너비ᄅᆞᆯᄡᅥ齊지裏최以이下하
ㅣ다小쇼斂렴後후에頭두巾건우회매얏다가
成셩服복에니르러섭시ᄒᆞ라
括괄髮발免문髽사ㅣ續쇽問문鮮최에括괄髮발과
免문과髽사ㅣ다머리ᄅᆞᆯ주므려ᄆᆡᄂᆞᆫ일홈이로
ᄃᆡ括괄髮발과免문은男남子ᄌᆞ의일이오髽사
ᄂᆞᆫ婦부人인의일이니男남子ᄌᆞ斬참衰최ᄂᆞᆫ括
괄髮발ᄒᆞ고齊ᄌᆡ衰최ᄂᆞᆫ免문홈이오括괄ᄒᆞᆫ後
후에ᄯᅩ免문을ᄆᆡᄂᆞᆫ거시아니오ᄯᅩ疏소에닐오

뒤髽사ᄒᆞᄂᆞᆫ形형狀상이몬져머리털로ᄡᅡ大대
紒개ᄅᆞᆯ밍글고大대紒개우희斬참衰최婦부人
인온麻마로ᄡᅢ미고齊자衰최婦부人인은뵈로
ᄡᅢ야ᄡᅳᆫ거시男남子ᄌᆞ의括괄髮발과免문ᄒᆞᆷᄀᆞᆮ
다ᄒᆞ니라
孝효巾건녯縗최巾건이오이제頭두巾건이니各
각각喪상服복에셔잠간ᄀᆞᄂᆞᆫ뵈布포帛ᄇᆡᆨ尺쳑
ᄒᆞᆫ자두치로밍그라五오服복엣사ᄅᆞᆷ과侍시者
쟈다ᄡᅳᄂᆞ니라
中듕單단衣의衰최服복을밧쳐속에닙ᄂᆞᆫ옷시니

뵈로深삼衣의룰밍그라닙으되斬참衰최라도

뵈로단ᄒᆞ고아귀룰호ᄋᆞ니上나라深삼衣의룰못ᄒᆞ

면뵈로무주비룰밍그라닙으라

白ᄇᆡᆨ布포衫삼笠립子ᄌᆞ氏시ㅣ룰ᄉᆞ디麤추ᄒᆞᆫ麻마布포

로ᄒᆞᆫ다ᄒᆞ나衫삼거ᄉᆞᆯ이낫타난디섭고또倉창

卒졸奔분喪상ᄒᆞᆯ제밋처밋지못ᄒᆞᆯ거시니힐首

도布포로룰닙으라

繩승帶ᄃᆡ斬참衰최ᄂᆞᆫ노ᄒᆞᆫ로ᄒᆞ고齊ᄌᆡ衰최ᄂᆞᆫ뵈

로ᄒᆞ라

麻마屨구子斬참衰최와齊ᄌᆡ衰최다신ᄂᆞ니라

이세가지ᄂᆞᆫ奔분喪상ᄒᆞᆯ제ᄡᅳᄂᆞ니라

方방笠닙대로ᄆᆡᆼᄀᆞᄂᆞ니라

生ᄉᆡᆼ布포로直딕領령極극히麤추ᄒᆞᆫ뵈로ᄆᆡᆼᄀᆞᆯ라

이두가지ᄂᆞᆫ喪상人인이出츌入입ᄒᆞᆯ제ᄡᅳᄀᆞ납ᄂᆞᆫ거시니비록녯制제度도ㅣ아녀ᄂᆞ從둉俗쇽ᄒᆞ야ᄒᆞ미可가ᄒᆞ니라

男남子ᄌᆞ喪상服복

屈굴冠관

首슈絰질

腰요絰질

絞교帶듸

屨구집신이라 (杖장막대라)

白븩布포巾건

環환絰질

婦부人신裏리裳상

大대袖슈長쟝裾군

盖개頭두

背비子즈

竹쥭簪잠

이열가지논圖도의잇ᄂᆞ니라

喪상服복마屈깐經딜대강그림이라

斬참衰최 三삼年년	至지극키麤추ᄒᆞᆫ뵈로ᄆᆡᆼᄀᆞ되아래기ᄀᆞ글ᄒᆞ디말라
齊지衰최	三삼年년
	杖댱ᄒᆞᆫ期긔年년
	杖댱아닌期긔年년
	五오月월
	三삼月월
	잠간麤추ᄒᆞᆫ뵈로ᄆᆡᆼᄀᆞ되아래ᄅᆞᆯ기슭ᄒᆞ라
大대功공 九구月월	麤추ᄒᆞᆫ니긴뵈로ᄒᆞ라
小소功공 五오月월	잠간麤추ᄒᆞᆫ니긴뵈로ᄒᆞ라
緦시麻마 三삼月월	잠간ᄀᆞᄂᆞᆫ뵈로ᄒᆞ라

大대功공冠관

다齊지衰최와
ᄀᆞᄐᆞ니라

斬참
衰최
首슈
絰딜

베신ᄂᆞᆫᄇᆞᆨ삼
으로ᄒᆞ라

小쇼功공冠관

셰주롬이左좌로
向향ᄒᆞ고나믄거
슨齊지衰최로
더부러ᄀᆞᄐᆞ니라

齊지
衰최
首슈
絰딜

베엽슨잠산ᄉᆞ麁츄
치아닌삼으로ᄒᆞ
니齊지衰최以이
下하ᄂᆞᆫ다ᄀᆞᄐᆞ되緦
시麻마ᄂᆞᆫ熟슉麻
마로ᄒᆞ라

緦시麻마冠관

생뵈신과주름
은小쇼功공과ᄀᆞᆮ
고나믄거슨齊지
衰최로더부러
ᄀᆞᄐᆞ니라

斬참
衰최
腰요
絰딜

斬참衰최
首슈絰딜
삼과ᄀᆞᄐᆞ
니라

齊ᄌᆞ 斉ᄌᆞ衰최나
衰최 이下하ㅣ다斉
腰요 ᄌᆞ衰최首슈
絰딜 絰딜삼파ㄱ
드니라

白ᄇᆡᆨ 斬참衰최ᄂᆞᆫ斉
布포 ᄎᆞᆫ뵈로ᄒᆞ고斉
巾건 ᄌᆞ衰최ᄂᆞᆫ잠ᄌᆞᆫ
ᄎᆞᆫ뵈로ᄒᆞ라
環환
絰딜

斬참 斬참衰최腰요
衰최 絰딜ᄂᆞᆫ삼파ㄱ드니
絞교 라
帶ᄃᆡ

婦부 斬참衰최斉ᄌᆞ衰
人인 뵈다男남子ᄌᆞ의
喪상服복과ᄀᆞᆺ고大
衰최 대袖슈長쟝裙군
裳상 뵈도ㄱ드니라

齊ᄌᆞ 斉ᄌᆞ衰최나ᄋᆡ
衰최 下하ㅣ다各각
絞교 각그喪상服복
帶ᄃᆡ 뵈와ㄱ드되
라 總시麻마ᄂᆞᆫ생

蓋개 斬참衰최斉ᄌᆞ
頭두 衰최다男남子ᄌᆞ
ᄌᆞ의屈굴冠관과
뵈와ㄱ드니라

背ᄇᆡ 斬참齊ᄌᆞ
子ᄌᆞ 다衰최裳상뵈와
ㄱ드니라

裁지辟벽領녕四ᄉᆞ寸촌方방

辟벽領녕四ᄉᆞ寸촌爲위左좌右우斷단도

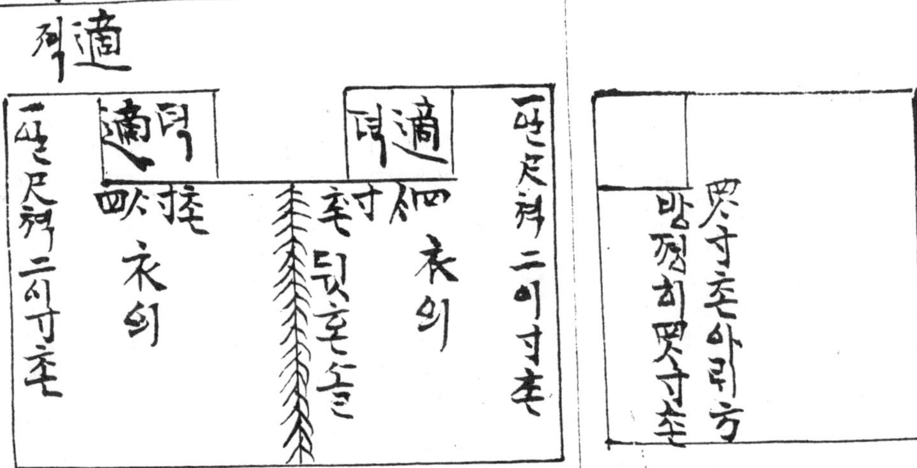

辟벽領령은衰최服복옷두幅복

기릐各각각녀자네치니두幅복을

다가온대로곱ᄭᅵ븐면前뎐後

후기릐各각각두자두치되니뒷무

幅복을서온ᄒᆞ되우ᄒᆞ로네치ᄂᆞᆫᄒᆞ

디맏고前뎐後후네ᄶᅡᆨ을ᄀᆞ즈로시잡

고ᄒᆞ디ᄡᅡ닌네치아릐ᄅᆞᆯᄀᆞ로네치ᄅᆞᆯ

베혀뒤혀져버밧그로向향ᄒᆞ야두

엇게우희덥피이게ᄒᆞ니이분온

左좌右우適뎍이니곳辟벽領령

이니라大대功공以이下하ᄂᆞᆫ

辟벽領령이업ᄂᆞ니라

裁지加가領녕圖도

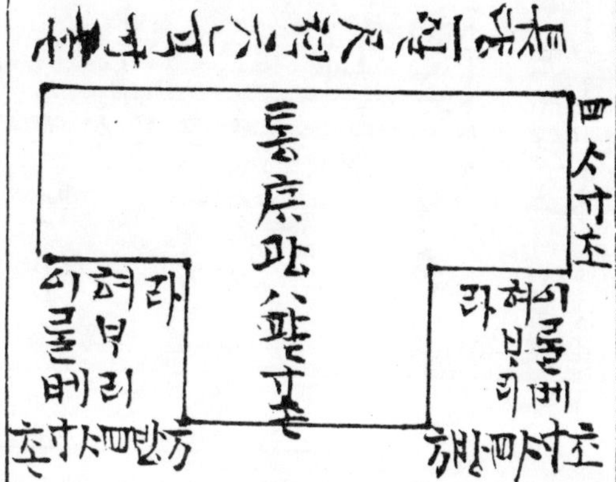

反반帽모向향前젼看간圖도

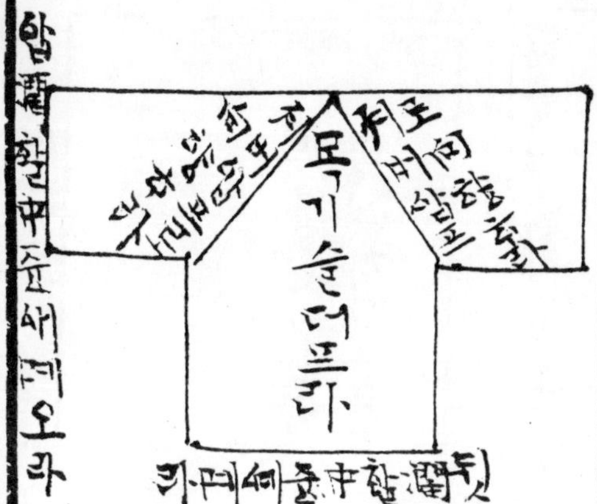

加가領녕은 뵈기리ᄒᆞᆫ자여ᄉᆞᆺ치 너븨

여ᄃᆞᆲ치를 기리로 ᄃᆞᆯ혀져버 지리ᄶᅡᆨ두그

층네치식 베혀부리고 가온대 여ᄃᆞᆲ치

를 온등ᄉᆞᆯ우흔 여ᄃᆞᆲ치예 부티고 우

左좌右우 네치두 그층 삼프로져버

온ᄉᆞᆲ左좌右우 네치 虛허ᄒᆞᆫ디 부티

면 흠복ᄒᆞ니라

袷겹은 기뤼ᄒᆞᆫ자 여ᄉᆞᆺ치 너븨ᄒᆞᆫ자네

치 뵈로 세혀져버ᄒᆞᆫ ᄶᅩᆨ은 졔 여 네치

가온대 곱지버 그로 두ᄶᅡᆨ져 분 가온대 ᄒᆞ

와 加가領녕파 合합ᄒᆞ야 온시대니 이닐

온 三삼重즁이니라

左좌右우袂메圖도

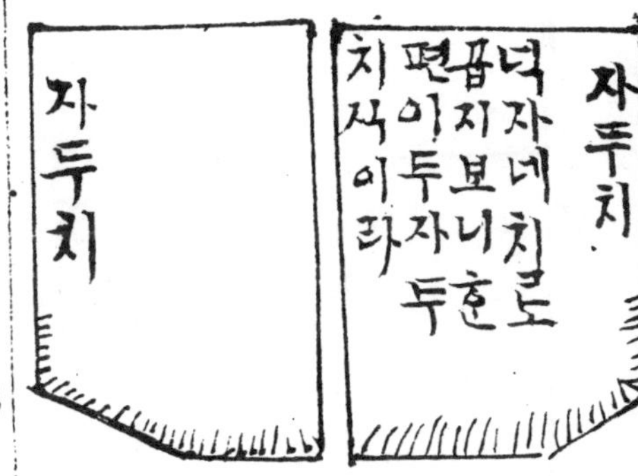

帶ᄃᆡ下하尺쳑圖도

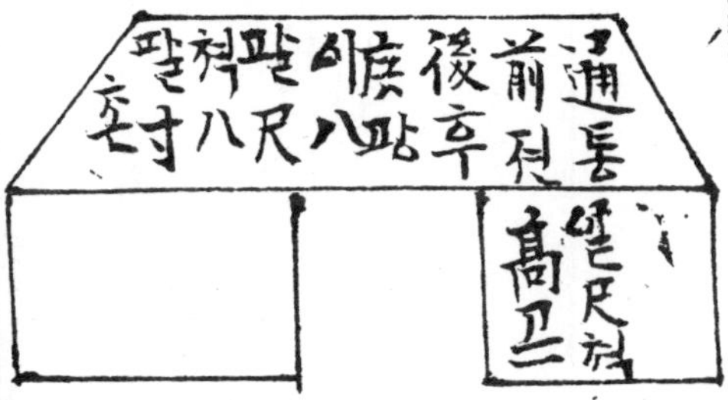

袂메눈뵈두幅폭이各각各각가리너자네
치니옷기릐와ᄀᆞᆮ티가온대뎌부면前
뎐後후기릐ᄯᅩᄒᆞᆫ기릐두자두치식이
라옷左좌右우에ᄃᆞᆯ고아ᄅᆡ를ᄒᆞ되
소매그ᄐᆡ눈ᄒᆞᆫ자두치만ᄒᆞ되맏아소매
부리를밍그니이닐온袪거ㅣ라
帶ᄃᆡ下하尺쳑은누ᄇᆡ亽ᄒᆞᆫ자ᄒᆡ오너
비여ᄃᆞᆲ자여ᄃᆞᆲ치니옷폭과ᄀᆞ타
니옷기슭ᄀᆡ니어부티고衽님ᄃᆞᆯ
라

兩냥衽임相샹疊텹圖도

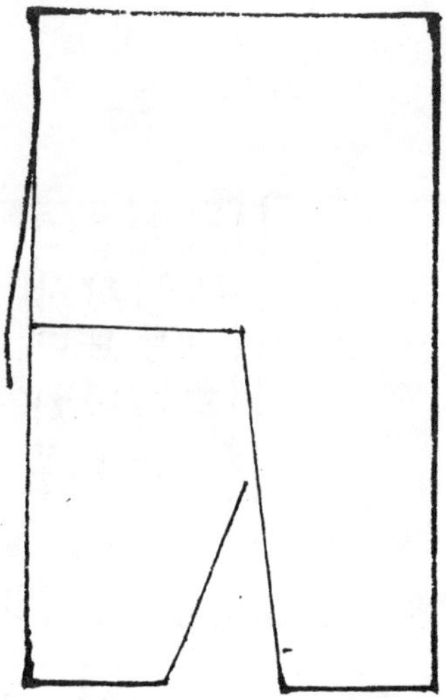

長댱二이尺쳑五오寸촌

裁지衽임圖도

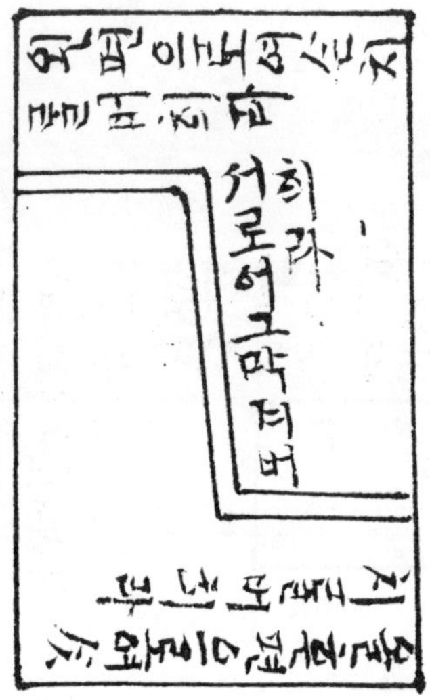

一필尺쳑

通통長댱三삼尺쳑五오寸촌

衽임은뵈너비두자두치기릐닐곱
자흘둘헤난호면셕자가옷시되너
둘흘펴그즈로이노코운머리올흔
편으로훈자나리와여서치굴그로
베히고또아리머리왼편으로훈자나
리와여순치굴그로베히고가온대ㅂ
순기베혀사귀머리굴은머리에노
흐면셜굴이겨비서리그두니둘
흘左좌右우겨드랑사귀帶뒤尺
쳑밧기부티면기릐두자가옷시니
斬참衰최는삶두幅복이되니흘
덥고齊자衰최[illegible]이下하는뒷두
幅이복삶플덥는니라

裁ᄌᆡ裏리圖도

廣광四ᄉᆞ寸촌

長댱六뉵寸촌

裁ᄌᆡ負부板판圖도

四ᄉᆞ方방一일尺척六뉵寸촌

裏리ᄂᆞᆫ기리여ᄉᆞᆺ치너비네치뵈로ᄆᆡᆼ그라左좌편옷깃가ᄉᆞᆷ닷ᄂᆞᆫ듸부치라大대功공以이下하ᄂᆞᆫ裏리업ᄂᆞ니라

負부板판은너비와기리다ᄒᆞᆫ자여ᄃᆞᆲ치뵈로ᄆᆡᆼ그라뒤ᄒᆞ로옷깃아래부텨드리워드리오라大대功공以이下하ᄂᆞᆫ負부板판이업ᄂᆞ니라

加가領녕於어衣의前젼圖도

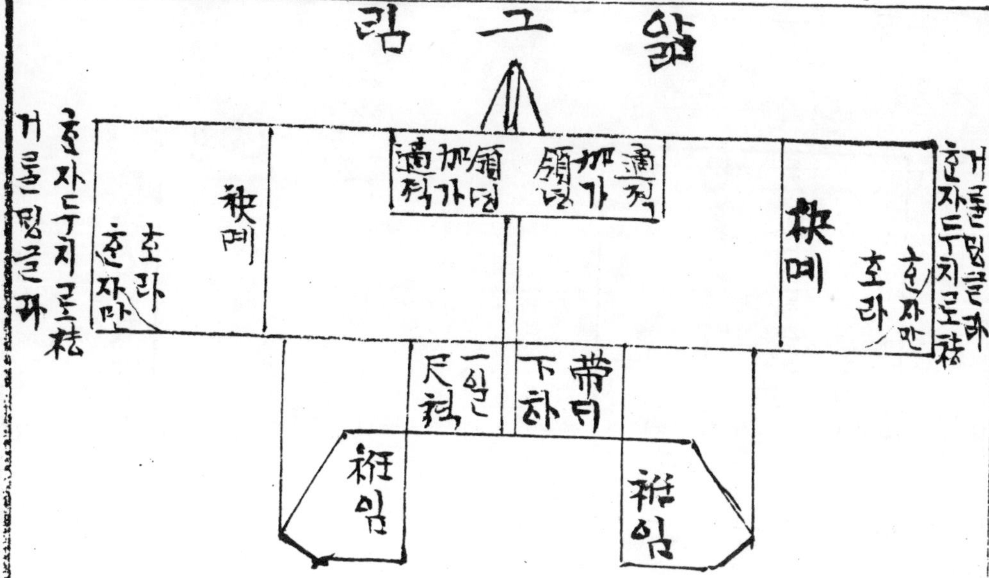

裏리服복을몯나몯졔 둥솔을
밧그로부치고辟벽領령을몯
나밧그로左좌右우로져버 뎌을
맨그라加가領령돌고드스매로
밧그로부치고帶ᄃᆡ下하尺쳑
옷기ᄉᆡᆨ리부치고衽임을帶ᄃᆡ
下하尺쳑左좌右우옷기ᄉᆡᆨ
리밧그로부치고負부板판을
등에부텨드리오고裏리ᄅᆞᆯ가ᄉᆞᆷ
의부치고옷서끈홀달라

加가領령於어衣의後후畵도

뒷 그 림

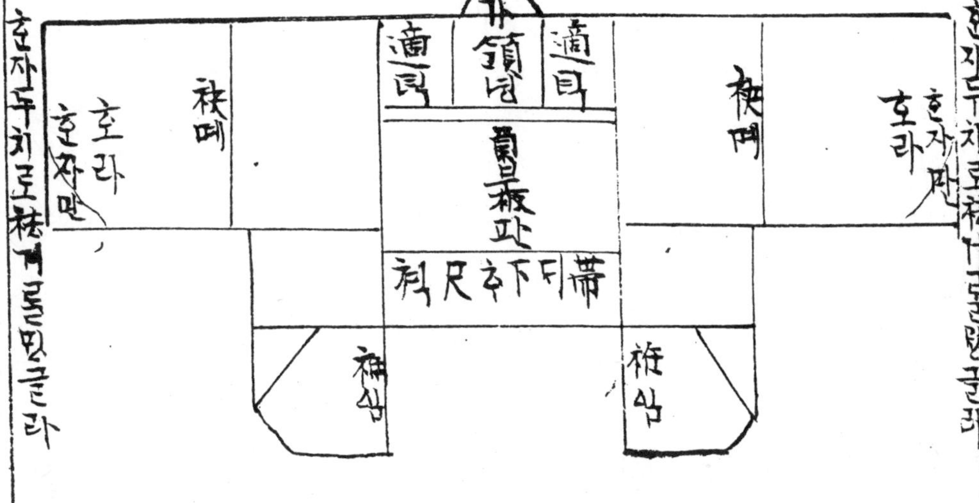

믈읫喪상服복을本본尺쳑數수
예셔호치식劃획잉을두어호와
지을졔바두질밥이되게ᄒᆞ고ᄆᆞ
루기를指지尺쳑으로ᄒᆞ라五오服
복읫옷시호솔이다밧그로向
향호ᄃᆡ斬참衰최ᄂᆞᆫ기슭을호
지아니ᄒᆞ고齊ᄌᆡ衰최以이下하
ᄂᆞᆫ다호ᄂᆞ니라喪상服복ᄆᆞᄅᆞᄂᆞᆫ
뵈드ᄂᆞᆫ數수ᄂᆞᆫ喪상服복圖도
說셜의보얏ᄂᆞ니라

裳상圖도　　　斬참衰최

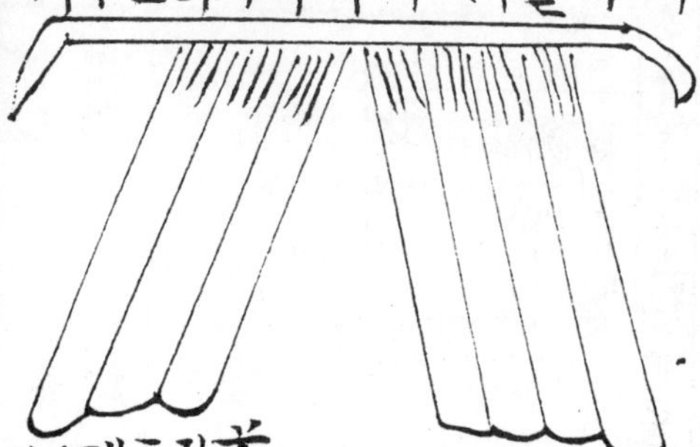

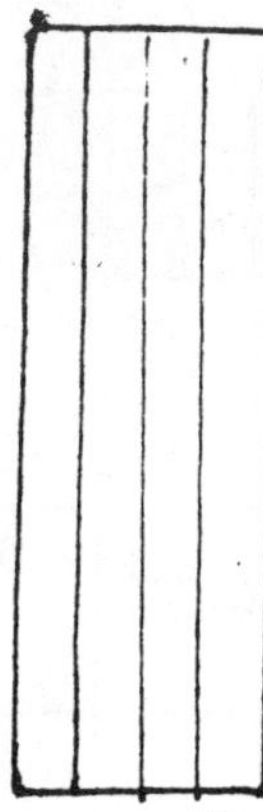

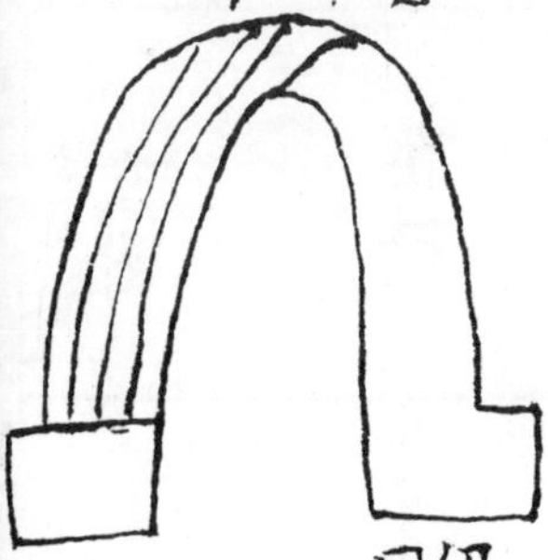

裳상은앏픈세幅복이오뒤흔네幅복이니
뵈다ᄉᆞᆺ치너비로허리ᄃᆡ되앏뒤幅복이다곱셕
仴連련치아니케ᄒᆞ고每ᄆᆡ幅복에주름셋
식잡고기리삼ᄭᅮᆷ의키ᄅᆞᆯ ᄯᆞ로와ᄒᆞ라五오服복
의치마ᄒᆞᆫ솔이다안ᄒᆞ로向향호ᄃᆡ斬참衰최
눈아ᄅᆡ롤호디아니ᄒᆞ고各각져衰최ᄯᅢ이下하ᄂᆞᆫ 호라
屈굴冠관은됴ᄒᆡ로ᄅᆞᆯ비졉ᄒᆞ야너비네치요
기리니마에셔곡뒤ᄭᅦ다케ᄒᆞ야잠간ᄀᆞᄂᆞ
뵈로세주름자바플무티무ᄅᆞᆫ됴ᄒᆡ우
ᄒᆡ부티고삼노ᄒᆞᆯ근게ᄡᅢ와니마ᄅᆞᆯ조차左좌

冠판 畵도

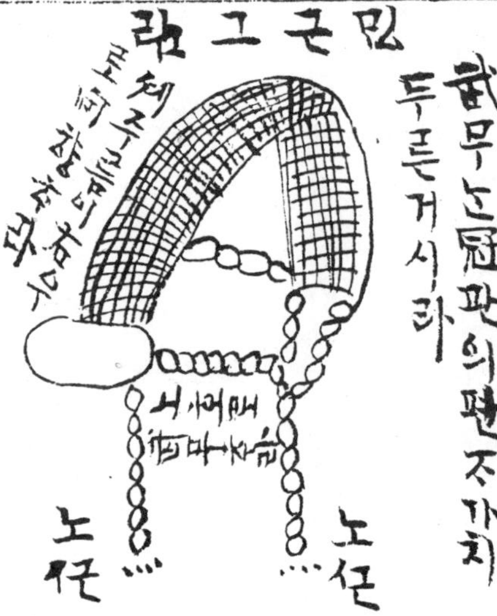

右우로굽뒤디나두텩귀예다두라 오른텩武
무룰밍글고冠판을구펴 두머리룰武무
니마곱뒤단 노대 너코두굿各각각호치작
밧그로져버그 노 노흐로호고武무의 나븐
그츨툭야러미야冠판 산호라斬참裏최
以이下하 노冠판주름을右우로向향호라

齊지裏최冠판畵도

齊지裏최以이下하 노武무例 노노
흘뵈로후야左좌右우에미야드리
워冠판 산호라 小쇼功공以이下하
노冠판주름을左좌로向향후
라

斬참衰최首수經딜圖도

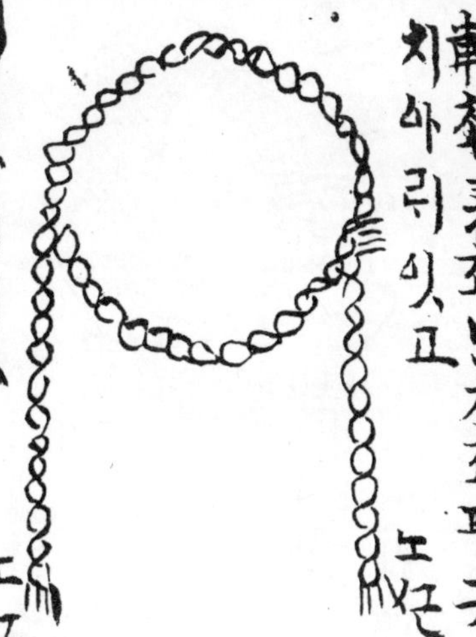

齊지衰최首수經딜

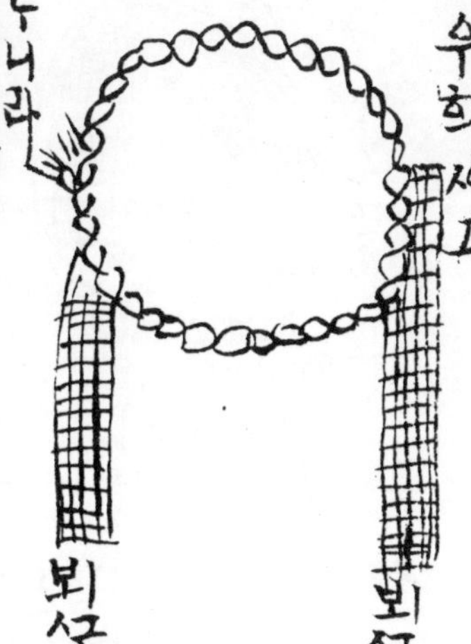

首수經딜은그制제되두가닥을삼녑
펴어올려血와기리혼자남줏ᄒᆞ고그세온
거시斬참衰최논아홉치오齊지衰최논
닐곱치오大대功공은다ᄉᆞᆺ치오小쇼功공
은네치오總시麻마논세치오斬참衰최
논삼밋치左좌편아리이시니내마앏프
ᄒᆞ로조차右우ᄒᆞ로向향ᄒᆞ야둘러그굿
츠로삼밋우희덥고노션둘고齊지衰
최以이下하논삼밋티右우편우희이
시니니마앏프로조차左좌ᄒᆞ로向향
ᄒᆞ야둘러그굿츠로삼밋아리더어고
左좌右우에뵈션둘고小쇼功공以이下
하논세이엽나니라믿근논삼은喪상服복
總총衰쇠도에보야 노니라婦부人인은纒(?)
시논後후에 고(?) 男남子ᄌᆞ논遷(?)
논後후에 ᄡᆞ노니라

斬참衰최腰요經질

大대功공以이上상은散산垂슈ᄒᆞ얏다가成셩服복제셔교結

퇴殯빈제다시散산垂슈ᄒᆞ얏다가卒졸哭곡後후에셔絞

小쇼功공以이下하腰요經질

小쇼功공以이下하와婦부人인은처엄에교와셔프러디말라

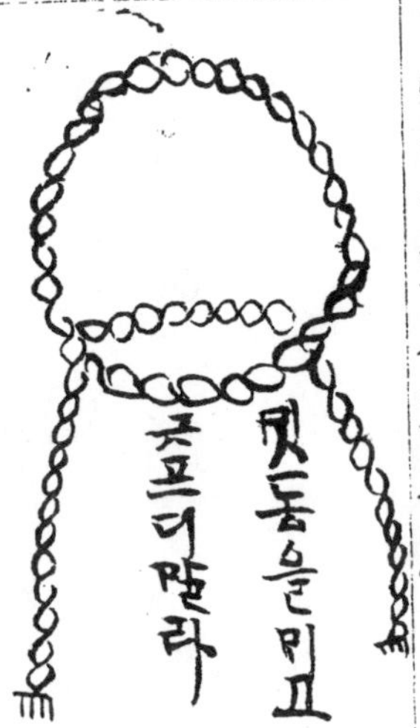

腰요經질은그制졔되두가닥을삼나되
어울러교와그에오거시斬참衰최ᄂᆞᆫ닐
곱치오齊지衰최ᄂᆞᆫ다숫치오大대功공은네치
오小쇼功공은네치오緦시麻마ᄂᆞᆫ네치니그두
머리에各각각삼밋ᄎᆞᆯ두어細셰絲승으로
미니通통ᄒᆞ야長쟝니닐곱여ᄃᆞᆲ자히라
허리에도로셔로밀고뒤各각각그ᄂᆞᆫ노흐
도고齊지衰최ᄂᆞᆫ뵈로ᄒᆞᄂᆞ婦부人인은遷
빈殯ᄒᆞᆫ後후에셔고男남子ᄌᆞᄂᆞᆫ遷쳔尸
시ᄒᆞᆫ後후에셔ᄂᆞ니라

斬참衰최絞교帶ᄃᆡ

노ᄒᆞ로ᄒᆞ니腰요經딜ᄀᆞᆮ
예셔ᄀᆞᆫ니라

齊ᄌᆡ衰최以이下하絞교帶ᄃᆡ

뵈로ᄒᆞ니 디 ᄇᆞ의 四ᄉᆞ寸촌
남ᄌᆞᆺᄒᆞ니라

斬참衰최絞교帶ᄃᆡ 노삼ᄒᆞᆫ가ᄂᆞᆯ기ᄅᆞᆯ 쎠셔
삼흠자ᄒᆞ로 가온대ᄅᆞᆯ 고ᄅᆞ 두가래ᄅᆞᆯ 밍그라 各
각각ᄒᆞᆫ자 남ᄌᆞᆺᄒᆞ니로 미자솜 잡ᄒᆞ야 征면 絞교
帶ᄃᆡ 되니 고ᄅᆞᆯ 左좌편으로 가게 ᄒᆞ여 腰
요經딜 아래 ᄒᆞᆫ 것ᄒᆞ니 通통ᄒᆞ야 長쟝
시여 ᄃᆞ자 아홉자히오 모든 피 腰요經딜에
셔ᄂᆞᆫ 잠ᄀᆞᆫ니라 이 닐온 三삼重즁四ᄉᆞ股
고ㅣ니라 男남女녀ㅣ 다 憑빙
尸시ᄒᆞᆫ 後후에 ᄒᆞᄂᆞ니라
齊ᄌᆡ衰최以이下하絞교帶ᄃᆡ 뵈로ᄒᆞ야 各각각고
服복制뵈 升승數수ᄅᆞᆯ ᄯᆞ라 ᄒᆞ니 너비 네치 남ᄌᆞᆺᄒᆞ
고 그 右우편의 ᄒᆞᆫ자ᄒᆞᆫ 저버 고ᄃᆞᆯ니 通통ᄒᆞ야 長쟝
남 굽어 ᄒᆞᆫ자히니라 男남女녀ㅣ 다 憑빙尸시ᄒᆞᆫ 後후에 ᄯᅴ라

苴져杖댱 菅관履구 削샥杖댱 疏소履구

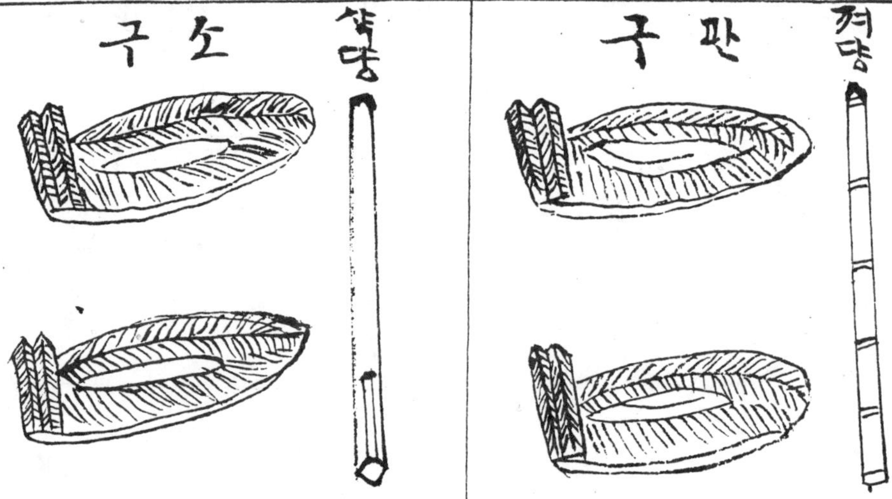

苴져杖댱은斬참衰최杖댱이니대죽호미孝
효子ᄌᆞ의情졍誠셩과ᄆᆞ두믈取취호미라
기릐ᄂᆞᆫ가ᄉᆞᆷ과ᄀᆞ즉ᄒᆞ고크기腰요經뎔과ᄀᆞᆺᄒᆞ고大
큰ᄭᅳᆺ을아래ᄒᆞᄂᆞ니라
菅관履구ᄂᆞᆫ斬참衰최신이니플로나或혹
짚으로ᄆᆡᆼ나粗조ᄒᆞ니만근거시니即즉今
금의흠집신이라
削샥杖댱은齊지衰최杖댱이니머귀졈삭ᄒᆞ
미孝효子ᄌᆞ의ᄆᆞᄋᆞᆷ졍ᄆᆞ두믈為위ᄒᆞ얌미니우희
두렷ᄒᆞ고아리네모나고기릐와몸픠ᄂᆞᆫ苴져杖댱
과ᄀᆞᄐᆞ니라 疏소履구ᄂᆞᆫ齊지衰최신이니蓋개斬참
衰최신과ᄀᆞ트되ᄎᆞ기젹ᄉᆞᆫ삼은라 杖댱期긔ᄂᆞᆫ신을삼
을로삼五오大대功공은노흐로삼五오小소功공●以이下하ᄂᆞᆫ민신ᄒᆞᄂᆞ

白빅布포巾건圖도 | 環환絰딜圖도

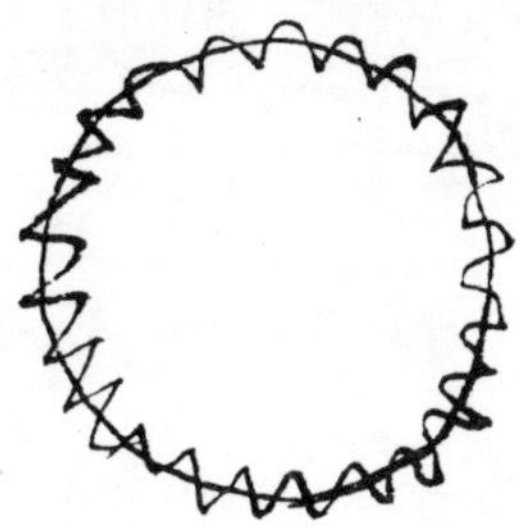

白빅布포巾건은卽즉今금孝효巾건이니但단뵈布포帛
빅天텬ᄒᆞᆫ자두치로ᄆᆞᆯ라ᄆᆡᆼ그라喪상人인이小쇼斂렴
새예俟ᄉᆞ다가遷쳔屍시ᄒᆞᆫ後후에首슈絰딜ᄇᆞᆯ졔버섯다
가啓계殯빈ᄒᆞᆯ졔도로ᄡᅥᆺ다가卒졸哭곡後후에
버스라

環환絰딜은熟슉麻마ᄒᆞᆫ가닥으로뷔여ᄒᆞᆫ總
싀麻마絰딜ᄀᆞ티ᄒᆞ야小쇼斂렴時시예帛ᄇᆡᆨ布포巾건우ᄒᆡᄡᅥᆺ
다가遷쳔屍시ᄒᆞᆫ後후에首슈絰딜ᄇᆞᆯ졔버섯다가啓계殯
빈ᄒᆞᆯ졔도로白ᄇᆡᆨ布포巾건우ᄒᆡᄡᅥᆺ다가卒졸哭
곡後후에버스라

裁지衰최裳상圖도

기리ᄂᆞᆫ사ᄅᆞᆷ의킈ᄅᆞᆯᄯᆞ라ᄒᆞ라

七칠寸촌三삼分분남즛

一일尺쳑四ᄉᆞ寸촌七칠分분남즛

丘구氏시ᄀᆞᆯ오ᄃᆡ치마아래斬참衰최ᄂᆞᆫ호ᄎᆡ아니ᄒᆞ고齊ᄌᆡ衰최ᄂᆞᆫ以이下하ᄂᆞᆫ져며ᄒᆞᄂᆞ니라

衰최裳상은뵈여섯幅복으로엇게버혀앏두幅복을믈그라조분머리ᄅᆞᆯ모ᄒᆞ우ᄒᆞ로가게連년ᄒᆞ야븟치되호솔이안흐로向향케ᄒᆞ야深심衣의치마ᄀᆞ치옷아래븟쳐ᄒᆞ라

(楊양氏시)ᄀᆞᆯ오ᄃᆡ家가禮례예女녀子ᄌᆞ不부衰최服복을純슌젼이녯制졔도ᄅᆞᆯ쓰지이아니므로다首슈經딜ᄒᆞ관글이업ᄉᆞ나마當당히禮례예經경되로首슈經딜파腰요經딜파絞교帶ᄃᆡᄅᆞᆯ쓸지니라

(問문解히)에ᄀᆞᆯ오ᄃᆡ衰상服복裳상圖도式식에衰최와裳상을連년ᄒᆞ야부티고經딜파杖댱을ᄀᆞ초관制졔되甚심히ᄌᆞ細셰ᄒᆞ니반ᄃᆞ시朱쥬子ᄌᆞ不블晩만年년定뎡論논이라家가禮례예ᄆᆞᆺ디아니타ᄒᆞ시니라

衰최裳상圖도

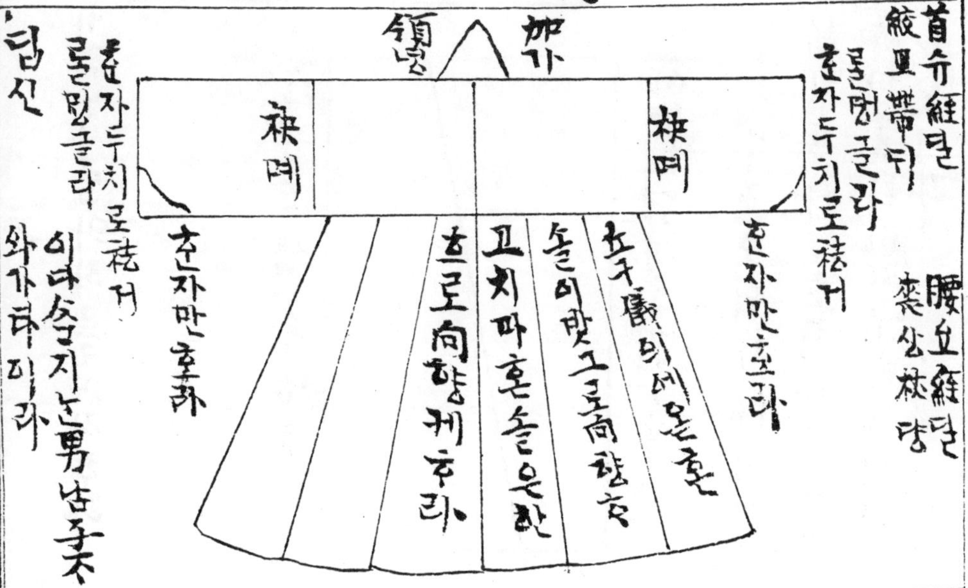

衰최服복은뵈升승數수와모ᄅᆞᆫ制졔되다男남子ᄌᆞ衰최服복ᄀᆞ티ᄃᆞ만帶ᄃᆡ下하尺쳑과袵임이고지마ᄅᆞᆯ두幅복을ᄧᅡ삼衣의치마ᄅᆞᆯ혼ᄃᆡ連련ᄒᆞ야녀라.

〈儀의節졀〉에婦부人인도總시麻마ᄅᆞ디다喪상服복남고斬참衰최와齊ᄌᆞ衰최와期긔年년은負부版판과衰최ᄅᆞᆯ두라샤男남子ᄌᆞ의衰최服복ᄀᆞ고ᄯᅥᆺ制졔도와彷방佛불ᄒᆞ니라

大대袖슈圖도

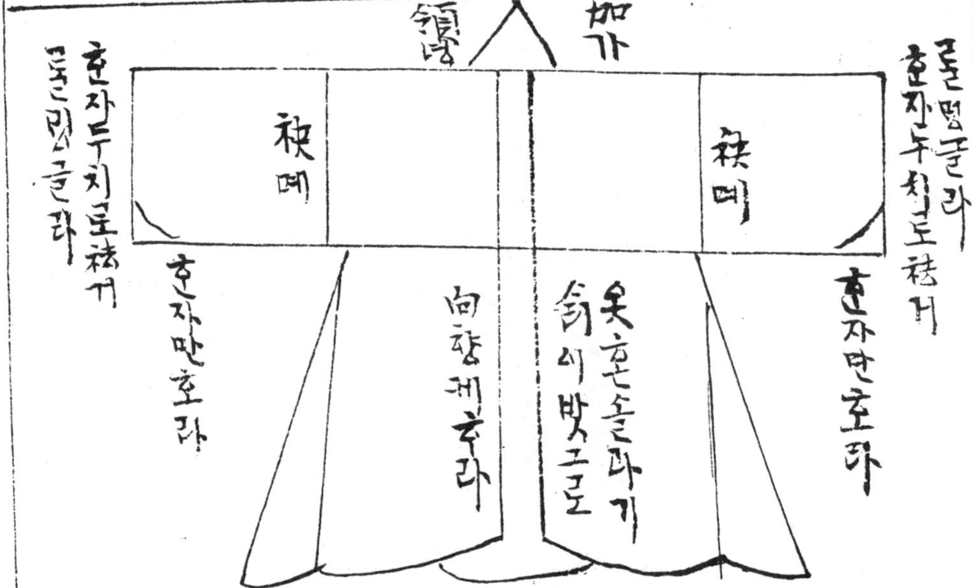

大대袖슈ᄂᆞᆫ丘구氏시ㅣᄀᆞ로ᄃᆡ이졔婦부人인의댱의ᄂᆞᆫᄉᆞᄉᆞ로ᄒᆞᆫ픔너ᄅᆞ고기리무릅피지고ᄉᆞ매기릐ᄃᆞ자두치니사나ᄒᆡ裏衫服복制졔도ᄀᆞᆺ다ᄒᆞ고ᄯᅩ禮례儀의예長장衫삼이이거시라ᄒᆞ니라丘구氏시ㅣᄀᆞ로ᄃᆡ家가禮례예婦부人인服복制졔ᄅᆞᆯ書셔儀의의ᄅᆞᆯ근본ᄒᆞ므로大대袖슈로써이ᄅᆞ다ᄒᆞᆫ制졔도아니미이졔腰요經딜ᄒᆞᆫ가ᄃᆡ로ᄂᆞᆫ補보入입ᄒᆞᄂᆞ니라

退퇴溪계ᄂᆞᆫᄀᆞ로ᄃᆡ楊양氏시大대袖슈長장裙군에首슈經딜과腰요經딜이업다ᄒᆞ고家가禮례예ᄒᆞ라ᄒᆞᆫᄃᆡ업거니와丘구氏시禮례예로ᄒᆞ미맛당타ᄒᆞ시니라

長댱裙군圖도

열두복 오ᄋᆡ 복마다 세주름 셕 잡ᄂᆞ니라

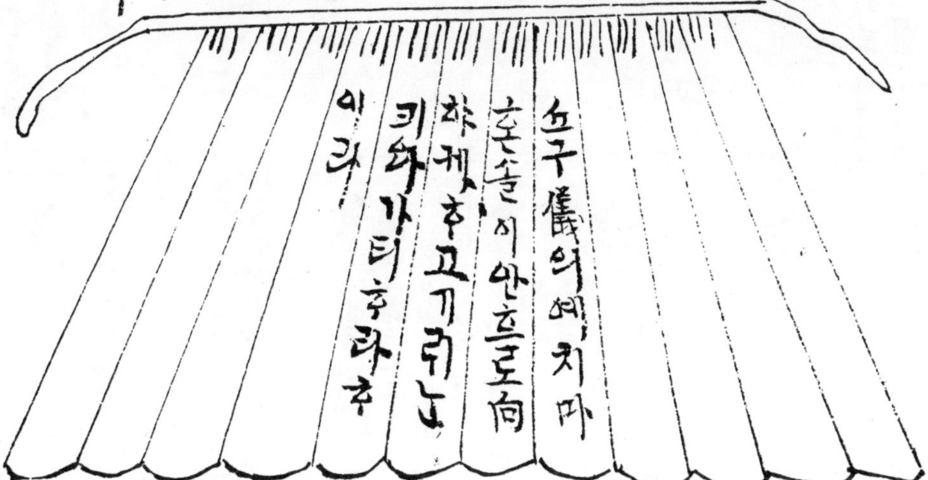

長댱裙군은 쇼구氏시 글오ᄃᆡ 뵈여ᄉᆞᆺ幅복을 ᄆᆞᆺ 베혀 열두幅복을 ᄆᆡᆼ그라 連련ᄒᆞ야 뭇쳐 기리 ᄯᅡ히 ᄀᆞᆺ가이 제ᄒᆞ야 男남子ᄌᆞ 裏리裳샹制졔도ᄀᆞ치 ᄒᆞᆫ다 ᄒᆞ니 卽즉今금 계집 사ᄅᆞᆷ 치마 ᄀᆞᆺᄐᆞ니라 大대袖슈長댱裙군을 쇼구氏시 ᄆᆡᆫ制졔되 아니ᄒᆞ니 맛當당이 裏리裳샹을 쓰련마ᄂᆞᆫ 家가禮례예 大대袖슈長댱裙군을 쓰게 ᄒᆞ야 시매 두가지를 다 올니노라

背배子자圖도	蓋개頭두圖도

斬참衰최ᄂᆞᆫ 기ᄉᆞᆯ을 ᄒᆞ지 아니ᄒᆞ고 齊지衰최ᄂᆞᆫ 기ᄉᆞᆯ을 ᄒᆞ라

蓋개頭두ᄂᆞᆫ 成셩服복後후에 쓰ᄂᆞᆫ 거시니
丘구氏시 ᄀᆞᆯ오ᄃᆡ 잠간 ᄀᆞᄂᆞᆫ 뵈에 幅복으로
ᄆᆡᆼ그ᄃᆡ 기릐 사ᄅᆞᆷ의 몸과 ᄀᆞ죽ᄒᆞ다 ᄒᆞ니
대 蓋개 녯 婦부人인이 出츌入닙ᄒᆞᆯ 제
ᄂᆞᆺ ᄎᆞᆯ ᄀᆞ리오ᄂᆞᆫ 거시라 五오禮례儀의예
女녀笠닙帽모ᄅᆞᆯ 쓰다 ᄒᆞ니라
背배子ᄌᆞᄂᆞᆫ 모든 妾쳡이 大대袖슈ᄅᆞᆯ 代ᄃᆡ
ᄒᆞ야 닙으니 極극히 麤추ᄒᆞᆫ 生ᄉᆡᆼ布포로
ᄒᆞ되 기릐 사ᄅᆞᆷ의 몸과 ᄀᆞ죽ᄒᆞ고 ᄉᆞ매 ᄂᆞᆯ
고 혼 솔이 다 밧그로 向향ᄒᆞ고 기ᄉᆞᆯ을
ᄌᆞ버 호지 아니ᄒᆞ니 即즉今금 五오禮례
儀의 蒙몽頭두衣의니라
源원流류에 腰요經뎔이 잇다 ᄒᆞ니라

竹듁簪잠圖도

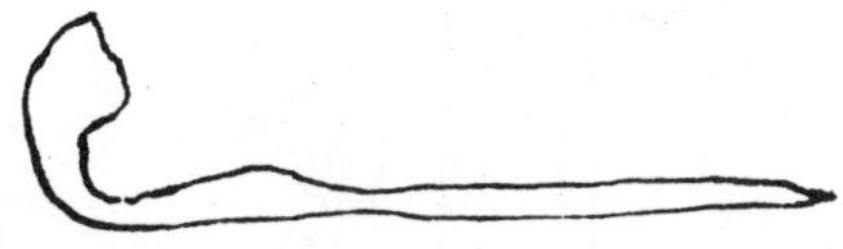

대비혀는기리다ᄉᆞᆺ여ᄉᆞᆺ치니 斬참衰최 女녀子ᄌᆞㅣ 髽좌사ᄒᆞ後후에 머리에ᄭᅩᆺ고 齊ᄌᆡ衰최는ᄎᆞᆷ남ᄀ그로ᄒᆞ라 ○ 古고禮례에 成셩服복에야ᄭᅩᆺ는다ᄒᆞ니라

同동姓셩八팔寸촌圖도

高고祖조의子ᄌᆞ는曾증祖조의同동生ᄉᆡᆼ이오○
高고祖조의孫손은祖조의四ᄉᆞ寸촌이오○高고
祖조의曾증孫손은父부의六뉵寸촌이오○高고
祖조의玄현孫손은己긔의八팔寸촌이오○高고
祖조의同동生ᄉᆡᆼ曾증祖조의四ᄉᆞ寸촌과祖조
의六뉵寸촌과父부의八팔寸촌은寸촌外외요○
己긔의九구寸촌姪딜과八팔寸촌孫손이寸촌外
외라○父부의同도生ᄉᆡᆼ은己긔의三삼寸촌叔슉
이오○父부의四ᄉᆞ寸촌은己긔의五오寸촌叔슉

이오○父부의六뉵寸촌은已긔의七칠寸촌叔슉
이오○子ᄌᆞ의三삼寸촌叔슉은已긔의同동生ᄉᆡᆼ
이오○子ᄌᆞ의五오寸촌叔슉은已긔의四ᄉᆞ寸촌
이오○子ᄌᆞ의七칠寸촌叔슉은已긔。六뉵寸촌이라
이오○孫손의三삼寸촌叔슉은子ᄌᆞ의同동生ᄉᆡᆼ
이오○孫손의五오寸촌叔슉은子ᄌᆞ의四ᄉᆞ寸촌
의오○孫손의七칠寸촌叔슉은子ᄌᆞ의六뉵寸촌
이오○孫손의八팔寸촌은寸촌外외의服복이업
노이라

오五 종宗 본本

뎍손이아비셰죽시매되나
종조나고조나위ᄒᆞ야뎌
상ᄒᆞ면참최삼년ᄒᆞ고조뫼나
증조뫼나고조뫼나위ᄒᆞ야상
ᄒᆞ면저최삼년ᄒᆞ되죄시시
면조모ᄅᆞᆯ위ᄒᆞ야다ᄐᆞᆫ지최
쟝긔ᄅᆞᆯ닙ᄂᆞ니라

고조부 지최				
증조부 지최	증조의 동성부모 싀			
조부 지최	조의 동성부모 쇼공	조의 ᄉᆞ촌부모 싀		
부 참최	부의 동성부모 부댱긔	부의 ᄉᆞ촌부모 쇼공	부의 뉵촌부모 싀	
당신	내 동성 부댱긔	내 ᄉᆞ촌 대공	내 뉵촌 쇼공	내 팔촌 싀
적ᄌᆞ 쟝은 참최삼년 듕은 부댱긔	내 삼촌족하 부댱긔	내 오촌족하 쇼공	내 칠촌족하 싀	
손 뎍은 부댱긔 듕은 대공	내 ᄉᆞ촌손ᄌᆞ 쇼공	내 뉵촌손ᄌᆞ 싀		
증손 뎍은 부댱긔 듕은 싀	내 오촌손ᄌᆞ 싀			
현손 뎍은 부댱긔 듕은 싀				

믈읫사ᄅᆞᆷ이ᄂᆞᆷ의계후되
니ᄒᆞᆫ바아비와뎌즈ᄅᆞᆯᄒᆞᆫ
바ᄒᆞᆫ아비ᄅᆞᆯ위ᄒᆞ야다상ᄒᆞ면
참최삼년ᄒᆞ고제ᄉᆞ친을위
ᄒᆞ야다ᄒᆞᆫ등을ᄂᆞ초되오직
본어버이ᄂᆞᆫᄂᆞ초와당아니ᄒᆞ
ᄂᆞᆫ닙고그본어버이또ᄒᆞᆫ덕
아니긔ᄅᆞᆯᄒᆞᆫᄒᆞ라

服복之디圖도

고조모 삼월

증조모 오월

조모 부댱긔

모 자최 삼년

쳐 지최 삼년

댱은부 쟝긔 부 듧은뒤 공

뎍손부 쇼공 그 싀어미 잇시면 말고 셔 논 싀

증손부 쇼공 그 싀어미 잇시면 말고 셔 논 싀

현손부 쇼공 그 싀어미 잇시면 말고 셔 논 싀

증조의 누의 싀 가무

조의 동누의 쇼공 가싀

부의 동 누의 부쟝긔 가뒤공

내 동셩 누의 부쟝긔 가뒤공

내 삼촌 딜녀 부쟝긔 가뒤공

내 ᄉ촌 손녀 쇼공 가싀

내 오촌 손녀 싀 가무

조의 ᄉ촌 누의 싀 가무

부의 ᄉ촌 누의 쇼공 가싀

내 ᄉ촌 누의 대공 가소공

내 오촌 녀딜 쇼공 가싀

내 뉵촌 손녀 싀 가무

부의 뉵촌 누의 싀 가무

내 뉵촌 누의 쇼공 가싀

내 팔촌 누의 싀 가무

내 칠촌 누의 싀 가무

아조미와 누의와 ᄯᆞᆯ과 손녀 집의 잇ᄂᆞ니와 혹 츌가ᄒᆞ얏다가 거ᄒᆞ여 오니는 복이 다 사나희와 ᄀᆞᆺ고 츌가ᄒᆞ야 남편과 조식이 업ᄂᆞ니 아비와 동셩과 족하ᄂᆞᆫ 위ᄒᆞ야 다 댱 아닌 긔로ᄒᆞ라

믈읫 츌가ᄒᆞ니 제 ᄉᆞ친을 위ᄒᆞ야 촌등을 ᄂᆞ초되 오직 부모의 댱이 넌긔로 닙고 조와 증조모와 고조모와 형뎨 ᄯᆞ비휘 되니 ᄀᆞᆯ다 ᄂᆞ초지 말라

三삼父부八팔母모服복圖도

훈뒤사 부와지다곰 논계부 부쟝기 의親이업스과	훈뒤 몬져훈뒤사다 가이제달니살 아니 거나혹비록 소논 훈뒤사나대벼 조식잇고뉘뒤곰 계부 이생친어싯녀 라	원훈뒤사나 무 사던계부 복	아비다르고 쇼 부 어미훈가진 공 쳡졔조미

쳡삽돌이사비 졍쳐로니르 미니라 젹모 저최삼년	아비후쳐로 닐르미니라 계모 지최삼년

동종파밋삼세이 하유기훈조식 양모 지최삼년 을기뤼니친모와 굿트니라	어지어미업고다룬 쳡조서업느니로명 자모 지최삼년 ᄒ야날을ᄉ랑ᄒ니 라명치아녀시면쇼공	친뫼부죽을믈 신야두번다룬사룸 가모 지최부당과 의비가ᄒ이니네소솜 의계가니논뒤공을닙으과	친뫼부의거내치 출모 지최부당기 믈넙스니라
	아비쳡ᄌ식 잇ᄂ이니날 서모 싀 ᄉ랑ᄒ던이 논쇼공	져거셔젓 유모 싀 먹이니라	

三삼殤상降강服복之지圖도

증조의 동싱 당은 싀

조의 동싱누의 당은 싀

부의 소촌 당은 싀

부의 동싱 당은 뒤공 듕은 쳔원하는 쇼공

부의 동싱누의 당은 뒤공 듕은 쳔원하는 쇼공

부의 소촌누의

내 뉵촌 당은 싀

내 소촌 당은 듕은 공하는 싀

내 동싱 당은 뒤공 듕은 쳔원하는 쇼공

당신

내 동싱누의 당은 뒤공 듕은 쳔원하는 쇼공

내 소촌누의 당 만 듕은 소공하는 싀

내 뉵촌누의 당은 싀

내 오촌 조카 당은 싀

내 삼촌 조카 당은 뒤공 듕은 쳔원하는 쇼공

조 당은 뒤공 듕은 쳔원하는 쇼공

내 삼촌 달녀 당은 뒤공 듕은 쳔원하는 쇼공

내 오촌 달녀 당은 싀

내 소촌 손녀 당은 싀

손자 당은 뒤공 듕은 쳔원하는 쇼공

내 오촌 손녀 당은 싀

적손 증손 현손 위와 굿투니라

뒤공의 샹은 듕은 샹을 좃고 소공의 샹은 듕은 하을 좃고 지최의 샹은 듕은 샹을 좃고 대공의 샹은 듕은 하을 좃초라 이는 계 남편의 절니을 복 쥬ㅎ야 남는스미니라

外외黨당妻쳐黨당服복圖도

생복쇼에와가권당은 비록흉ᄒᆞ나라도ᄂᆞᆺ초지말라

	외조부모 소공		
동모 어미동 소공	쳐부모 의	구 어미오라비쳐의 쇼공	
동모의ᄌᆞ의 이형제ᄌᆞ미	고의ᄌᆞ의 의형제	당신	구의ᄌᆞ의 니형제
싱녀 누의ᄯᆞᆯ 쇼공	서 사회 의	싱 누의ᄌᆞ 쇼공 부의	
	외손 ᄯᆞᆯ의ᄌᆞ식 의 부ㅣᄀᆞᆺ투니라		

妻쳐爲위夫부黨당服복圖도

남편의조와증조와고조와밋조모와증조모와고조모ᄂᆞᆫ위ᄒᆞ야디상ᄒᆞ니와남의후되면다남편의복을조차ᄒᆞ고본싀어버이ᄂᆞᆫ위ᄒᆞ야대공을닙ᄂᆞ니라

며누리남편의복을못차ᄒᆞᆫ둥ᄒᆞ쇼라

			싀고조부모 싀			
			싀증조부모 싀			
		싀ᄉᆞ촌대부모 싀	싀조부모 대공	싀ᄉᆞ촌대고 의젼싀		
	싀오촌슉부모 싀	싀삼촌슉부모 대공	구 참최삼년 / 고 지최삼년	싀삼촌고 쇼공 뎍인블강	싀오촌고 구졔세싀	
	싀ᄉᆞ촌 쇼공	싀동성 쇼공	남편 참최삼년	싀동성누의 쇼공 뎍인블강	싀ᄉᆞ촌누의 싀 뎍인블강	
싀팔촌족하 싀 부싀	싀오촌족하 쇼공 부싀	싀삼촌족하 부쟝긔 부대공	ᄌᆞ 당은지최삼년 듕은부쟝긔 / 부 뎍부쟝긔 듕은대공	싀삼촌딜녀 부쟝긔 가시공	싀오촌딜녀 쇼공 가싀	싀팔촌딜녀 싀 가싀
	싀뉵촌손 싀	싀ᄉᆞ촌손 쇼공 부싀	손 대공 / 손부 싀	싀ᄉᆞ촌손녀 쇼공 가싀	싀뉵촌손녀 싀 가무	
		싀오촌손 싀	증손 싀	싀오촌손녀 싀 가무		
			현손 싀			

남편의외조부모와외삼촌과외삼촌슉모ᄂᆞᆫ위ᄒᆞ야다싀ᄒᆞ라

出츌嫁가女녀爲위本본宗종降강服복圖도

두거집사ᄅᆞᆷ이각ᄀᆞ
츌가ᄒᆞ야도번ᄂᆞ초
지말나

고조부모 지최 삼월

증조부모 지최 오월

조부모 부장기

조의동성부모의

부의ᄉᆞ촌부모의

부의동성부모 대공

부모 부장기

부의동성누의 소공

부의ᄉᆞ촌누의의

내뉵촌의

내ᄉᆞ촌 소공

내동성 부의후ᄒᆞ니 내가차 맛ᄂᆞ니 대공 처소공

당신

내동성누의 대공

내ᄉᆞ촌누의 소공

내뉵촌누의의

내오촌조카의

내동성조카 대공 부소공

내ᄉᆞ촌딸녀 소공 부의

내ᄉᆞ촌손의

爲위人인後후者자爲위本본宗종降강服복圖도

두사나히각각놈의후되야도두번누초디말라

내육촌 의

부의ㅅ촌부모 의

내ㅅ촌 소공

내오촌족하 의 부무

조의동성부모 의

부의동성부모 대공

내동성 대공 처의

내삼촌조하 대공 부소공

내ㅅ촌손 의 부무

증조부모의

조부모 대공

부모 부쟝긔

당신

조의동성누의 의 가무

부의동성누의 대공 가소공

내동성누의 대공 가소공

내삼촌딜녀 대공

내ㅅ촌손녀 의 가무

부의ㅅ촌누의 의 가모

내ㅅ촌누의 소공 가무

내오촌딜녀 의 가무

내육촌누의 의 가무

妾첩服복圖도

쳡이졔ᄉ친을위ᄒ야복ᄒ미녀ᄌ삼남의게간이로더브러ᄀᆞᆺ토니라

군 남편이라 참최삼년

군의부모 의졔에쳡이군의당을위ᄒ야복ᄒ미녀군의로더브러ᄀᆞᆺ다ᄒ니라

녀군 남편의졍쳬라 지최부쟝기

경태위귀쳡을위ᄒ야싀ᄒ고 ᄉᆞ|쳡ᄌ식잇ᄂ니 룬의ᄒ고 녀군이쳡의게복이업ᄂ니라

군의댱ᄌ 지최부삼년

군의듕ᄌ 지최부쟝기

졔ᄌ식 지최부쟝기

斬참衰최三삼年년服복이라

父부出출繼계ᄒᆞᆫ 아비ㅣ ᄀᆞᄐᆞ니라 祖조와 曾증祖조와 高고

祖조 아비죽어시면 孫손자 代ᄃᆡ 喪상ᄒᆞ고 出출繼계ᄒᆞᆫ 祖조 曾증祖조 高고祖조ㅣ 다 ᄀᆞᄐᆞ니라 長

쟝子ᄌᆞ不블三삼代ᄃᆡ奉봉祀ᄉᆞᄒᆞ리라 舅구의 아비니 出출繼계ᄒᆞᆫ의 아비 ᄀᆞᄐᆞ니라 夫

부祖조와 夫부曾증祖조와 夫부高고祖조의

조와의 曾증祖조와의 高고祖조ㅣ니 남편의 代ᄃᆡ 喪상ᄒᆞ면 ᄀᆞ치ᄒᆞ라 妾쳡이 爲위君

子ᄌᆞ 妻쳐이 그 남편을 爲위ᄒᆞ야ᄒᆞ라

齊ᄌᆡ衰최ᄒᆞᆫ三삼年년服복이라

母모 繼계母모와 出출繼계ᄒᆞᆫ 母모ㅣ 다 ᄀᆞᆺ고 庶셔子ᄌᆞㅣ 제 어미를 爲위ᄒᆞ야호되 承승重듕ᄒᆞᆫ

면 降강等등ᄒᆞ라 祖조母모와 曾증祖조母모와 高고

祖조母모 아비죽어시면孫손ᄌᆡ代ᄃᆡ喪상ᄒᆞ고出 출継계ᄒᆞᆫ祖조母모曾증高고祖조母모

ㅣ다ᄀ ᄐᆞ니라 姑고 ᄋᆡ어미니継계ᄋᆡ어미와出 출継계ᄒᆞᆫᄋᆡ어미다ᄐᆞ니라 夫부祖조

母모와 夫부曾증祖조母모와 夫부高고祖조

母모 ᄋᆡ祖조母모와ᄋᆡ曾증祖조母모와ᄋᆡ高고祖조 母모ㅣ니남편이代ᄃᆡ喪상ᄒᆞ면ᄀᆞ치ᄒᆞ고ᄋᆡ

継계祖조母모와曾증高고祖조■母모ㅣ長댱子ᄌᆞ不 ᄀᆞᆺ고남편이出출継계ᄒᆞ면ᄀᆞ치ᄒᆞ라

三삼代ᄃᆡ奉봉祀ᄉᆞᄒᆞ리니그어 미와継계母모ㅣ다ᄀᆞ치ᄒᆞ라 妾쳡이為위君군

의長댱子ᄌᆞ不 嫡뎍실아ᄃᆞᆯ三삼代ᄃᆡ奉봉祀ᄉᆞᄒᆞ라 니그庶셔母모ㅣ為위ᄒᆞ야ᄒᆞ라

齊ᄌᆡ衰최ᄒᆞ고杖댱인ᄂᆞᆫ期긔년服복이라

父부ㅣ在ᄌᆡ예為위母모 아비이시면어미를為위 ᄒᆞ야ᄒᆞᆫ뒤오히려心심喪

상三삼年년ᄒᆞ고継계母모와出 出출継계ᄒᆞᆫ母모ㅣ다ᄀᆞᄐᆞ니라 父부卒졸祖조在ᄌᆡ

지예為위祖조母모아비죽어시면長댱子ᄌᆞㅣ한아비이시면한미ᄅᆞᆯ為위ᄒᆞ야
ᄒᆞ고曾증高고祖조ㅣ그ᄃᆞ니라 嫁가母모아비주근後후에改嫁가ᄒᆞᆫ어미니子
ᄌᆞ식이奉봉祀ᄉᆞᄒᆞ면服복이업ᄂᆞ니라 出츌母모내치인어미니子ᄌᆞ식奉봉祀ᄉᆞᄒᆞ
면服복이업ᄂᆞ니라 妻쳐라산취 男子在지예為위姑고ㅣ시아비이시면어미
미ᄅᆞᆯ為위ᄒᆞ야ᄒᆞ고繼계의어미와出츌繼계ᄒᆞᆫ의어미다ᄀᆞᄐᆞ니라
齊지衰최ᄒᆞ고杖쟝업슨期긔년服복이라
祖조父부出츌繼계ᄒᆞᆫ祖조父부ㅣᄀᆞᄐᆞ니라 祖조母모繼계祖조母모와出츌繼
계ᄒᆞᆫ祖조母모ㅣ곳ᄃᆞ出츌嫁가ᄒᆞᆫ孫손ᄌᆞ질降강等등ᄒᆞ지말라 妾쳡孫손ᄌᆞㅣ承승重듕ᄒᆞ면졔한미
ᄅᆞᆯ為위ᄒᆞ야복을말라 姑고아비同동生누의라 兄형弟뎨와ᄀᆞ 姊ᄌᆞ
妹ᄆᆡ同동生ᄉᆡᆼ兄형弟뎨와누의라 衆듕子ᄌᆞ들모ᄃᆞ사ᄂᆞ니라 女녀라 姪질이질

三삼寸촌족라라 嫡뎍孫손과 嫡뎍曾증孫손과 嫡뎍玄

현孫손을당히奉봉祀ᄉᆞᄒᆞ리니할미한아비와ᄀᆞᄐᆞᄒᆞ라 그 嫡뎍婦부못며ᄂᆞᆫ리

라 伯ᄇᆡᆨ叔슉父부와 伯ᄇᆡᆨ叔슉母모 三삼寸촌과그산ᄎᆡ라

女녀適뎍人인者쟈ㅣ 為위其긔父부母모出츌嫁가ᄒᆞᆫᄯᆞᆯ

이졔父부母모를為위ᄒᆞ야ᄒᆞ라 適뎍人인이 為위父부後후者쟈

出츌嫁가ᄒᆞᆫ누의아비죽은後후사비奉봉祀ᄉᆞᄒᆞᄂᆞᆫ올아비를위ᄒᆞ야ᄒᆞ라 嫁가母모ㅣ

계前젼남편의子ᄌᆞ식을為위ᄒᆞ야ᄒᆞ라 出츌母모

ㅣ계子ᄌᆞ식을為위ᄒᆞ야ᄒᆞ라 夫부之지侄딜의三삼寸

죡촌히라 妾쳡이為위女녀君군남편의正졍妻쳐ㅣ라 妾쳡이為

위君군之지衆즁子ᄌᆞ남편의모든ᄉᆞ돌이라 為위生ᄉᆡᆼ父부

母모 出츌繼계ᄒᆞᆫ이 本본서버이로ᄅᆞᆯ 爲위ᄒᆞ야 ᄒᆞ라 ○ 揚양儀의예心심喪상三삼年년ᄒᆞᆫ다ᄒᆞᄂᆞ니라

齊지衰최ᄒᆞᆫ五오月월服복이라

曾증祖조父부와 高고祖조母모 繼계高고祖조母모ㅣ ᄀᆞᆺ고 出츌嫁가ᄒᆞᆫ孫손ᄌᆞ女녀도 降강等등치말고 出츌ᄒᆞᆫ繼계ᄒᆞᆫ曾증祖조父부母모ㅣ ᄀᆞᆺᄐᆞ니라

齊지衰최ᄒᆞᆫ三삼月월服복이라

高고祖조父부와 高고祖조母모 繼계高고祖조母모ㅣ ᄀᆞᆺ고 出츌嫁가ᄒᆞᆫ孫손ᄌᆞ女녀도 降강等등치말고 出츌ᄒᆞᆫ繼계ᄒᆞᆫ高고祖조父부母모ㅣ ᄀᆞᆺᄐᆞ니라

大대功공九구月월服복이라

從종兄형弟뎨 四ᄉᆞ寸촌兄형弟뎨라 衆즁孫손 모든孫손ᄌᆞㅣ니 그ᄒᆞᆫ미 ᄒᆞᆫ아비와 ᄀᆞ치ᄒᆞ라 孫손女녀 孫손ᄌᆞ ᄯᆞᆯ이니 그ᄒᆞᆫ미 하야ᄋᆞ와 ᄀᆞ치ᄒᆞ라 비上 衆즁子

子婦부 모든며ᄂᆞ리니의어미의아비와ᄀᆞᆺ치ᄒᆞ라 侄딜婦부 족하며ᄂᆞ리니三삼寸촌

의되도그남편과ᄀᆞᆺ치ᄒᆞ라 夫부之지祖조父부와 祖조母모ㅣ고 夫부

의祖조父부母모ㅣ니繼계祖조母모ㅣ出츌繼계ᄒᆞᆫ祖조父부母모ㅣᄀᆞᄐᆞ니라

之지伯ᄇᆡᆨ叔슉父부와伯ᄇᆡᆨ叔슉母모 의아비同동生ᄉᆡᆼ과그안

해라 本본生ᄉᆡᆼ舅구姑고 出츌繼계者자ㅣ의안해의生ᄉᆡᆼ父부母모를爲위ᄒᆞ야ᄒᆞ라

、小소功공五오月월服복이라.

從죵祖조父부와 從죵祖조母모 한아비同동生ᄉᆡᆼ과그안해라 從

從죵祖조姑고 한아비누의라 從죵叔슉父부와 從죵叔

슉母모 아비四ᄉᆞ寸촌과그안해라 從죵姑고 아비四ᄉᆞ寸촌누의라 再ᄌᆡ

從죵兄형弟뎨와 再ᄌᆡ從죵姊ᄌᆞ妹미 六뉵寸촌兄형弟뎨와누

라의從종姪딜五오寸촌족하라 從종孫손四ᄉ寸촌孫손지라 嫡뎍孫

손婦부와 嫡뎍曾증孫손婦부와 嫡뎍玄현孫

손婦부와 운당히奉봉祀ᄉ홀者쟈의안해니의한미의한아비와그지ᄒ라 嫂수同동

生싱의안해라 와외祖조父부와 와외祖조母모어미文부母모

라ㅣ舅구어미올아비라 從종母모어미同동生싱이라 甥싱子ᄌ누의

라의夫부之지姑고아의아ᄌ미도降강등니出츌嫁가ᄒ지말라 夫부

之지兄형弟뎨와 妻쳐ᄶ의同동生싱안해라 夫부之지姊

ᄌ妹미아의누의도降강등니出츌嫁가ᄒ지말라 夫부之지從종孫손姪질

의五오寸촌족하라 夫부之지從종孫손의四ᄉ寸촌孫손ᄌㅣ라

總싀麻마三삼月월服복이라

曾증大대父부와 曾증大대母모 曾증祖조의同동生싱과그안해라

曾증大대姑고 曾증祖조의누의니라 族족曾증祖조父부와

族족祖조母모 한아비四ᄉᆞ寸촌과그안해라 族족祖조姑고 한아비四ᄉᆞ寸촌누의라

族족叔슉父부와 族족叔슉母모 아비六뉵寸촌과그안해라

族족姑고 아비六뉵寸촌누의라 三삼從종兄형弟뎨

와 三삼從종姊ᄌᆞ妹미 八팔寸촌兄형弟뎨와누의라 再ᄌᆡ從종

侄딜 七칠寸촌족해라 曾증孫손과 玄현孫손 그한미한아비와ᄀᆞ

치라ᄒᆞ 從종曾증孫손 同동生싱의曾증孫손이라 再ᄌᆡ從종孫손

四ᄉᆞ寸촌의孫손子ᄌᆞ라 從종侄딜婦부 五오寸촌하의안히라 族족衆즁孫손

婦부 그한미한비와ᄀᆞ두니라 從종孫손婦부 四ᄉᆞ寸ᄌᆞ의안해라 孫손

70a

從종兄형弟뎨之지妻쳐 四ᄉᆞ寸촌의안해니 國국制졔例례緦싀라 庶셔
母모ㅣ 아븨妻쳐子ᄌᆞ식신ᄂᆞᆫ이라 乳유母모 졋머겨기ᄅᆞ니라 妻쳐父부
와 妻쳐母모 안해의父부母모ㅣ니妻쳐母모ㅣ비록改개嫁가ᄒᆞ며내치여도降가
服복지만라 婿셔 사회라 外외孫손과 外외孫손婦부
외한미와 외한아비ᄀᆞ치ᄒᆞ라 舅구子ᄌᆞ妻쳐 外외三삼寸촌의안해니 國국制졔例례緦싀라 甥ᄉᆡᆼ
姪딜婦부 누의子ᄌᆞ식의안해라 姨이從종婦부 出츌嫁가ᄒᆞᆫ 이 겨집同
동生ᄉᆡᆼ의子ᄌᆞ식의안해라 姨이從종兄형弟뎨와 姨이從종
姊ᄌᆞ妹ᄆᆡ 어미同동生ᄉᆡᆼ의 아ᄃᆞᆯ과ᄯᆞᆯ이라 外외從종兄형弟뎨 아븨
누의子ᄌᆞ식이라 內ᄂᆡ從종兄형弟뎨 어믜오라븨子ᄌᆞ식이라 本본生
ᄉᆡᆼ外외祖조父부母모 出츌繼계ᄒᆞᆫ者자ㅣ本본生ᄉᆡᆼ外외祖조父부母모를

爲위ᄒᆞᆫ야ᄒᆞ라 夫부之지曾증祖조父부와 曾증祖조母

모ᄋᆡ曾증祖조父부母모ㅣ니出츌繼계ᄒᆞᆫ曾증祖조父부母모ㅣᄀᆞᄐᆞ니라 夫부之지

高고祖조父부와 高고祖조母모ᄋᆡ高고祖조父부母모ㅣ니出

츌繼계ᄒᆞᆫ高고祖조父부母모ㅣᄀᆞ티ᄒᆞ라 夫부之지從종祖조父부와從

종祖조母모ᄋᆡ한아비同동싱과그안히라 生 夫부之지從종祖조

姑고ᄋᆡ한아비同동生싱누의라 夫부之지從종叔숙父부와

從종叔숙母모ᄋᆡ오寸촌아자비와그안해라 夫부之지從종姑고

ᄋᆡ五오寸아자미라 촌 夫부之지從종兄형弟제와 妻쳐ᄋᆡ四

ᄉᆞ寸촌ᄯᅡ그안해라 夫부之지從종姊ᄌᆞ妹ᄆᆡᄋᆡ四ᄉᆞ寸촌누의나出츌嫁가

ᄒᆞ야도降강等등치말라 夫부之지再ᄌᆡ從종姪질ᄋᆡ七칠寸촌조캐라 夫

부之지從종曾증孫손의同동生싱의曾증孫손이라의夫부之지再

지從종孫손의四ᄉ寸촌의孫손지라 夫부之지從종姪딜婦부

의五오寸촌라의안히라 족 夫부之지從종孫손婦부의四ᄉ寸촌孫손의

라의 해 夫부之지外외祖조父부와 外외祖조母모

의외祖조父부ㅣ라 夫부之지內니從종母모의어미同동生싱이라

夫부之지內니舅구子ᄌᆞ의어미올아비리

備비要요예出츌嫁가ᄒᆞᆫ계집사ᄅᆞᆷ이列四ᄉ寸촌

兄형弟졔의안해ᄅᆞᆯ爲위ᄒᆞ야服복이실듯시보다

ᄒᆞ니라 ○ 女녀君군이남편의正졍妻쳐라妾쳡의게服복이

업고두妾쳡은서로服복ᄒᆞᆫ다ᄒᆞ니라

殤샹服복이라

믈읫殤샹服복은次ᄎᆞ례로ᄆᆡᆼᄒᆞᆫ等등을ᄂᆞ리오니
나히十십九구子ᄌᆞ로十십六뉵ᄭᆞ지長댱殤샹이되고
十십五오로十십二이ᄭᆞ지中듕殤샹이되고十십
一일로八팔歲셰ᄭᆞ지下하殤샹의되ᄂᆞ니男남子ᄌᆞ
ㅣ댱가든의와女녀子ᄌᆞㅣ셔방마즈니ᄂᆞᆫ다殤샹이
되지아니ᄒᆞᄂᆞ니라

降강等등ᄒᆞᆫ服복이라

믈읫出츌繼계ᄒᆞ아도라出츌嫁가ᄒᆞᆫ녀이다그本
본生ᄉᆡᆼ父부母모를爲위ᄒᆞ야ᄒᆞᆫ等등을ᄂᆞ리오고

그本본生ᄉᆡᆼ父부母모도그子ᄌᆞ와女녀를爲위ᄒᆞ
야호미ᄀᆞᆺ두니라○두사ᄅᆞᆷ이各각各각出츌繼계ᄒᆞ
야두번降강등치말라○두계집사ᄅᆞᆷ이各각各각出
츌嫁가ᄒᆞ야도두번降강등치말라○와외家가권
당은비록出츌繼계ᄒᆞ야도降강등치말라○妾쳡
이게私사親친을爲위ᄒᆞ야모든사ᄅᆞᆷ파ᄀᆞ치ᄒᆞ라

心심喪상을三삼年년ᄒᆞ라

父부ㅣ在지爲위母모 아비이시매어미ᄅᆞᆯ爲위ᄒᆞ야ᄒᆞ고嫡뎍母모와繼계母
모ㅣ다ᄀᆞ 두니라 嫡뎍孫손이祖조在지에爲위祖조母모
嫡뎍孫손이한아비이시며한미ᄅᆞᆯ爲위ᄒᆞ야ᄒᆞ고
曾증祖조母모와高고祖조母모ㅣ다ᄀᆞ투니라

出츌母모 내치인어미니졔子ᄌᆞ식이爲 위ᄒᆞ야ᄒᆞ고며ᄂᆞ리ᄀᆞ치ᄒᆞ라 嫁가母모
改ᄀᆡ嫁가ᄒᆞᆫ어미니졔子ᄌᆞ식이 위ᄒᆞ야ᄒᆞ고그며ᄂᆞ리ᄀᆞ치ᄒᆞ라 爲本본生ᄉᆡᆼ父부
外외 本본生ᄉᆡᆼ母모 出츌繼계ᄒᆞᆫ子ᄌᆞ식이그本본 生ᄉᆡᆼ父부母모를爲위ᄒᆞ야ᄒᆞᆫ
고그며ᄂᆞ리 ᄀᆞ치ᄒᆞ라 舅子ㅣ在ᄌᆡ예爲위姑고 ᄆᆡ의아비이시 ᄆᆡ의어미를
爲위ᄒᆞ야ᄒᆞ고出츌繼 계ᄒᆞᆫ의어미ᄀᆞ두니라 庶셔子ᄌᆞ爲위父부後후者
쟈ㅣ爲위其기母모 庶셔子ᄌᆞㅣ承승重듕ᄒᆞᆫ이殯 어미를爲위ᄒᆞ야ᄒᆞ고그며ᄂᆞ
리ᄀᆞ ᄒᆞ라 치 禮례記긔예王왕肅슉이ᄀᆞᆯ오ᄃᆡ스승과第
뎨子ᄌᆞㅣ服복이업고弔됴服복과加가麻마 環환經 딜이라
로臨림ᄒᆞ야寢침에운다ᄒᆞ고程뎡子ᄌᆞㅣᄀᆞᆯ오ᄃᆡ
맛當당히情졍의厚후薄박과셤기미大대小소로

배處쳐ᄒᆞ라ᄒᆞ시고또栗률谷곡이ᄀᆞᆯ오대ᄉᆞᄅᆞᆷ은
그情졍과義의의엿트며깁프믈ᄯᆞ라或혹心심喪
상三삼年년ᄒᆞ고或혹期긔年년ᄒᆞ고或혹九구月
월ᄒᆞ고或혹五오月월ᄒᆞ고或혹三삼月월ᄒᆞ고벗
은비록ᄆᆞ장重즁ᄒᆞ나三삼月월의지나지안니ᄒᆞ
다ᄒᆞ시니라 만일重즁喪상을벗지못ᄒᆞ야輕
경喪상을만나면그服복을지어울고朔삭日일이
어든位위를設셜ᄒᆞ고그服복을닙고울고도로重
즁服복닙엇다가그버슬제또輕경服복을닙고울
라

喪상禮례諺언解해卷권之지二이

喪상禮례諺언解해卷권之지二이

喪상禮례諺언解해卷권之지二이

喪상禮례諺언解해卷권之지二이

喪禮

喪禮諺解序 卷一、二

初終 原本

光山後人

喪禮諺解序

喪禮諺解 二

본죵오복도

족형뎨 셔문 이

족빅슉 죵조형 죵조

부모 뎨 쇼공 뎨지조

싀 셔부 부무싀

족조빅 죵조빅 죵부형 죵부형 죵부형

슉부모 슉부모 뎨 대공 뎨지손 뎨지손

싀 쇼공 쳐싀 부싀 쇼공 부싀 여

족죵조 죵고조 빅슉부 불상긔 형뎨지 형뎨지 형뎨지

빅슉부 부모 모 형뎨 조부쳐긔손 쇼공 증손 싀

모 싀 쇼공 불장긔 쳐쇼공 부대공 부싀 부무

지 치 참최 장상최 뎍불장긔 뎍불장긔 뎍불장긔

조부 증조부 조부 최부 그 증손 현손

삼년 부장긔 등이 등이

조모 삼월
증조모 오월
조모 장 기
모 [illegible]최 삼년
처 재최 장기
부 장기 덕[illegible] 동대공
손부 서외 덕소공 지 서의
증손부 시외적 덕소공 부서우
현손부 시외적 덕소공 부서부

족증조고 식
족증조조고 가식
증조고 부장기 가대공
조미 부장기 가대공
형데지녀 부장기 가대공
형데지 손녀 소공 가식
형데지 증손녀 가무식

족조고 식 가무
족증조고 소공 가식
종증조미 대공 가식
종부조 종부형데지녀 소공 가식
종부형 종부형데지손 녀 가무식

족고 이 가무
종증조조 미 소공 가이
종증조형 데지녀 가무식

족조미 식 가무

외당셔당복지도

[illegible]

외조부모 소공

인하야 [illegible]

외조부모을위 종모 소공

군모의형뎨ᄌᆞ미 소공

종모의 부모 소공 즉계부의부모 [illegible]

항렬 즉외을위하야 소공

구지조 시 즉내형뎨	구 소공 모의형뎨	처부모 시	종모 소공
	성 누의아들 소공	긔	고지조 시 즉외형뎨
		셔 곳외싱 시	싱ㅋ 누의ᄯᆞᆯ 소공
		외손 ᄯᆞᆯ의ᄌᆞ식 시 뉘동	

종모지조 시 이종형뎨ᄌᆞ미

위인후지[illegible]복도

증조부모 싀

죵조조부모 싀
조부모 대공
죵조조고 싀 가무

죵조부모 싀
뵉슉부모 대공
부모 불장긔
고 대공 가쇼공
죵조고 싀 가무

죵조형뎨 싀
죵부형뎨 쇼공
형뎨 대공
긔
조미 대공 가쇼공
죵부조미 쇼공 가싀
죵조조미 싀 가무

죵부형뎨 지ᄌᆞ 싀 부무
형뎨지ᄌᆞ 대공 부쇼공
형뎨지녀 대공 가쇼공
죵부형뎨 지녀 싀 가무

형뎨지손 싀 부무
형뎨지손녀 싀 부무

쳐를위ᄒᆞ며머ᄂᆞ리싀부ㅣ시면싀모위ᄒᆞ며

증조부쟝긔ᄂᆞᆫ조부모위ᄒᆞ며셔ᄌᆞ의아ᄃᆞᆯ

이아ᄇᆡ어미위ᄒᆞ며 조부의후된즉납지 아니ᄒᆞ고심상긔년지

라ᄒᆞ 삼촌슉부모와형뎨와ᄃᆞᆼᄌᆞ와형뎨의

ᄌᆞ와고모와누의와ᄯᆞᆯ을위ᄒᆞ며 고모와 누의와

ᄯᆞᆯ이츌가ᄒᆞ며강복ᄒᆞ고츌가ᄒᆞ며도지 아비와ᄌᆞ식업스면강복아니ᄒᆞᄂᆞ니라

손위ᄒᆞ여 증손현손후절 쟈ᄂᆞᆫᄀᆞᆺᄐᆞ니라 싀부싀모뎍

위ᄒᆞ며쳡이녀군을위ᄒᆞ며 녀군은 지아비

계채 본ᄉᆡᆼ부모 위ᄒᆞᄂᆞ니라

오월은 증조부모 위ᄒᆞ며 츌가녜라 도조부모 와증조부모와고조부모 의게강복아니ᄒᆞᄂᆞ니라

계조 삼월은 고조부모 위ᄒᆞᄂᆞ니라

ᄃᆡ공 구월 대공이하ᄂᆞᆫ윤 월도시ᄂᆞ니라 삼촌의아

ᄃᆞᆯ과 동존남녀와 동조부와 형뎨의 며ᄂᆞ

리위ᄒᆞ며 계집이지아븨조부모지아븨 ᄇᆡᆨ슉부모지아븨형뎨며ᄂᆞ리

지아븨 ᄐᆡᆨ손 위ᄒᆞ며 지아비 츌계ᄒᆞ면 그

쳬본ᄉᆡᆼ 싀부와 싀모 위ᄒᆞᄂᆞ니라

오월은종조조부모와종조조
고와종조부모와종조고와종조형뎨ᄌᆞ
ᄆᆡ외형뎨의손과종부형뎨의ᄌᆞ와외조
부모와외삼촌과종모와셩절위ᄒᆞ여셔모
위ᄒᆞ여 졋먹여기른셔뫼라 셔지뎍모와부모형뎨
ᄌᆞᄆᆡ위ᄒᆞ며 뎍모죡은즉 복업ᄂᆞ니라 어미내쳐면
모의부모형뎨ᄌᆞᄆᆡ위ᄒᆞ며 女 오락비쳐 동셩족쳐
ᄒᆞ 며출가ᄒᆞ야 아나ᄒᆞᆫ니라 뎍손증현손며ᄂᆞ라

동ᄒᆞ후될이위며ᄒᆞᆫ형뎨의쳐위ᄒᆞᆫ겨집

이치아비형뎨와지아비형뎨와손파지 아비죵형뎨의아ᄃᆞᆯ과지아비형뎨의 쳐와지아비고모와 누의ᄅᆞᆯ위ᄒᆞᄂᆞ니라

고 姑作

싀마 삼월은 죡증조부모와 죡증조고와 형뎨의증손과 죡조부모 죡조고와 죵부형뎨의손과 죡부모와 죡고 죵조형뎨의ᄌᆞ와 죡형뎨ᄌᆞ미와 죵증손과 현손과 죵모형뎨ᄌᆞ미와 외손과 외형뎨와 누형

[illegible]위여ᄒᆞᆫ셔자아비후되면제모위여ᄒᆞᆫ셔손
부와셔모와유모와형뎨의손부와죵부
형뎨의조부와쳐부모와사회우여ᄒᆞᆫ싱질
부와외손부위여ᄒᆞᆫ계집이조모의조부위
ᄒᆞ며지아비형뎨의증손과지아븨죵형뎨의손과지아븨죵조형뎨의조와
제아븨증고조부모와지아븨죵조조부모지아븨죵조조고외지아비형뎨의손
부와지아븨죵조부모와지아븨죵부형뎨의조부와지아븨형뎨의쳐와지아븨
[illegible][illegible]부모와지아븨형뎨손과지아븨죵[illegible][illegible]비외삼촌쳐와지아븨죵부조

며출가ᄒᆞ야

복업ᄂᆞ니라

상복 강ᄌᆞ례로일등식강ᄒᆞᆫᄂᆞ니라 ○장샹구월듕샹칠월하샹오월이라

므릇나히십구셰로십뉵셰ᄭᆞ지장샹십오

셰로십이셰ᄭᆞ지듕샹십일셰로팔셰ᄭᆞ지

하샹 ○여ᄃᆞᆲᄉᆞᆯ이ᄎᆞ지못ᄒᆞ면복이업고남ᄌᆞ와녀ᄌᆞ가취ᄒᆞ면샹복아니라○

대공 구월칠월 ᄌᆞ녀숙부고ᄌᆞ미곤뎨뎍ᄌᆞ뎍손뎍죵현손형뎨의

ᄌᆞ녀다장샹죵샹이요지이비끈테의ᄌᆞ녀장샹죵샹이요셔져끈테의장샹죵샹

을위ᄒᆞᄂᆞ니라 ○소공 오월 숙부뎍손곤뎨고ᄌᆞ미ᄌᆞ녀곤뎨의ᄌᆞ녀

다하상이요쭝부곤톄장샹쭝상이요출
톄재졔곤톄장샹쭝샹이오지아비슉부
장샹이요지아븨곤톄의ᄌᆞ녀하샹이요
고뫼동셩족하쟝샹즁샹이요셔저텩곤
톄하샹위
ᄒᆞᄂᆞ니라
○ 삼월
셔손하샹이요쫑
조부쫑조곤톄쫑
부곤톄의ᄌᆞ곤톄의손쫑모와삼춘다장
상이요쫑부곤뎨히샹이요고뫼동셩족
하하샹이요증현손샹쭝샹이요지아
ᄇᆡᆨ슉부쫑샹하샹이요지이비고ᄌᆞ미쟝
샹위ᄒᆞ
ᄂᆞ니라
○ 강복
외친은비록츌가ᄒᆞ나
강복아이ᄒᆞᄂᆞ니라
므롯남지출계ᄒᆞ고녀지츌가ᄒᆞ면제ᄉᆞ
천위ᄒᆞ야다일등강ᄒᆞ고ᄉᆞ친의위ᄒᆞᆷ도

ᄉᆞᄒᆞᆫ그러ᄒᆞ나라○[심상]삼년은아비이
ᄉᆞ면어미위ᄒᆞ며 뎍모계모 효가지라 뎍손이조부
이스면조모위ᄒᆞ며 죵죠모고조 모ᄒᆞᆫ가지라 츌모가
모위ᄒᆞ며 아비후되면납 아나 ᄒᆞ나신ᄉᆞᆫ상 니라 셔ᄌᆞ 비아
후되면제 모위ᄒᆞ며 며ᄂᆞ리 식 식 며면 [ᄉᆞ승] 심텽 쳔의
혹ᄅᆞᆫ혹심상혹삼년 구월오월삼월이라 [벗] ᄋᆞᆼᄒᆞ여도 석돌이라 [븍]
입은후경복만나면제복지여법고듯어
싸가버슬돌올만나면그졔복남고울고
벗고듕복버서도경복이 치아녀시면
셩복을외여나문날을ᄆᆞ 나라

상례쵸언ᄒᆡ

쵸죵 신의(병ᄒᆞ쟈라 의의게) 신면(새소음이나코)

(의다여긔절 물기ᄃᆞ리라) ᄒᆞ 상복(쵸혼ᄒᆞᄂᆞᆫ 오시라) 금(시폐 터폐)

(ᄲᅡ가대 의쓰라) 렴 설치(불로져물치ᄒᆞ여이로 더와다무긔아니게ᄒᆞ)

(며혹져 로쓰라) 궤(발거두ᄂᆞᆫ 거시라)

ᄆᆞᄅᆞᆺ 병이 듕ᄒᆞ야 림둉시예 뎡침의 옴기

고 ᄂᆡ외 안뎡ᄒᆞ야 신면으로 코의 다야 그

므업순후 쵸혼ᄒᆞ되 죽은자의 상시 닙던

쟝이나젹삼이나가지고집기슭의올

나북향ᄒᆞ야왼손으로옷기슭잡고올은

손으로옷허리를잡아세번복부로되남

ᄌᆞᄂᆞᆫ벼ᄉᆞᆯ이나호일홈을일ᄏᆞᆺ고부인은

샹시소칭으로부르고못ᄎᆞᆫ후그오ᄉᆞᆯ거

더시톄덥고남톄받상ᄒᆞ라연치ᄒᆞ며슈족거두라

납상듀듀인은쟝지리쟝지무족쟝손이승즁ᄒᆞᄂᆞ니라

듀부죽은자의체니체무족듀샹쟈의셰라

호상 조졔등례알며군간효자로ᄒᆞ야상 둥빙소를다품ᄒᆞ며통부셔와져물

출납도조졔나친 척등으로ᄒᆞ라

역복불식 쳐와ᄌᆞ와부와쳡은다머리풀 고신벗고출계자와출가녀논

다머리풀지아니ᄒᆞ고신벗지아니ᄒᆞ 며모든ᄌᆞ식은삼일불식긔년과대공

상은셋ᄭᅵ불식ᄒᆞ고쇼공싀마상은두ᄭᅵ불 식ᄒᆞ되어룬이강권즉져기먹으라

치관구 송진 열냥 황밀 성냥 칠 빙족송연 도관 남듀

십에쳐은ᄒᆞᆫ비지 혹후박지로쓰라 ᄉᆞ과ᄶᅵ식ᄒᆞᆼ 칠셩판 흑중 흑쥬희

하관 부고통 부셔라

某모親친某모人인以이某모月월某모日일得득疾질不블幸힝於어

某모月월某모日일棄기世세專뎐人인訃부告고

年년月월日일護호喪샹姓셩名명上샹

某모位위座좌前젼 親친戚쳑云운某모親친某모人인

편시구 미시ᄂᆞ데니를라옴 휘당 풍혹병 시샹 돗

자리 벼개 니블 대렴시뎨외뎝쓰라펴다가

집시 휘당으로 니외를 막고 시재 시샹을

시톄압피 베플고 돗ᄭᆞᆯ고 벼개 노코 그우

희시톄옴기되머리남으로두고니블더푸라 목욕 분둔향탕목건나ᄒᆞ욕건나ᄒᆞ 빗졉 빗ᄉᆞᆯ거믄비단으로ᄒᆞ야머리묵ᄂᆞᆫ거시라 쇼랑다ᄉᆞᆺ셕뉴로민ᄃᆞᄂᆞ니라 명의목욕후시톄텹ᄂᆞᆫ오시라 습 대ᄃᆡ버솜이시면홍단을쓰고버솜업스면남단을쓰고 혹사나후면쥬로도ᄊᆞ고부인은홍셕믈쓰ᄂᆞ니라 심의혹판ᄃᆡᄒᆞ 직령부인은원삼혹장옷 젹삼면뉴혹무명뵈 고의면뉴혹무명뵈 바지면뉴무명혹 보션 신 망건혹만

장이ᄒᆞᆫ자세치광이세치영 ᄌᆞ장이ᄒᆞᆫ자세치광이ᄒᆞᆫ치 복권 혹단

혹며듀젼몰ᄒᆞᆫ자다ᄉᆞᆺ치영 장이ᄒᆞᆫ자다ᄉᆞᆺ치광이두치 ᄌᆞ 명목

혹단혹면듀ᄉᆞ방다ᄉᆞᆺ치영 ᄌᆞ장이ᄒᆞᆫ자세치광이두치 녀모 혹단

젼골ᄒᆞᆫ자여ᄃᆞᆲ치영ᄌᆞ장 이ᄒᆞᆫ자세치광이ᄒᆞᆫ치 약슈 혹단 혹면

듀ᄉᆞ방다ᄉᆞᆺ치를두조각의지작ᄒᆞ 고영ᄌᆞ장이ᄒᆞᆫ자세치광이두치엿

등이 새소옴으로대쵸 ○ 두귀녜 써ᄀᆞᆺ치ᄒᆞᄂᆞ니라 ᄂᆞ니라

반하구

무공듀ᄉᆡᆺ상ᄎᆞ 구술동ᄂᆞᆫ그 ᄅᆞᆺ식니라

ᄎᆞᆸᄡᆞᆯ 됴끔 버드나무술 명권 뵈두자 로써ᄂᆞᆺ

촐뎝펴ᄉᆞ가반합시듯납쌀을주으라

뎡구 탁ᄌᆞ포해듀진반툑녀구건텹텹ᄂᆞ니라

이에목욕ᄒᆞ실시재향탕을가지고드러

오면듀인이해다당밧ᄭᅴ나가북면ᄒᆞ야

곡ᄒᆞ며시재병시옷파됴흔오ᄉᆞᆯ다지

버앗고머리감겨빗기고슈건으로써서

몰니오고ᄉᆞᆫ으로머리ᄆᆡ고머리털을셕낭의녀어표

쓰라니블을것고샹하의목욕ᄀᆞᆷ기고슈건

으로상하녜를각각싯고손톱발톱을버

혀석낭의녀코슈독좌우를써표ᄒᆞ고머리털녀ᄒᆞᆫ석낭과ᄒᆞᆫ가지

로관등의분별ᄒᆞ야녀ᄒᆞ라도로니불덥퓨라목욕ᄒᆞ고ᄂᆞᆷ은

물과빗과슈건을조ᄒᆞᆫ싸ᄒᆡ무드라습ᄒᆞᆯ시시재시상을당

밧여베풀고둣설고요펴고벼개노코모

져대딕와심의와적삼고의바지보션뉴

를다그우희노아시상을드러써방의드

리고시톄를그우희옴기고오솔다ᄎᆞ례

로닙피되(올히념위ᄒᆞ라)복젼과심의와신으란
닙고지말고니블덥고뎐드리라
면ᄒᆞᆯ시졉시탁ᄌᆞ의포혜를버리고ᄉᆞᆯ올
부어시례동편어기를당ᄒᆞ야노코듀인
이해곡ᄒᆞᆫ니라○반함모올시듀인이곡
ᄒᆞ고오술원편으로엇에고손싯고무공
뉴뭄은고로술가지고드러오면시재버
[illegible]술올쌀담은사발의엿고명건으

애ᄂᆞᆫ 졀더고 번쥬인이 시례셔편의
안자 동면ᄒᆞ야 명검을 물고 술노 쌀을 됴
플僴 시례입우 편의 너고 구술ᄒᆞ나 너고
좌편도 우편ᄀᆞᆺ치ᄒᆞ며 가온대도 좌우편
ᄀᆞᆺ치ᄒᆞᄂᆞ니라 시재 명검것고 몬져 망건
쓰오고 복건 쓰오고 등이 ᄉᆞᆺ고 명목덥고
신신기고 심의 납피고 올히념우오 하대 디 미고
악슈 셰이고니 볼더 프라 셜치며 건 ᄯᅥᄒᆞᆫ 뭇기나 블술으라

[통졔구] 교의 조텨 향로 향합 듀과 잔반 관분 세건

[혼빅구] 빅연 혹빅져 원력이츈 지샹 됴희 생조

[명뎡구] 강빅 불근비단 분 붓 녹각교

뎡좌의 혼빅을 베플고 시재됴셕봉양지
구를 다 셩시 굿치 ᄒᆞ여 명뎡을 녕좌우편
의 셰우고 밧과 친귀 드러가곡ᄒᆞ라

〔銘旌書式〕

[illegible]職則曰某官某公之柩無職曰某郡某公之柩凡婦人封爵從夫職書之婦人有

其■云某封夫人■氏之樞無封則云其 其氏之樞○嘉義嘉善妻貞夫人○折

通政妻淑夫人○■■訓■■妻 人○郎資■尉妻■人孺人

쇼렴포

빅셰포 스무나믄자 금 둘쇼대렴의쓰라

산의 잡옷 상의 판딕직녕지부인쵹장옷 뉴신면 새소

옴으로빈곳을메우라 젼판 三 대 녑양

죽은이슨날쇼렴홀시집ᄉᆞ시상의의금

을베플고듀인형뎨뵈건쓰고노ᄯᅴᄯᅴ고

렴을보며시재손씻고시뎨를드어쇼렴

샹우희옴기고곕옷ᄉᆞ로머리ᄊᆞ고남은

오ᄉᆞᆯᄎᆞ례로외오녑위오고긘미모져미

됴쟈ᄅᆞᆫ미나죵미고렴ᄆᆞᆺᄎᆞᆫ후ᄂᆞ블텹고

듀인이해슈질요질ᄒᆞ고듀인은 셔교 교뎌 뎐

드리며듀인이해곡ᄒᆞᆺ지아니ᄒᆞᄂᆞ니라

대렴

츌회 벼살와 ᄉᆞ츌오두 금 니블 벼개 침텬

금 요 셰포 스무 ᄆᆞᆫ자 ᄒᆞ나 산의 상의

유둔 오륙 당 쇼삭 쉰발 대삭 열발 면판 셋

13a

[illegible]효잇튼날대렴ᄒᆞᆯ시집ᄉᆞ의금을베
고관을드러당등의노코ᄎᆞᆯ회셜고빅
지덥고칠셩판셜고요펴고버개노코뎐
판세흘관상듕하의노코모뎌져른미노
[illegible]긴미노코니불펴고시톄를드러관의
노코소면이평균ᄒᆞᆫ후의셩시ᄲᆡ진니와
머리털손톱발톱너흔셕낭을샹하좌우
를분변ᄒᆞ야관모의너코샹의와산의를

빈곳업시ᄢᅦ오고뎐금텁고듀인듀뷔곡

ᄒᆞ여련개뎝고은뎡박고판을뎡침의옴

기고구의뎝고명뎡과혼ᄇᆡᆨ을관동편의

베풀고뎐드리고듀인이해각각상차로

가며뒤곡자도굿치ᄂᆞ니라

셩복구

상복포 미일인이 이십오톄 굴관 슈

졀 오질 상장 방뎝

고 두날오복지민이각각복뎝고

[illegible]ᄒᆞ고셔로됴샹ᄒᆞ라셩복일의 인형뎨비로소듁을먹ᄂᆞ니라

됴곡 ᄆᆡ일새베니러나듀인이해다그복을닙고위예드러가닙곡ᄒᆞᄂᆞ니라

됴뎐 집시혼뵈을밧드러녕좌의奠酌ᄒᆞ고소파포혜버리고분향ᄒᆞ고술붓고듀인이해지ᄇᆡ곡ᄒᆞᄂᆞ니라 ○ 상식 됴뎐ᄀᆞᆺᄐᆞ니라

셕뎐 됴뎐ᄀᆞᆺᄐᆞ니라 ○ 셕곡 황혼시듀인이해위예드러가닙곡ᄒᆞ라

무시곡 됴셕ᄉᆞ이슬ᄑᆞ면ᄎᆞ의셔우ᄂᆞ니라

상

삭망일 됴뎐셜찬의반ᄀᆡᆼ과일긔ᄒᆞ야됴뎐경ᄒᆞ고됴샹식아니ᄒᆞᄂᆞ니라

신믈을만나면쳔신ᄒᆞ되상식례와ᄀᆞᆺᄐᆞ

니라 신믈온햇곡식셰션쳐ᄭᆞ지뉴리

상복 지작법 부상 마을아니ᄒᆞ고 모상 마을ᄒᆞᄂᆞ니라

의장이 ᄒᆞᆫ자세치 부판장이 여ᄃᆞᆲ치 연미장이 ᄒᆞᆫ자

여ᄉᆞᆺ치 소매장이 ᄒᆞᆫ자ᄒᆞᆫ서 소매광이 두폭 디하포

반ᄭᅳᆯ장이 두자다ᄉᆞᆺ치 치마장이 ᄒᆞᆫ자다ᄉᆞᆺ치 압ᄒᆞᆫ

세폭뒤ᄒᆞᆫ폭네 ○ **상[illegible]** 슈질은밋동이좌의 녀[illegible]마로조차우로향ᄒᆞ야[illegible]

[illegible]버그ᄅᆞᆺ치밋동우희더ᄒᆞ고ᄀᆞᄂᆞᆫ노ᄒᆞ

[illegible]휘슈삼은우의이셔내마로조ᄎᆞ

ᄒᆞ야ᄆᆡᆺ동아래ᄆᆡ고ᄉᆞᆫ은븨로
ᄒᆞ고○[창최]요질ᄉᆞᆫ은노ᄒᆞ로ᄒᆞ고[최]
ᄂᆞᆫ븨로ᄒᆞ며이샹은요질ᄲᅥᆺ벽산슈ᄒᆞ여
셩복후ᄲᅥᆺ고계빈ᄒᆞᆯ졔플엇ᄯᅥ가졸곡ᄒᆞᆯ
졔ᄲᅥᆺ고대공이하와오십되니와부인은
쳐음븟터ᄲᅥᆺ고샹복은ᄲᅥᆺ지아니ᄒᆞᄂᆞ니
라○슈질과요질을남ᄌᆞᄂᆞᆫ숩후의ᄯᅴ고
부인은쇼렴후ᄯᅴᄂᆞ니라○[참최]ᄠᅴᄃᆡᄂᆞᆫ
삼으로베ᄅᆞᆨ의ᄠᅴ고고혼두가닭이요
[자최]이하ᄂᆞᆫ뵈로ᄒᆞᄂᆞ니라○[참최]면미
ᄂᆞᆫ압피뒤흘덥고ᄌᆡ최ᄂᆞᆫ뒤히압플덥고
[대공]이하ᄂᆞᆫ부판과벽녕과최업ᄂᆞ니라
○[참최]굴관은세첩이우편을향ᄒᆞ고노
로테ᄒᆞ고노로ᄉᆞᆫᄒᆞᄠᅴ[지최]ᄂᆞᆫ세첩이우
편을향ᄒᆞ고뵈로테ᄒᆞ고뵈로ᄉᆞᆫᄒᆞ고[대]
[공]은지최관ᄀᆞᆺ고[쇼공]은세첩이자편을

향ᄒᆞ고테와ᄉᆞᆯ뫁지최자고셰이ᄂᆞᆫᄉᆞᆫ을
ᄉᆡᆼ고세쳡은쇼공ᄀᆞᆺ고려ᄂᆞᆫ저저ᄀᆞᆺᄃᆞᆫ내
라ᄋᆞ남지팔쎄봇터셩복
ᄒᆞ되슈질이입ᄂᆞ니라

분상구

삼빅포노ᄉᆡᆨ신집

ᄉᆞ

ᄉᆞ각쓴법이라

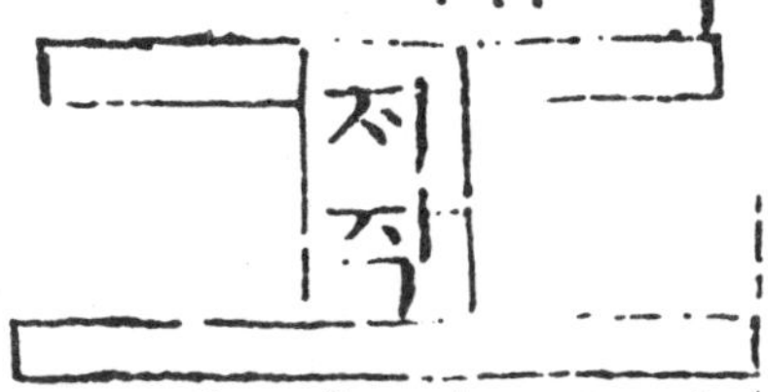

이ᄃᆡ로지작ᄒᆞ여머리ᄊᆞ고두가다리ᄅᆞᆯ맛미면우갓ᄐᆞᆫ나라

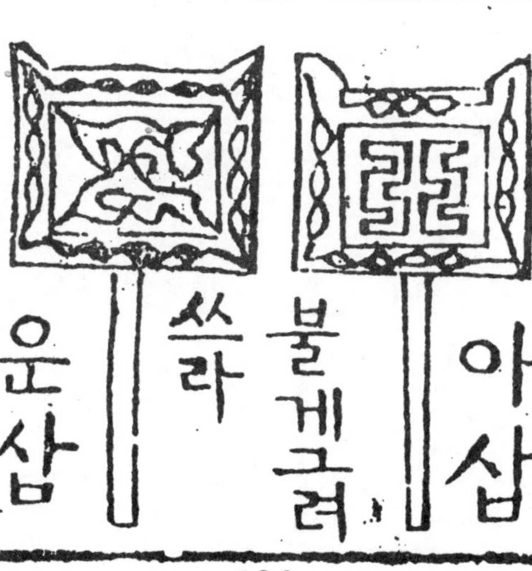

비로소부모상ᄉᆞᄅᆞᆯ듯고곡ᄒᆞ고역복ᄒᆞ
고ᄉᆞ각건고빅포삼납고노ᄃᆡᄃᆡ고집

산산고머리프러묵고길갈ᄒᆞ 로박디 밤은블혀
그고올이나그집을ᄇᆞ라보며곡ᄒᆞ고문
의드러관압피나아가지번ᄒᆞ고지번복
ᄒᆞ고위예나아가곡ᄒᆞ라 초변복온ᄒᆞ상 세ᄌᆞᆷ고재변복
것은머쇼령ᄉᆡ 른니라 ᄒᆞ후소일셩복ᄒᆞ고가인파번
뢰ᄋᆞ로더브러서로묘상ᄒᆞ기ᄅᆞᆯ처음ᄀᆞᆺ
치ᄒᆞ고만일분상못ᄒᆞ면허위ᄅᆞᆯ베플고
분부ᄒᆞᆫ지나ᄒᆞᆯ만의셩복ᄒᆞ라만일입의

졍ᄉᆞ취내여시면몬져묘소의가곡비ᄒᆞ

라셩복ᄒᆞ야시면묘소의가변복ᄒᆞ고 졉와ᄀᆡ령좌의나아가곡비ᄒᆞ고ᄉᆞ일

ᄂᆞᆫ셩복ᄒᆞ며이믜셩복ᄒᆞᆫ자 변복아니ᄒᆞᄂᆞ니라 져ᄎᆡ이ᄒᆞᄂᆞᆫ문

부ᄒᆞ고허위베플고곡ᄒᆞ며만일분상ᄒᆞᆫ

면집의니르러셩복ᄒᆞ고분상못ᄒᆞᆫ면문

부ᄒᆞᆫ지나ᄒᆞᆯ만의셩복ᄒᆞ라

표목 개칠 세승 돗돌 비졔 셕녀 찬

[illegible] 로 향합 구향 촉판

維유歲셰次ᄎᆞ[illegible]年년某모月월某모朔삭某모日일干간支지某모官관

姓셩名명敢감昭쇼告고于우

土토地지之지神신今금爲위某모官관姓셩名명或혹某모封봉某모氏시營영

建건宅ᄐᆡᆨ兆됴神신其기保보佑우俾비無무後후艱간謹근以이淸쳥

酌작脯포醢해祗지薦쳔于우神신尙샹饗향

기토ᄒᆞᆫ날의듀인이이믜됴곡ᄒᆞ고집ᄉᆞ

와지ᄉᆞ드리고어든ᄯᅡᄒᆞᆫ표를샹즁하셰

곳에셰오고ᄯᅩ표를네모의셰우고위를

증표좌편의남향ᄒᆞ야베플고듀과포혜
믈그압피베플고헌관집ᄉᆡ다ᄎᆡ비ᄒᆞ고
헌관이ᄎᆞᆯ어분향ᄒᆞ고술부어ᄯᅡ히기우
리고 비ᄌᆡ 다시술부어신위뎐의노코츅이
헌관좌편의동향ᄒᆞ야ᄎᆞᆯ어독츅ᄒᆞ고모
ᄎᆞᆫ후헌관이 비ᄌᆡ 츅과집ᄉᆞ다지비ᄒᆞ라 월만
션영의부장ᄒᆞ면별노듀과로조예션ᄒᆡ
영ᄏᆞ만월합장ᄒᆞ면ᄯᅩ년장위예고츅ᄒᆞ고
금 위爲손孫모某관宮모某영營건建ᄐᆡᆨ宅됴兆 이以

神신 慶경 告고

쳔광회격규 셕회ᄂᆞᆫ 삼분이ᄒᆞ고 황뎨 세사ᄂᆞᆫ 각일분ᄒᆞᆫ야 ᄆᆞᆯ회

반죽ᄒᆞ야 회광이 각팔촌식 더으고 관쟝도과 광협과 회뎌 광협을 베사

려금 뎡노코 소빙 방위를 뎡ᄒᆞ라

발인규 령여 삽션 빗 현훈 나각ᄒᆞ 신

듀 분붓 버로 녹각 교목뎍 독 도 재 외관

지셕 하관포 자열 대 후송판 판횡 ᄃᆡ 공

포 빅포 셔자 쵸롱 향뎡ᄌᆞ 이타 학상 교위

차일 장마 도 지의

【견빈】은 발인젼ᄒᆞᆯ 놀인ᄒᆞ야 도뎐ᄒᆞ고 쳔
구ᄒᆞᆯ시 집ᄉᆞ 혼빅을 밧ᄃᆞ려 령좌의 툐ᄎᆔᄒᆞ고 소과포혜로 베플고 츅이 슌
쓰고 분향ᄒᆞ고 술 붓고 복면ᄒᆞ야 꿰고 왈 今以吉辰遷柩 금이길신쳔구
敢告 감고 면복흥뉴인이 해곡ᄌᆞ비ᄒᆞ라
일포시 신시라 예도뎐 베플고 집ᄉᆞ 혼빅을 밧ᄃᆞ려 령좌의 츌ᄎᆔᄒᆞ
고소과포혜로 베플고 츅이 분향 ᄒᆞ고 술 붓복향ᄒᆞ야 꿰고 왈 永 영
遂之礼 靈辰不留今奉柩車式遵祖道 령신블뉴 금봉구거 식쥰조도 면

복흥뉴인해곡지비ᄒᆞ라○셜명라의쳔

구휘예홀ᄉᆞ 집셔묘샹셕을힝ᄒᆞ고묘뎐 것교츙이븍향ᄒᆞ야궤교왈

令遷柩就轝敢告 금쳔구취예감고 집ᄉᆞ령좌를관압

피古향ᄒᆞ야베플교○이에견뎐을베플

ᄉᆞ 집ᄉᆞ혼빅을밧드러령좌의출ᄒᆞ고 소과혜을비픈교분향ᄒᆞ고술붓고

츅고 이왈 궤 靈輀旣駕往卽幽宅載陳遣 령이긔가왕즉유뎍지진뎐

禮永訣終天 례영결종쳔 뉴인이해곡지비ᄒᆞ라츅이

ᄒᆞᆫ빅을밧드러령거등의입취ᄒᆞ고 향샹ᄒᆞ라

판이소장홀곳의니르매집시몬텨돗촐
광낭편의펴고판을돗우회북으로머리
두고령좌를판압피베플고듀파포헤를
령좌압피베플고듀인이판동편의업ᄃᆞ
여꼭ᄒᆞ며빈긔이됴ᄒᆞᄂᆞ나라상○이에하판홀시
ᄀᆡ장솔펴힘을써가히요동치아니게ᄒᆞ
며듀인파형톄꼭구치고친히보아하관
ᄒᆞ、며구의와명뎡펴고삽셜좌우의녀코

뉴인이헌ᄒᆞ을밧드러관동편의노코지

비곡ᄒᆞ라○이에ᄒᆞᆼ뎌덥고회ᄅᆞᆯ다ᄋᆞ되

관이젼동귀말ᄆᆞ○ᄉᆞ토지홀시 집ᄉᆡ위 ᄅᆞᆯ묘좌

편의베플고듀과교헤ᄅᆞᆯ그압피베플고
헌관이신위압피드려ᄯᅥ고집ᄉᆞ는그뉘고

외어다지비ᄒᆞ고헌관이향안뎐의나
아ᄀᆞ무어분향ᄒᆞ고술부어ᄯᅥ히부고다

시술부어신위뎐의노코츅이헌관
좌편의셔동향ᄒᆞ야술어독튝월

츅문

維歲次某年某月某朔某日干支某官
유셰ᄎᆞ모년모월모삭모일간지모관

姓名敢昭告于
셩명감쇼고우

土토地지之지神신今금爲위某모官관姓셩名명或혹某모封봉某모氏시窆폄

玆ᄌᆞ幽유宅ᄐᆡᆨ神신其기保보佑우俾비無무後후艱간謹근以이淸쳥

酌작脯포醢혜祗지薦쳔于우神신尙샹饗향 헌관이지

비ᄒᆞ고츅과집서다ᄌᆞ비ᄒᆞᄂᆞ니라

제문

연샤자 연 필 옥 판

분셰 긔 뎌ᄌᆞ

維유歲셰次ᄎᆞ某모年년某모月월某모朔삭某모日일干간支지孤고子ᄌᆞ

某모敢감昭쇼告고于우 ○의모조상숑의듕조고부숀모의구숀망 고

頭考고某모官관府부君군 ○셩모○샹빅헌슉비부모모봉종모

ᄌᆞ뫼대상례우뎡븐부이 하ᄂᆞᆫ대상례ᄃᆡ로ᄒᆞᆫ라 ○ 形형歸귀窀둔穸셕

神신返반室실堂당神신主쥬既긔成셩伏복惟유 尊존靈령이ᄂᆞᆫ

유평 미라 ○ 舍샤舊구從죵新신是시憑빙是시依의 ○ 집시타

ᄌᆞ를 령좌 동편의 베플고 츅이 손싯고 신

쥬를 탁ᄌᆞ우의 누이고 셔사쟈로 ᄒᆞ여곰

몬뎌 함듕을 쓰되 父부則즉曰왈故고某모官관某모公공諱휘

某모字ᄌᆞ某모神신主쥬粉분面면曰왈顯현考고某모官관封봉諡시府부君군

神신主쥬其기下하左좌旁방曰왈孝효子ᄌᆞ某모奉봉祀ᄉᆞ母모則즉曰왈故고

某모封봉某모氏시諱휘某모神신主쥬粉분面면曰왈顯현妣비某모封봉某모

氏시神신主쥬傍방亦역如여之지 뎨듀를ᄆᆞᆺ고츅이신듀

를받드러령좌의두고ᄒᆞᆫ번상ᄌᆞᆯ그뒤

희두고집ᄉᆞ분향ᄒᆞ고술붓고듀인이ᄭᅮ

다ᄭᅮᆯ매츅이듀인우편의셔궤독츅문ᄒᆞ

라 테듀츅은집의가져와좌우듀인이해 츅파ᄒᆞᆫ가지로불ᄉᆞ로오라

교쳐 그번 쳐곡라ᄒᆞ 츅이신듀를밧드러령거의ᄐᆞ

고ᄃᆞᆫ력상ᄌᆞᆯ그뒤희노고집으로ᄯᅩ라

ᄎᆞ우를효ᄒᆞ우의혼빈을노ᄒᆞᆫᄯᅡ회무

드라 권도로셩분시의 인ᄒᆞ야못ᄒᆞ니라 흑뉴인이해뎐거

를받드러길에곡ᄒᆞ며집을바라보고몬

을ᄂᆞ려곡ᄒᆞ며집의니르매곡이신블

밧드러령좌의입취ᄒᆞ고듀인이해쳥ᄉᆞ

외셔곡ᄒᆞ고부인은몬져당외셔곡ᄒᆞ고

령좌뎐의나아가곡ᄒᆞ고그치며 빈ᄅᆡ친 일재다

ᄂᆞ네라 시됴상ᄒᆞᆫ ○ 그년상과구월상은술 마시고고기먹ᄂᆞ니라

모시 팔장춘이

維歲次某年某月某朔某日干支孤子
(유세태모년모월모삭모일간지고자)

某敢昭告于
(모감소고우)

顯考某官府君某云顯妣某封某氏承重
(고모관부군모운현비모봉모시승듕)

祖考妣同 ○ 日月不居奄及初虞 ○ 再
(조고비동 일월불거엄급초우 지)

虞云再虞三虞云三虞卒哭云卒哭小
(우운지우삼우운삼우졸곡운졸곡소)

祥云小祥大祥云大祥禫云禫祭 ○
(상운소상대상운대상담운담제)

夙興夜處哀慕不寧 ○ 孝子云悲念相
(숙흥야처애모불녕 효자운비념상)

續쇽心심焉언如여割할告고廟묘云운悲비慟통畏외至지情졍何하可가
處쳐告고兄형云운悲내痛통無무已이至지情졍如여何하告고妻쳐云운
悲비悼도酸산苦고 ○ 卒졸哭곡云운叩고地지號호天텬五오情졍糜미
潰궤 ○ 小쇼祥상云운夜야處쳐下하有유小쇼心심畏외忌긔不블情뎡
其긔身신八팔字ᄌᆞ ○ 謹근以이 ○ 告고子ᄌᆞ告고廟묘告고妻쳐云운
茲ᄌᆞ以이 ○ 淸쳥酌쟉庶셔羞슈哀의薦쳔祫합事ᄉᆞ ○ 告고兄형云운
薦쳔此ᄎᆞ祫합事ᄉᆞ告고子ᄌᆞ告고廟묘告고妻쳐云운陳진此ᄎᆞ祫합事ᄉᆞ
○ 再치虞우云운虞우事ᄉᆞ三삼虞우卒졸哭곡云운成셩事ᄉᆞ小쇼祥샹

云운常상事ᄉᆞ大대祥상云운祥상事ᄉᆞ禫담祭제云운禫담事ᄉᆞ尙상

饗향 ○ 【초우】ᄂᆞᆫ장ᄉᆞᄒᆞᆫ그ᄂᆞᆯ힝ᄒᆞ미가ᄒᆞ

니라듀인이해다목욕ᄒᆞ라 ○ 집ᄉᆞ소과듀찬을ᄎᆞ

례로베플고츅이독을여어신듀을령좌

의츌취ᄒᆞ고듀인이해입곡ᄒᆞ고강신ᄒᆞ

라우졸곡대쇼상담졔ᄂᆞᆫ다참신ᄒᆞᄂᆞᆫ례의업ᄂᆞ니라강신ᄒᆞᆯ시듀인

이곡곳치고ᄉᆞᆫ씻고령좌젼의나아가ᄭᅮᆯ어분향ᄒᆞ고져비ᄒᆞ고ᄯᅩ면집ᄉᆞ강신잔

술부어ᄋᆞᆫ어주면유인이바다모사우의[illegible]에세번기우려다업시ᄒᆞ고잔을집

ᄉ톨추고듀인이면복흥쇼집 저비ᄒᆞ고잇ᄯᆞ자리로가라 진찬홀시

집시반의제찬을밧드러령좌 결의나아가ᄎᆞ례로드리라 초헌홀시

듀인이향안뎐의나아가셜매집시령좌 져잔의술부어ᄯᆞᆯ어주면듀인바다모사

우의세번죠곰식기우리고면복흥ᄒᆞ면 집시잔을바다밧드러령좌젼의드리고

밥두에롤여려그남편의두고듀인부복 흥ᄒᆞ야저기물겨ᄉᆞᆯ어이해다ᄯᆞᆯ고츅이

듀안우편셔향ᄒᆞ야독츅ᄒᆞ고뭇ᄎᆞ매듀 인이해나곡ᄒᆞ고이우ᄒᆞ야곡긋치고듀

이이지비ᄒᆞ고잇 ᄯᆞ자리로가라 아헌홀시 초헌졀ᄎᆞᄀᆞᆺ

ᄃᆞ니라 형뎨죵ᄒᆞ뎌단일업쓰[illegible] 듀인이삼헌다ᄒᆞᄂᆞ니라 [illegible]홀

시초아ᄒᆞᆫ졀太又ᄐᆞ니라 ᄎᆞᄐᆡ둥ᄂᆞᆫ친 빈도ᄒᆞᆫᄂᆞ라

유식ᄒᆞᆯ시 쳠작 ○ 집ᄉᆞㅣ 쥬쥬를 잡아 령좌젼 잔의 ᄀᆞ득 붓고 밥 가온ᄃᆡ 숟 ᄭᆞᆺ고 되 잘ᄂᆞᆯ 셔편으로 두고 시텹 뎌 비로 노코 듀인이 헤 다 문 밧긔 나라 의

합문ᄒᆞᆯ시 문이 업스면 병풍이나 발이나 장이나 치라 ○ 듀인 이해 다운 외ᄆᆡ 업ᄯᅳ여 식경 후 계문ᄒᆞᆫ리

계문ᄒᆞᆯ시 츅이 문의 나 아가 북향ᄒᆞ 야 기츰 세 번ᄒᆞ고 문 열거든 듀인이 해 려가 곡ᄒᆞ고 집서 잉을 쳘ᄒᆞ고 슈ᄂᆞᆼ을 나 와 밥 세 ᄆᆞᆯ 몰고 이윽ᄒᆞ야 집시 밥 두에 뎝 고 수져 ᄂᆞ리오고 츅이 듀인 우편의 서 나 ᄒᆞ 고

ᄉᆞ신ᄒᆞᆯ시 듀인이 해 곡지 비ᄒᆞ고 신 듀독 덧고 츅문 블술으라

[illegible]복 년파ᄒᆞ고됴 ᄒᆞᄂᆞ며라 지우 츅은초우 츅을보라 유일의

지우ᄒᆞ고강일의삼우와졸곡ᄒᆞᄂᆞ니라

유일은 乙丁己辛癸 을뎡긔신계 강일은 甲丙戊庚壬 갑병무경임

○이상이하제례ᄂᆞᆫ다초우ᄀᆞᆺ트되졸곡

부텀츅이뉴인좌편의셔동향ᄒᆞ야츅ᄂᆡ

으며니셩고ᄒᆞ미다ᄅᆞ니라

상츅 츅은초우 츅을보라 테례ᄂᆞᆫ졸곡ᄀᆞᆺᄐᆞ니라

부지모상즉십일월 요련 이십삼월 요상 위 십

오월담이○톄복닙고톄찬베[illegible]면

이부판벽녕최엽시ᄒᆞ고교되[illegible]슈말로

공ᄒᆞ효ᄂᆞ니라뵈로도ᄒᆞ승마신신고긔년복은탈

복ᄒᆞᄂᆞ니라○됴셕곡그치ᄂᆞ니라

대상 츄은 초우 츄을 보라 톄례눈쇼상ᄀᆞᆺᄃᆞ니라

빅립쓰고직녕닙고뵈ᄃᆡᄄᆡ고힝졔ᄒᆞᄂᆞ

니라졔ᄉᆞ를못ᄎᆞᆫ후츄이신듀를받ᄃᆞ[illegible]

ᄉᆞ당의ᄃᆞ릴시츄이ᄋᆞᆯ어고왈 請入于祠 쳥입우ᄉᆞ

ᄒᆞᆫ유인이 해곡ᄒᆞ며 ᄉᆞ방압피ᄂᆞ리곡

그치ᄂᆞ니라

담졔 축은 초우 축을 보라 길복 삼포렵 ᄒᆞ되

대상후 ᄉᆞᆷᄃᆞᆯ 만의 ᄒᆡᆼ 옌물만 나 항제ᄒᆞ되

빈포직령 닙고 거믄 갓 ᄡᅳ고 거믄 ᄯᅴ ᄯᅴ고

비로소 술마시며 고기먹ᄂᆞ니라

부고식 부음망ᄒᆞ야 이믜 당의 든후 소ᄒᆞᆷ

維歲次某年某月某朔某日

유비ᄉᆞ 모 민모 위모 ᄉᆞ모 관 [illegible]

其모敢감昭쇼告고于우

顯현考고某모官관府부君군 [illegible]

妣비某모封봉某모氏시大대 [illegible]已이 [illegible] [illegible] [illegible]

考고府부君군不블勝승感감愴창謹근以이 [illegible] 酒듀果과用용伸신虔건告고

謹근告고 ○ 모현망ᄒᆞ면조모독의부묘 ᄒᆞ샹다가부소후고쳔ᄒᆞ라

모현망족부상필후 의미졔ᄒᆞᄒᆞ니라

維유歲셰次ᄎᆞ某모年년某모月월某모朔삭某모日일干간支지孝효某모

孫손某모敢감昭쇼告고于우 顯현某모祖조考고某모官관府부君군

顯 [illegible] 某 [illegible] 祖 [illegible] 某 [illegible] 先 [illegible] 考 [illegible] 某 [illegible]

[illegible]遷主入廟[illegible]顯某[illegible]

考某官府君　顯某祖妣某封某氏神
(고 모 관 부 군　현 모 조 비 모 봉 모 시 신)

主今將改題世次迭遷不勝感愴謹以
(주 금 장 개 제 세 차 질 천 불 승 감 창 근 이)

酒果用伸虔告謹告
(주 과 용 신 건 고 근 고)

維歲次某年某月某朔某日干支孝某
(유 세 차 모 년 모 월 모 삭 모 일 간 지 효 모)

代孫某敢昭告于顯某[illegible]某官
(대 손 모 감 소 고 우 현 모 [illegible] 모 관)

府君顯某代祖妣某封某[illegible]
(부 군 현 모 대 조 비 모 봉 모 [illegible])

考고某모官관府부君군喪상期기已이盡진禮례當당遷천主주入입廟묘

先션王왕制졔禮례祀ᄉᆞ止지四ᄉᆞ代ᄃᆡ心심雖슈無무窮궁分분則즉有유

限ᄒᆞᆫ神신主듀當당祧됴將장埋ᄆᆡ墓묘所소不블勝승感감愴창謹근

以이淸쳥酌쟉庶셔羞슈百ᄇᆡᆨ拜ᄇᆡ告고辭ᄉᆞ尙샹饗향

츅산문신

維유歲셰次ᄎᆞ某모年년月월朔삭日일干간支지某모官관姓셩名명敢감

昭쇼告고于우土토地지之지神신今금爲위某모親친某모官관姓셩

名명某모封봉 [illegible] 不블利리將장改ᄀᆡ葬장于우此ᄎᆞ

신[illegible] [illegible] 보[illegible] 우[illegible] 배[illegible] 후[illegible] 고[illegible] 이以 청淸 [illegible]

천薦 우于 신神 상尙 향饗

[illegible]

분묘 헐지 ᄒᆞ
ᄂᆞᆫ 축문이라

[illegible]

영 이 [illegible]

유維 세歲 차次 년年 월月 삭朔 일日 간干 지支 효孝 자子 모某 관官 모某 감敢 [illegible]

소昭 고告 우于 현顯 모某 친親 모某 관官 부府 군君 지之 [illegible]

세歲 월月 자滋 구久 [illegible] 영寧 금今 장將 [illegible]

존尊 령靈 불不 진震 불不 경驚

[illegible]

축

維歲次年月朔日干支孝子或孫或
유셰ᄎᆞ년월삭일간지효ᄌᆞ혹손혹
曾孫某官[illegible]告于 顯某親某
증손모관[illegible]고우 현모친모
官府君或某封某氏或祖考祖妣或曾
관부군혹모봉모시혹조고조비혹증
高祖考曾高高祖妣伏以封塋不謹歲久
고조고증고조비복이봉영블근셰구
頹圮將加修葺伏惟尊靈勿震勿驚
퇴비장가슈즙복유존령물진물경
謹以酒果用伸虔告謹告
근이쥬과용신건고근고

산신 축

維歲次年月朔日干支某官姓名敢昭
유셰ᄎᆞ년월삭일간지모관셩명감쇼

告于土地之神今爲某官姓名塚宅崩
고우토지지신금위모관성명총택붕
頹將加修治神其保佑俾無後艱謹
퇴장가수치신기보우비무후간근
以酒果祇薦于神尙饗
이주과지천우신상향
축안
維歲次干支某月朔日干支孝子或孫曾玄
유세차간지모월삭일간지효자혹손증현
孫某官某敢昭告于顯某親某官府
손모관모감소고우현모친모관부
君旣封雖新伏惟尊靈永
군기봉수신복유존령영
世是寧
세시영

[illegible]

今[illegible]諱之辰敢請

금[illegible]휘지신감청

神主[illegible]

신주[illegible]

維歲[illegible]明日干支孝子某某官某敢

유세[illegible]삭간지효ᄌᆞ모관모감

昭告[illegible]考某官府君歲序遷易

소고[illegible]고모관부군셰셔쳔역

諱日復[illegible]追遠感時昊天罔極謹以淸

휘일부림[illegible]추원감시호텬망극근이쳥

酌庶羞恭伸奠獻尚饗

쟉셔슈공신뎐헌샹향

ᄑᆞ비졉ᄑᆞ大혼쳠시진실이븐슈치포혜어술

ᄑᆞ시[illegible]ᄑᆞ혼뫼오ᄋᆞᆸᄂᆞ니라

30a

헐 귀 헐 찬 도

탕 쉬 헐

따 파 파 파 과

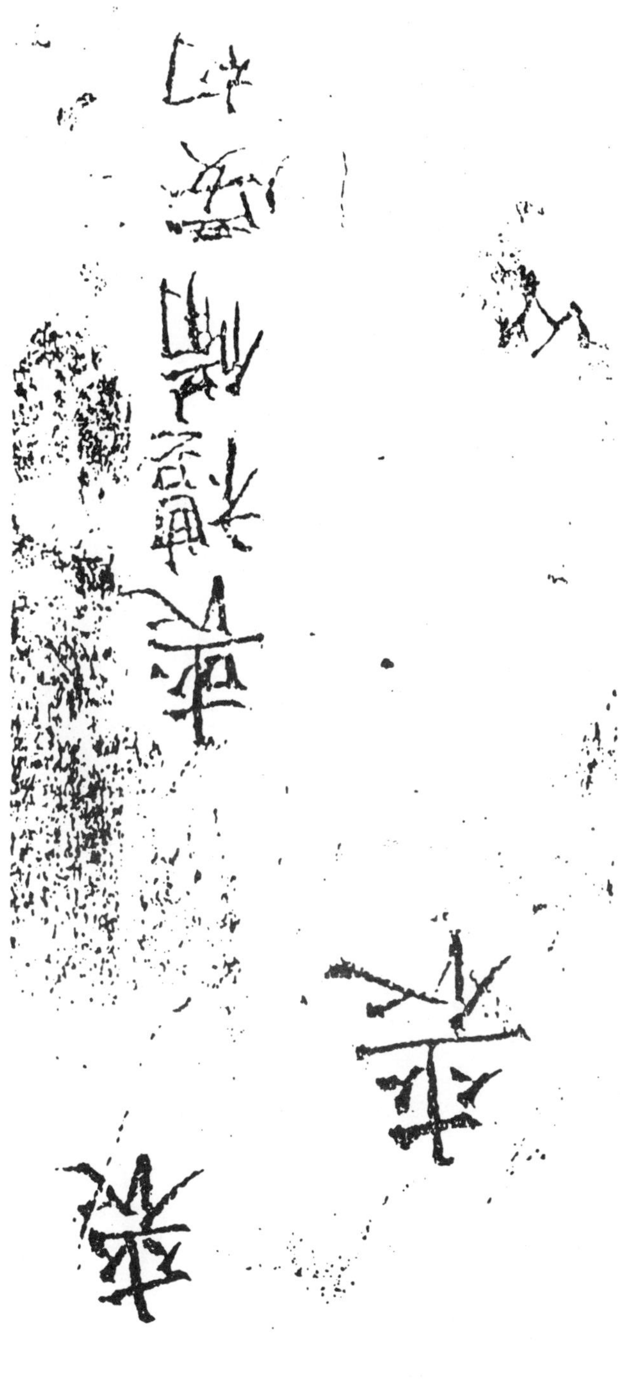

喪禮諺解 三

본종오복도

고조부 지최

증조부 지최

족증조 박숙부모 시

조부 지최 불

종조조 박숙부모 소공

족조박 숙부모 시

부 참최 삼년

종조박 숙부모 소공

족박숙 부모 시

기

형뎨 불장긔 셔소공

종부형뎨 대공 셔시

종조형뎨 소공 셔무

족형뎨 시 쳐무

ᄌ 장참최 부년 동상긔

형뎨지ᄌ 불장긔 부대공

종부형뎨지ᄌ 소공 부시

종조형뎨지ᄌ 부무

손 장긔 뎍불 동대공

형뎨지손 소공 부시

종부형뎨지손 시 부무

증손 뎍불 장소공 동시

형뎨지증손 시 부무

현손 뎍불 장시 동시

고조므 쥴긔

증조모 욛불

조모 긔 장

모 저

처 삼최 년 저

부 쟝최 긔 며블

손부 잔 듀긔 며쇼공

증손부 직부 셔식 며쇼공

현손부 셔뫼뎐 부녀무 대쇼공

족증조 표 가부

족증조 식 표

증조 증조고 조 가식

부쟝긔 고

부쟝긔 조미 가식공

형데 녀부쟝긔 가대공

형데지 손녀 쇼공 가식

형데지 증손녀 부식

족조고 식 가부

[illegible] 가식공

종부형 데지녀 쇼공 가식

종부형 데지손 녀 가무식

족고 식 가부

종조형 데지녀 가무식

족조미 식 가부

[illegible] 가식

1b

외당쳐당복지도

군모의부모쇼공
군모소즉불복
모지군모쇼공모
출즉불복셔지
휘된셔그외조출
위ᄒᆞ야복업ᄂᆞ니라

외조부모 쇼공

인 ᄎᆔ된자 부
[ ]조부모을 [ ]
야 ᄉᆡ 외 나 군
죽게모의부모
형뎨조면을위
ᄒᆞ야쇼공

모의형뎨
구 소공
쳐식

ᄎᆔ죽고별ᄎᆔᄒᆞ도
고쳐의친외비록
쳐부모 시
리과ᄒᆞ며내쳐여도
복이잇ᄂᆞ니라

모의ᄌᆞᄆᆡ
종모 소공
군모의형뎨ᄌᆞᄆᆡ소공
군모소즉복업ᄂᆞ니라

[ ]ᄌᆞ 즉외형뎨 석

ᄒᆞ

긔

고지ᄌᆞ 즉외형뎨 의

이종의형뎨조ᄆᆡ
종모지ᄌᆞ

구의아ᄃᆞᆯ
싱 소공
비공

셔 ᄌᆞ외셩 이
외ᄌᆞ 논
셕과조ᄆᆡ
ᄇᆡᆨ동

누의ᄌᆞ
싱녀 소공

위인후자위본종강복도

종조형데 시

종조부모 시
종부형데 쇼공
종증부형데 지소 시 무복

종조조부모 시
빅숙부모 대공
형데 대공 쳐 시
형데지조 대공 부쇼공
형데지손 무

종조부모 시
조부모 대공
부모 블장 긔
긔

종조조고 시 가무
고 대공 가쇼공
조미 대공 가쇼공
형데지녀 대공 가쇼공
형데지손녀 부무

종조고 시 가무
종부조미 쇼공 가시
종부형데 지녀 시 가무

종소조미 시 가무

2b

상례초언해

복졔목록

부모 조부모 증조부모 고조부모 ᄌᆞ 손 증손 현손 ᄌᆞ부 손부 증손부 현손부 형뎨 친형뎨 ᄌᆞ미 친누의 종부형뎨 ᄉᆞ촌형뎨 종부ᄌᆞ미 ᄉᆞ촌형뎨 종조형뎨 뉵촌형뎨 종조ᄌᆞ미 뉵촌누의 족형뎨 팔촌형뎨 족ᄌᆞ미 팔촌누의 빅숙부모 삼촌숙파그쳐 고모 아비누의 종조

륙모오촌슉과그쳐죵조고오촌고모족부모칠촌슉과그쳐
족고칠촌고모죵조조부모조의형태와그쳐죵조조
고조의누의족조부모조의소촌형태와그쳐족조고의조
누소의촌족증조부모증조의형태와그쳐족증조고증조
의외의누구외삼촌죵모이모니형태외삼촌의아돌외형
태고모의아돌이형태종모의아돌싱누의아돌외싱사회
텩ᄌ텩손은장ᄌ장손을니ᄅ마오승둥은아비업스면머니상ᄒᆞᄂᆞᆫ말이라
큰태ᄂᆞᆫ형태를니른말이오죵복은그복을조ᄎᆞᆫ말이라

ᄎᆞᆷ최 삼년은아비와ᄒᆞ여뎍손이아비
죽은즉조부위ᄒᆞ여증조ᄭᅩ조도승즁ᄒᆞ면아비ᄀᆞᆺᄐᆞ니라
아비뎍ᄌᆞ를위ᄒᆞ여맛당히후ᄅᆞᆯ니을ᄉᆞ릴ᄌᆞ라
아비위ᄒᆞ여지지아비승듕ᄒᆞ면죵복ᄒᆞ고아비츌계ᄒᆞ면죵복ᄒᆞ니라
지아비위ᄒᆞ여쳡이군을위ᄒᆞ여군지부모위ᄒᆞ여
ᄌᆞ최 삼년은어미위ᄒᆞ여쳡ᄌᆞ졔어미
위ᄒᆞ미ᄀᆞᆺᄐᆞ되아비후되면강복ᄒᆞ며뎍
손이아비죽은즉조모위ᄒᆞ며증조모ᄭᅩ조도도승

륭ᄒᆞ면어미ᄀᆞᆺ치ᄒᆞ되조와증ᄒᆡ모위유ᄒᆞ
고조어시면강복ᄒᆞᄂᆞ니라
며어비이시면강복내치면복업ᄂᆞ니라ᄒᆞ며ᄌᆞ모위ᄒᆞ며첩저
어미업스미아비다른첩ᄌᆞ식업ᄂᆞ니를명ᄒᆞ야제기른자니라양부모
위ᄒᆞ며며ᄂᆞ리ᄉᆞ모위ᄒᆞ며어미뎍ᄌᆞ위ᄒᆞ며맛당
히후될ᄌᆞ라[illegible]모장ᄌᆞ위ᄒᆞ며첩이군의장ᄌᆞ와
군의모를위ᄒᆞᄂᆞ니라첩아지아비를군이라ᄒᆞᄂᆞ니라
장긔ᄂᆞᆫ아비이시면어미위ᄒᆞ며
뎍손이아비죽고조부야시면조모위ᄒᆞ며

쳐를위ᄒᆞ며 ᄂᆞ리에부어시면셔모위ᄒᆞ며
부장긔ᄂᆞᆫ조부모위ᄒᆞ며쳐ᄌᆞ의아ᄃᆞᆯ
이아비어미위ᄒᆞ며조부의후된즉넘지아니ᄒᆞ고삼상긔년
ᄒᆞ라삼촌슉부모와형뎨와듕ᄌᆞ와형뎨의
ᄌᆞ와고모와누의과녀ᄅᆞᆯ위ᄒᆞ며고로와의와
ᄯᆞᆯ이출가ᄒᆞ면강복ᄒᆞ고출가ᄒᆞ여도지아비와ᄌᆞ식업스면강복아니ᄒᆞᄂᆞ니라
뎍손위ᄒᆞ며증손현손이후될쟈ᄂᆞᆫ긋ᄐᆞᆨ니라부ᄉᆞ긔뎍
며ᄂᆞ리위ᄒᆞ며쳡이녀군을위ᄒᆞ며쳥ᄎᆡ아비녀

닛라인 츌가재본셩부모위ᄒᆞᄂᆞ니라

ᄌᆡ최 오월은 증조부모위ᄒᆞ며 츌가녀라 도조부모 와증조부모와고조부모 위게강복아니ᄒᆞᄂᆞ니라

ᄌᆡ최 삼월은 고조부모위ᄒᆞᄂᆞ니라

대공 구월 대공이하ᄂᆞᆫ윤 월도혜ᄂᆞ니라 삼촌의와 돌과 등손남ᄃᆡ 와 등ᄌᆞ부 와 형뎨의며ᄂᆞ리 위ᄒᆞ며 계잡이지아븨조부모지아븨 빅숙부모지아븨형뎨며ᄂᆞ리 지아븨덕손위ᄒᆞ며지아븨츌계ᄒᆞ면 고쳐본셩식부와식모위ᄒᆞᄂᆞ니라

쇼공 오월은죵조조부모의죵조조고와죵조부모와죵조고와죵조형뎨ᄌᆞᄆᆡ와형뎨의손과죵부형뎨와ᄌᆞ와외조부모와외삼촌과죵모와셩질위ᄒᆞ며셔모위ᄒᆞ며(젹ᄌᆞ여기ᄅᆞᆫ셔모라)셔지뎍모의부모형뎨ᄌᆞᄆᆡ위ᄒᆞ며(뎍뫼죽은죽복업ᄂᆞ니라)어미내치면계모의부모형뎨ᄌᆞᄆᆡ위ᄒᆞ며娚(오라ᄇᆡ쳐와동셩죵하쳐ᄃᆞᆯ위ᄒᆞ며츌가ᄒᆞ야도강복아닛ᄂᆞ니라)뎍손증현손며ᄂᆞ리맛당히후될이위ᄒᆞ면형톄와쳐위ᄒᆞ며계집이 지아비형톄와지아비형톄의손과지아비죵형톄의아ᄃᆞᆯ과지아비형톄의ᄯᆞᆯ과지아비고모와누의ᄯᆞᆯ위ᄒᆞᄂᆞ니라

【쇼공복】삼월은족증조부모와족증조고와형톄의증손과족조부모족조고와종부형톄의손과족부모와족고종조형톄의조와족형톄조미와증손과현손과종모형톄조미와외손과외형톄의누형

뎨위ᄒᆞ며셔ᄌᆞ아븨후되면졔모ᄒᆞ며셔손
부와셔모와유모와형뎨의손부와죵부
형뎨의ᄌᆞ부와쳐부모와사회우ᄒᆞ며셩질
부와외손부위ᄒᆞ며계집이ᄌᆞ미의ᄌᆞ부위
ᄒᆞ며지아븨형뎨의증손과지아비죵형
뎨의손과지아비죵조형뎨의ᄌᆞ[illegible]
지아븨증고조부모와지아비죵조조부
모지아비죵조조고모와쳐아비형뎨의손
부와지아븨죵조부모와지아비죵부형
뎨위ᄌᆞ부와지아비형뎨의쳐와지아[illegible]
외조부모와지아븨형뎨손과지아비죵
모와지아븨외삼촌쳐와지아비죵부ᄌᆞ

도ᄒᆞᆫ 복업ᄂᆞ니라

상복 ᄎᆞ례로 일등식 강ᄒᆞᄂᆞ니라 ○ 졍월 ᄒᆞ샹 오월이라

므롯 나히 십구셰로 십뉵셰ᄭᆞ지 장샹 십오

셰로 십이셰ᄭᆞ지 즁샹 십일셰로 팔셰ᄭᆞ지

하샹 ○ 여ᄃᆞᆲᄉᆞᆯ이 ᄎᆞ디 못ᄒᆞ면 복이 업고 남ᄌᆞ와 녀ᄌᆞ가 취ᄒᆞ면 샹복 아니라 ○

대공 구월 칠월 ᄌᆞ녀 슉부 고ᄌᆞ 곤ᄐᆡ ᄐᆡᆨ ᄌᆞᄐᆡᆨ 손ᄐᆡᆨ 증현손 형ᄐᆡ의

녀 다 장샹 즁샹이요 지야비 곤ᄐᆡ의ᄌᆞ 녀장샹 즁샹이요 셔지 곤ᄐᆡ의 장샹 즁샹

울위ᄒᆞ ᄂᆞ니라 ○ 소공 오월 슉부ᄐᆡᆨ손 곤ᄐᆡ고 ᄐᆡᄌᆞ녀곤 ᄐᆡ위ᄌᆞ

다하샹이요죵부ᄂᆞᆫ테■샹즁샹이요츌
계재궤ᄂᆞᆫ테쟝샹즁쟝이요자아비슉부
쟝샹이요지아비곤테의조녀하쟝이요
고뫼동셩족하쟝샹죵쟝이요셔셔텨곤
테하샹위
ᄒᆞᄂᆞ니라
○슈삼달
셔손하샹이요죵
조부죵조곤테죵
부ᄂᆞᆫ테의조곤뎨의손죵모외삼촌다쟝
샹이요죵부곤테하쟝이요고뫼동셩족
하하쟝야요즁현손쟝샹즁샹이요지아
븍슉부죵쟝하쟝이요지아비고ᄌᆞ마쟝
쟝위ᄒᆞ
ᄂᆞ니라
○강복
외친은비록츌가ᄒᆞ나
아니ᄒᆞᄂᆞ니라
므릇남자츌계ᄒᆞ고녀자츌가ᄒᆞ면졔ᄉᆞ
친위ᄒᆞ야다일등강ᄒᆞ고ᄉᆞ친의위ᄒᆞᆷ도

ᄯᅩᄒᆞᆫ그러ᄒᆞ니라 ○ 심상 삼년은아비아

스면어미우ᄒᆞ며효 뎍모계모 / 가치라 뎍손이조부

이스면조모위ᄒᆞ며 증조모고조 / 모ᄒᆞᆫ가지라 출모가

모위ᄒᆞ며 아비후되면냐치아나 / ᄒᆞ나십심상ᄒᆞᄂᆞ니라 셔ᄌᆞ비아

후되면쳬면ᄂᆞ식부이시면 / 모위ᄒᆞ며리ᄉᆞ모위ᄒᆞ며 승중 뎡의 / 심쳔

흉로혹심상혹삼변 / 구월오월삼월이라 법은 둥ᄒᆞ여도 / 석돌이라 둥복

입은경복만나면궤복지여납고두어 / ᄉᆡ가비슬돌을만나면그쇄복납고을고

벗고둥복버서도경복이닷치아녀시면 / 결복을입어나운날을ᄆᆞᆺᄃᆞ니라

상례 초죵연히

초죵ᄒᆞ 신의 병텨ᄒᆞ라 착의 개 신면이 새소음 니코

의다어그 물기드라라 ᄇᆞᆯᄒᆞ 상복 오초ᄒᆞᆫ 사라 ᄒᆞ는 금 시례 미려

ᄯᅥ가미렴 의쓰라 셜치 블로져블차ᄒᆞ여이로 겨와다무긔야나케ᄒᆞ

며혹져계발거두ᄂᆞᆫ 로쓰리귀거시리

므릇 병이 듕ᄒᆞ야 림둉시 대뎡침의 옴기

고 니외 안뎡ᄒᆞ야 신면으로 코의 다야 긔

운 엽숨ᄒᆞ 후 초죵ᄒᆞᆫ 되 죽은 쟈의 상시 닙던

직령이나쳑삼이나가지고집기슭의올
나북향ᄒᆞ야왼손으로옷기슬잡고올은
손으로옷허리를잡아세번복부로되남
조ᄂᆞᆫ벼슬이나호일홈을일ᄏᆞᆺ고부인은
상시쇼칭으로부르고못초후그옷슬거
더시톄덥고남톄발상ᄒᆞ오라 ○설치ᄒᆞ며 슈죡거두라
님상듀 듀인은장ᄌᆞ라장ᄌᆡ무죡 장손이승즁ᄒᆞᄂᆞ니라
듀부 죡은자의셰다셰무 듀은싱다셰리

호상 ᄌᆡ례 듕례 알며 근간ᄒᆞᆫ이로ᄒᆞ야 상듕법ᄉᆞ를 다 품ᄒᆞ며 통부ᄒᆞ와 ᄌᆡ믈 출납도 ᄌᆞ제나 친족 등으로 ᄒᆞ라

역복스 쳐와 ᄌᆞ와 부와 쳡은 다 머리 풀고 신 벗고 출계ᄌᆞ와 출가ᄒᆞᆫ 녀는 다 머리 풀지 아니ᄒᆞ고 신 벗지 아니ᄒᆞᆫ며 모든 ᄌᆞ식은 삼일 불식ᄒᆞ고 긔년과 대공은 셋ᄯᅢ를 불식ᄒᆞ고 쇼공 시마상은 둣ᄯᅢ 블식ᄒᆞ고 ᄯᅩ 어룬이 강권즉 져기 먹으라

반구 승 진냥열ᄒᆞ 황 밀냥성 칠 소빙연즉 도ᄆᆞᆯ 뉴냥 십이쳑오로 ᄇᆡᆨ지로 쓰라 흑후 ᄇᆡᆨ지로 쓰라 ᄉᆞ 각각ᄉᆞ 쇄홍 칠 셩판 흑흑 흑즁화

하습 부고 부셔 통라

某親某人以某月某日得疾不幸於 모친모인이모월모일득질불힝어
某月某日棄世專人訃告 모월모일기세젼인부고
年月日護喪姓名上 년월일호상셩명샹
某位座 모위좌 親戚云某親某人 친쳑운모친모인
뎐시 시태ᄅᆞᆯ옴기ᄂᆞ니라 휘댱 후풍 병 사상 돗
자리 벼개 니블 시톄탑펴다가 대렴와쓰라
집시 휘댱으로 너외를 막고 시자 시상을
시태 압피 베플고 돗ᄭᆞᆯ고 베개 노코 우

희시톄옴기되머리남으로두고 니블터 푸라

목욕구 분 률 향탕 몸건ᄒᆞ나 욕건ᄒᆞ나

빗졉 빗슨 텨믈비단으로ᄒᆞ야 머리묵눈거서라

쇼랑 숫삭듥로 ᄯᅳᄂᆞ나라 명의 목욕ᄒᆞ시태 답눈오시라

대 벼슬이시면홍단을ᄡᅳ고 벼슬업스면남면을ᄡᅳ고

습구 혹삭나혹면쥬로도ᄡᅳ고 부힌은홍색물ᄡᅳᄂᆞ니라 심의 혹판 ᄃᆡ홍

직령부인은 원삼혹장옷 적삼 면듀혹 ᄒᆞ명면 고의 면듀 혹무

명면듀혹 뵈바지무명 보션 신 망건 혹단

이ᄒᆞᆫ자세치광의세치영 쟝이ᄒᆞᆫ자세치팡이ᄒᆞᆫ치 복건 혹단

후면듀젼몰ᄒᆞᆫ쟈닥ᄉᆞᆺ치영ᄌᆞ 쟝이ᄒᆞᆫ자다ᄉᆞᆺ쳐팡이두쳐一 명목

혹단혹변듀ᄉᆞ방다ᄉᆞᆺ치영 ᄌᆞ정이ᄒᆞᆫ자세치팡이두치 녀모 혹단

젼골ᄒᆞᆫ자여ᄃᆞᆲ치영ᄌᆞ쟝 이ᄒᆞᆫ자새쳐팡이ᄒᆞᆫ차 악슈 혹편 혹면

듀ᄉᆞ방다ᄉᆞᆺ치를두조곽의져젹ᄒᆞ ᄑᆞ영ᄌᆞ장이ᄒᆞᆫ가세치팡이후치

틍이 개소옴으로대효 씨ᄌᆞᆺ쳐ᄒᆞᄂᆞ니라 ○ 두커에ㅍ ᄂᆞ니라

반함구

무공듀 셋 상ᄌᆞ 구ᄉᆞᆯᄃᆞᆷᄂᆞᆫ그 롯시니라

ᄎᆞᆸᄊᆞᆯ ᄑᆞ 곰 버드나무술 명건 뵈두챠 로써ᄂᆞᆺ

츌렴피슈가반합시 듯는쌀을주으라

텬구 탁ᄌᆞ에포뉴반잔 톡구덕건녀나라뎝ᄂᆞ

이에목욕ᄒᆞ고시사ᄌᆞ향탕을가지고드러

오면듀인이해다당밧긔나가북면ᄒᆞ야

곡ᄒᆞ여시재병시오ᄭᅪ토흔ᄒᆞ오슬다지

버핫고머리금거빗기고슈건으로씨서

몰니오고손ᄋᆞ로머리ᄆᆡ고낭에의리녀털어을표셕

라쓰너블을것고샹하의목욕ᄒᆞᆫ거고슈건

으로상하데를각섯고손톱발톱을버

혀석낭의녀고 슈독좌우를써픈ᄒᆞ고머리털녀흔석낭파ᄒᆞᆫ가지

로관듕의분변ᄒᆞ야녀ᄒᆞ라 도로니블렵픈라 목욕ᄒᆞ고ᄂᆞᆷ은

물과빗과슈건을조ᄒᆞᆫᄯᅡ희무드라 습ᄒᆞᆫ시개시상을당

밧쇠벼플고돗ᄭᆞᆯ고요펴고벼개ᄂᆞᆫ코몬

져대뎌와삼의와젹삼고의바지ᄂᆞᆫ션뉴

를다그우희노아상을드러써방의드

리고시톄를그우희옴기고오술다ᄎᆞ례

로닙피되히맘위오라복건과심의와신은관
닙피지말고니블덥고텬드리라、
뎐ᄒᆞᆯ시집서톄ᄌᆞ의포혜를버리고술믈
부어시례동편여가를향ᄒᆞ야노코듀인
이해곡ᄒᆞᄂᆞ니라○반합ᄒᆞᆯ시듀인이곡
ᄒᆞ고오ᄅᆞᆫ편으로엇메고손씻고무공
뉴돔은그ᄅᆞᄉᆞᆯ가지고드러오면서재벼
ᄃᆞ나무ᄂᆞᆯ을쑬ᄌᆞᆷ은사발의ᄂᆞ고명건으

로시녜ᄂᆞᆺ출ᄃᆡ프면듀인이시례셔편의
안쟈동반ᄒᆞ야며건을ᄇᆞᆺ고술노ᄡᅵᆺ울됴
곰ᄯᅢ시녜입우편의[illegible]구ᄉᆞᆯᄒᆞ나녀코
좌편도[illegible]편ᄀᆞᆺ치ᄒᆞ[illegible]온대[illegible]좌우편
ᄀᆞᆺ치ᄒᆞ[illegible]나라지재[illegible]것고몬져망건
셕오프복건ᄡᅥ오고드ᄅᆞᆯ에ᄆᆡᆺ고명목덥고
신신가고심의닙피고우올히넘오리대듸[illegible]고
악슈ᄊᆡ이고나ᄂᆞᆫ디프라못혈거치나명불건술[illegible]으라히

〔[illegible]〕 교의 탁ᄌᆞ 향로 향합 듀과 잔반 관분 셰건

〔혼ᄇᆡᆨ구〕 ᄇᆡᆨ연 흑ᄇᆡᆨ쳐일려이춘 지샹 표희샹조

〔명뎡우〕 강ᄇᆡᆨ 불극비단 분 붓 노ᄒᆞ 교

명좌의 혼ᄇᆡᆨ을 베플고 시재도 셕봉양지
구를 다 싱시ᄀᆞᆺ치 ᄒᆞ여 명뎡을 녕좌 우편
의 셰우고 벗과 친귀 드러가 곡ᄒᆞ라

〔銘旌書式〕

有職則曰某官某公之柩無職曰某郡某
公之柩婦人封稱從夫職書[illegible]婦人[illegible]

封則云某封夫人某氏之柩無封則云
郡某氏之柩○嘉義嘉善妻貞夫人
衙通政妻淑夫人○通訓禦侮妻
淑人○郞賓校尉妻宜人孺人

보삽

벽셔포ᄂᆞᆫ자무나금을ᄒᆞ여의소라
산의옷상의부인죽장옷뉴신면소
잡관디직녕지셔
옴으로벅 쳔판三대양편
을며우과
죽은이ᄉᆞᆫ날쇼렴ᄒᆞᆯ시집시시상의의ᄒᆞ
을베플고듀인형뎨빅견쓰고노ᄃᆡ고
렴을보며시재손씻고시례를므ᄅᆞ러습결

술고ᄂᆡ음가고결웃ᄉᆞ러거ᄅᆡ쓰고날은
오ᄉᆞᆯ갓례로외오념위오고긴마몯져미
고자ᄅᆞᆫ미나죵미고려몸ᄉᆞ츤후니불뎝고
듀인이해슈질요질ᄒᆞ도ᄅᆡ안은쇠교고다뎐
리며듀인이해곡ᄉᆞᆺ지아니ᄒᆞᄂᆞ니라
三 대결사
츌회츌ᄲᅢ탄말ᄉᆞ오두금불ᄂᆡ침개벼뎐
금 요 셰포스믄자무누사의상의
슈균당오륙쇼삭발쉰대삭발열뎐판벳

쇼렴ᄒᆞᆫ이ᄉᆞ는 남대 렴ᄒᆞᆯ손 젼ᄉᆡᆼ의 금을 ᄲᅢ
틀고 관을 드러 당동의 노코 숄회셜고 빅
자렵고 칠셩판 셜고 요 펴고 벼개 노코 뎐
ᄃᆡ 셰흘 관상동안의 노코 모뎌져 론 마노
쿄 긘미 노코 나불 펴고 시례를 드라 관의
노코 수면이 평군ᄒᆞᆫ 후의 ᄉᆞᆼ시 ᄲᅢ진 니와
머리털 손톱 발톱 너흔 쥼치 ᄂᆞᆷ을 상ᄒᆞ야 좌우
틀뵈고 벗ᄒᆞ야 관모의 니쿄 상의 와 신의를

빈곳업시메오고련금뎝고듀인듀뷔곡
ᄒᆞ며련개뎝고완뎡박고관알뎡침의옴
기고구의뎝고명뎡관을관통편의
베풀고덥드려고듀인이해가상ᄎᆞ로
가여딕곡자도곳차ᄂᆞ니라
상복포 이미일인이 십오력이 굴관 슈
질 요질 상장 방넙
대렴ᄒᆞ오이ᄉᆞ트ᄅᆞᆯ오복지인이각각복닙고

드러가곡ᄒᆞ고서로도상ᄒᆞ라셩복월의
듀인형뎨비로소듀을먹ᄂᆞ니라
됴죽 ᄆᆡ일새배나러나듀인이해다그복 을닙고위예드러가닙곡ᄒᆞᄂᆞ니라
됴뎐 집식ᄒᆞᆫ벽을벗드려녕좌의쵸츄ᄒᆞ 고소파포혜버티고분향ᄒᆞ고술부
고듀인이해지 ᄇᆡ곡ᄒᆞᄂᆞ니라 ○ 샹식 됴뎐ᄀᆞᆺ ᄐᆞ니라
셕뎐 됴뎐ᄀᆞᆺ ᄐᆞ니라 ○ 셕고 황호시듀인이해위 예드러가닙곡ᄒᆞ라
무시곡 됴셕ᄉᆞ이술프면샹 ᄎᆞ의셕우ᄂᆞ니라
됴뎐설찬의반깅각일미ᄒᆞ야됴 뎐겸ᄒᆞ고됴샹식아거ᄒᆞᄂᆞ니라

믈을만나면쳘신ᄒᆞ되상식례의ᄀᆞᆺ트

ᄂᆞ라 신믈은힛곡식졍 션ᄎᆞ파지뉴라

상복 지작 법 부상 ᄆᆞ울아 니호고 모상 ᄆᆞ을호 ᄂᆞ버라

의장이 ᄒᆞᆫ자 세치 부판장이 여ᄃᆞᆲ 세치 연마장이 ᄒᆞᆫ 자

어ᄉᆞᆺ 치 소매장이 ᄒᆞᆫ자 ᄒᆞᆫ치 소매광이 두 복 되ᄒᆞ고

탄골장이 두자다 ᄉᆞᆺ치 치마장이 ᄒᆞᆫ자다 ᄉᆞᆺ치 압흔

셰 복 뒤흔 네 복 ○ 참최 슈질은 멋동이 좌와이 셔니 마로 ᄌᆞᆺ차 우로 향ᄒᆞ야

더그 ᄃᆞᆺ치 멋동우희 터ᄒᆞ고 ᄉᆞᆫ은 노ᄒᆞ으 곰ᄒᆞ고 참최 슈질온 우와이 셔니 마로 ᄌᆞᆺ

차좌로향ᄒᆞ야밋동아래마ᄅᆞᆫ은비로ᄒᆞ고○[참조]요질ᄉᆞᆫ은오ᄒᆞ로ᄒᆞ고[참최]는빅로ᄒᆞ며이샹은요질ᄭᆞᆺ리산슈ᄒᆞ여셩복후ᄭᆞᆺ고녜빈ᄒᆞᆯ제폴엇ᄯᅡ가졸곡ᄒᆞᆯ제ᄭᆞᆺ고대공이하와오십되나와부인은쳑음붓ᄐᆞᄭᆞᆺ고샹복은ᄭᆞᆺ치아니ᄒᆞᄂᆞ니라○슈칠ᄑᆞ요질을남조ᄂᆞᆫ슌후의ᄯᅡ고부인은쇼렴후ᄯᅧᄂᆞ니라○[참최]교ᄃᆡᄂᆞᆫ삼우로ᄇᆡ가ᄃᆞᆰ의ㅁ고ᄑᆞ혼두가ᄃᆞᆰ이요[차조]이하ᄂᆞᆫ뵈로ᄒᆞᄂᆞ니라○[참최]연미는압피뒤흘텁고지최ᄂᆞᆫ뒤히압플텁고[대공]이하ᄂᆞᆫ부판과벽뎐파최업ᄂᆞ니라○[참최]굴관은세첩이우편올향ᄒᆞ고노로테ᄒᆞ고노로ᄉᆞᆫᄒᆞ고[참최]노세쳡이우편올향ᄒᆞ고뵈로테ᄒᆞ고빈로ᄉᆞᆫᄒᆞ고[대][illegible]은지최관ᄌᆞ고[소공]은세첩이좌편을

향ᄒᆞ고테와ᄂᆞᆫ은지최ᄀᆞᆺ고 **시마**ᄂᆞᆫ ᄂᆞᆫ을

생ᄒᆞ고세최은쇠풍ᄀᆞᆺ고려ᄂᆞᆫ지지ᄀᆞᆺᄐᆞ내

라이남자팔쉬붓려셩복

ᄒᆞ되슈질이업ᄂᆞ니라

분상구

빅포삼 노셕 집신

아삽

불게굴려 쓰라

운삽

ᄉᆞ각ᄡᅳᄂᆞᆫ법이라

ᄉᆞ각도

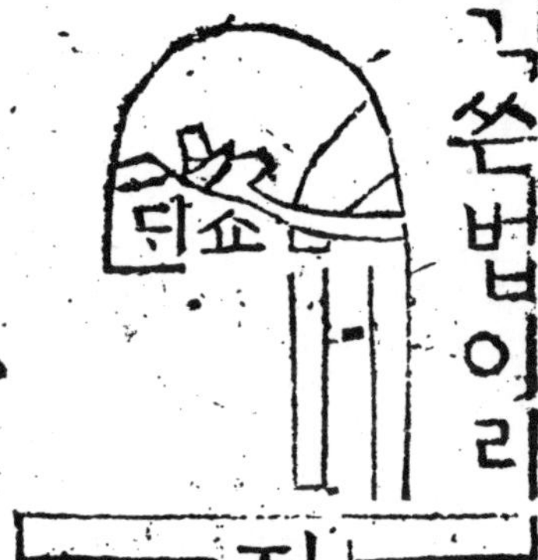

직작

어ᄃᆡ로지직ᄒᆞ이미리ᄡᅳ고두가다라롤맛미면우갓ᄅᆞᆫ나라

비로소부모상ᄉᆞ롤ᄃᆞᆮ고곡ᄒᆞ고역복ᄒᆞ

고ᄉᆞ각건ᄡᅳ고빅포삼닙고노셕ᄃᆡ고집

선신고머리프러묵고길갈셔ᄒᆞ로벽니 밤은블힝
그고울이나그집을ᄇᆞ라보며곡ᄒᆞ고문
의드러관암피나아나지ᄒᆞ고져변복
ᄒᆞ고위예나아가곡ᄒᆞ라초면복은초상 ᄲᆡᆺ고지변복
은대ᄉᆞ렴ᄲᆡ ᄌᆞᆺᄐᆡ니라후ᄉᆞ일셩복ᄒᆞ고가인과변
직으로더브러서로됴상ᄒᆞ기를처음ᄀᆞᆺ
치ᄒᆞ고만일분상못ᄒᆞ면허위를베플고
문부ᄒᆞᆫ지나흘만의셩복ᄒᆞ라만일이미

장ᄉ지나여시면몬져묘소의가곡벽ᄒ라 셩복못ᄒ야시면묘소의가변복ᄒ고 졉이가령좌의나아가곡비ᄒ고ᄉ일 셩복ᄒ며이믜셩복ᄒ쟈 눈변복아니ᄒᄂ니라 지최이하는문부ᄒ고허위베플고곡ᄒ며만일분상ᄒ면집의니르러셩복ᄒ고분상못ᄒ면문부ᄒ지나흘만의셩복ᄒ라

구

표목 [illegible]칠 셰승 못 돌 제석 비[illegible]찬

듀과 포혜 향로 향합 구향ᄒ 축판 [illegible]

維歲次某年某月某朔某日某官
유셰ᄎᆞ모년모월모삭모일간지모관
姓名敢昭告于
셩명감쇼고우
土地之神今爲某官姓名某封某氏營建
토지지신금위모관셩명모봉모시영건
宅兆神其保佑俾無後艱謹以淸酌
ᄐᆡᆨ됴신기보우비무후간근이쳥쟉
脯醢祗薦于神尙饗
포혜지쳔우신샹향
긔토ᄒᆞᄂᆞᆫ의 듀인이 이믜 됴곡ᄒᆞ고 집ᄉᆞ
와 지ᄉᆞ 드리고 어든 따ᄒᆞ 표를 샹듕ᄒᆞ세
곳에 셰오고 ᄯᅩ 표를 네모의 셰우고 위를

즁표좌편의남향ᄒᆞ야베플고듀피포혜
를그압피베플고헌관집ᄉᆞ다빗ᄒᆞ고
헌관이ᄭᅮᆯ어분향ᄒᆞ고술부어ᄯᅡ히기우
리고비ᄌᆞ다시술부어신위뎐의노코츅이
헌관좌편의동향ᄒᆞ야ᄭᅮᆯ어독츅ᄒᆞ고뭇
ᄎᆞᆫ후헌관이비ᄌᆞ츅과집ᄉᆞ다지비ᄒᆞ라 일만
텬영의부장ᄒᆞ면별노듀과로조션의고
츅ᄒᆞ고만일합장ᄒᆞ며또션장위예고츅
ᄒᆞ라 ○ 祝
今爲孫某官某營建宅兆謹以
금ᄌᆞ위손모관모영건튁됴근이

酒果用俥處音 듀과용산건교

천광회격구 셕회는삼분이ᄒᆞ고황토 셰사는각일분ᄒᆞ야물의 반듁ᄒᆞ야회광이각팔촌식다으고 관당ᄒᆞᆫ과광협파회격광협을혜아려금뎡노코ᄉᆞ방 방위를뎡ᄒᆞ라

발인구 령예 삽션 뎃 현훈 나각 ᄒᆞ신

듀 분붓먹벼로 녹각교목혁 독 도자 외관

지쳑 하관포 열네 자 후송판 황뒤 판 공

포 빅포 쇼롱 향뎡ᄌᆞ 와탁 향상 교의

차일·장막·돗·지의

【결반】은 발인젼ᄒᆞᆯ놀인ᄒᆞ야도뎐ᄒᆞ고쳔

구ᄒᆞᆯ시 집ᄉᆡ혼빅을밧드려령좌의룰츄ᄒᆞ고소과포혜롤베플고츅의손

씻고북향ᄒᆞ고술붓고북면ᄒᆞ야꾀고왈 【축문】 今以吉辰遷柩 금이길신쳔구

敢告 감고 면복흥뉴이해곡지비ᄒᆞ라

日晡時 일포시 신시라 예도뎐베플고 집ᄉᆡ혼빅올밧드려령좌의츌츄ᄒᆞ

고소과포혜롤베플고츅이북향ᄒᆞ고술붓고북향ᄒᆞ야꾀고왈 【축문】 永 영

遷之禮靈辰不留今奉柩車式遵祖道 쳔지례령신불뉴금봉구거식준조도 뎐

복흥듀인이해곡지빅ᄒᆞ라○결명의션 셔계[illegible]

구취예ᄒᆞ올ᄉᆡ 집ᄉᆞ됴상식을병ᄒᆞ[illegible]단 것고축이북향ᄒᆞ야궤고왈

축 令遷柩就輿敢告 금쳔구취예감고 집ᄉᆞ령좌를관압

피남향ᄒᆞ야베플고○여견뎐을베플

식 집ᄉᆞ혼빅을받드려령좌의츌취ᄒᆞ고 소과포혜을베플고분향ᄒᆞ고술붓고

고축이궤왈 축문 靈輀旣駕往即幽宅載陳遣 령이거가왕즉유택지진견

禮永訣終天 녜영결종쳔 듀인이해곡지벽ᄒᆞ라축이

혼백을받드러령거듕의입취ᄒᆞ고 항상ᄒᆞ다

관아소장ᄒᆞᆫ곳의니르매섭시몬뎌돗촐
광남편의펴고관을돗우희북으로머리
두고좌를관앏ᄑᆡ베플고듀과포혜를
광좌앏ᄑᆡ베플고듀인이광동편의엽ᄃᆞ
여곡ᄒᆞ며빈ᄀᆡᆨ이도상ᄋᆡ에하관ᄒᆞᆯ시
기장솜편함을써가하요동치아니케ᄒᆞ고
며듀이과형뎨곡그치고친히보아하관
ᄒᆞ며구의와명뎡펴고삽셜좌우의녀코

뉴안이헌훈을밧드러관등편의노코저
빅곡ᄒᆞ라○이에홍뎌고희를다ᄋᆞ되
관이진동케말나○ᄉᆞ도지ᄒᆞ시집ᄉᆞ위롤묘화
편의베플고뉴과포혜를그ᄂᆞᆫ희베플고
현관이신위압페드려셔고합슈ᄂᆞᆫ그ᄂᆞᆫ
의이셔다지빅ᄒᆞ고헌관이향안뎐의
약가술어분향ᄒᆞ고술부어ᄉᆞ희붓고
시술부이신위뎐의노코츅이헌관
좌편의셔동향ᄒᆞ야울이독튝왈
維歲次某年某月某朔某日干支某官
유셰ᄎᆞ모년모월모삭모일간지모관
姓名敢昭告于
셩명감쇼고우

土地之神今某官姓名或某封某氏窆
토지지신금위모관셩명혹모봉모시폄

茲幽宅神其保佑俾無後艱謹以清
ᄌᆞ유튁 신기보우비무후간근이쳥

酌脯醢祇薦于神尚饗
작포혜지쳔우 신상 향 헌관이 ᄌᆞᆨ

비ᄒᆞ고 츅과 집시다 지 빈ᄒᆞᄂᆞ니라

졔구

션 샤쟈 연 필 · 묵 판
분 셰견 탁ᄌᆞ 、 [illegible]

維歲次某年某月某朔某日干支孤子
유셰ᄎᆞ모년모월모삭모일간지고ᄌᆞ 고

某敢昭告于 ○ 모상의ᄌᆞ부모구망고
모감쇼고우 ○ 의ᄌᆞ승둥고손악손

顯考某官封諡府君 ○ 모상현비모봉ᄒᆞ
현고모관봉시부군 ○ 시 ○ 벽쇽부모죵

ᄌᆞ모ᄒᆞᆷ쇼ᄒᆞ고우현빅부이 ○ 形歸窀穸
ᄒᆞᄂᆞᆫ대상대로ᄒᆞ라 형귀둔셕
神返室堂神主既成伏惟 尊灵 ○ 存
신반실당신듀긔셩복유 존령이 존
유령 ○ 舍舊從新是憑是依 ○ 집셔탁
이라 샤구죵신시빙시의
ᄌᆞ를령좌동편의베플고츅이손ᄉᆞᆺ고신
듀를탁ᄌᆞ우희누이고셜사ᄎᆞ로ᄒᆞ여곰
믄져함듕을ᄡᅳ되 父則曰故某官某公諱
부즉왈고모관모공휘
某字某神主粉面曰顯考某官封謚府君
모ᄌᆞ모신듀분면왈현고모관봉시부군
神主其下左旁曰孝子某奉祀母則曰故
신듀기하좌방왈효ᄌᆞ모봉ᄉᆞ모즉왈고

某封某氏諱某某主粉面日[illegible]此其某
모봉모시휘모산쥬분면왈[illegible] 봉모
氏神主旁亦如之
시산쥬방역여지 題를 못묘ᄒᆞᆫ이 신듀
를 밧드러 령좌의 두고 혼뵉샹ᄌᆞ를 그 뒤
희 두고 집ᄉᆞ 분향ᄒᆞ고 술 붓고 쥬인이 해
다ᄉᆞᆯ매 ᄎᆞᆨ이 듀인 우편의셔 꿰독ᄎᆞᆨ문ᄒᆞ
라 題듀ᄎᆞᆨ은 집의 강冊와 桌우 듀인 아해
츅과 ᄒᆞᆫ가지로 블ᄉᆞ오라
고지 빅푸ᄒᆞ 곳처라 ᄎᆞᆨ이 신듀를 밧드러 령거의 듀
고 혼뵉샹ᄌᆞ를 그 뒤희 노코 집으로 도라

상녜

을싀초우를ᄒᆞᆫ후의혼ᄇᆡᆨ을조혼ᄉᆞ다희무

드라 권도로ᄒᆞ분시의혹 안ᄒᆞ야뭇ᄂᆞ니라 듀인이해령거

를밧들어길에픅ᄒᆞ여잡을부라보고물

을ᄂᆞ려무ᄒᆞ여잡의ᄀᆞ로려츅이신듀를

밧드러령좌의업ᄎᆞᆫᄒᆞ고듀인이해쳥

의셔픅ᄒᆞ고부인은몬져당의셔픅ᄒᆞ고

령좌뎐의나아가픅ᄒᆞ고굿치며 빈과친 빌재다

사묘상ᄒᆞ ○ 그년상과구월상은 ᄂᆞ나라 마시고고하먹ᄂᆞ나라

모사 강이필춘

維유歲셰次ᄎᆞ某모年년某모月월某모朔삭某모日일干간支지孤고子ᄌᆞ

某모敢감昭쇼告고于우

顯현考고某모官관府부君군母모云운顯현妣비某모封봉某모氏시承승重듕

祖조考고妣비同동 ○ 日일月월不블居거奄엄及급初초虞우 ○ 再지

虞우云운再지虞우三삼虞우云운三삼虞우卒졸哭곡云운卒졸哭곡小쇼

祥상云운小쇼祥상大대祥상云운大대祥상禫담祭재云운禫담祭재 ○

夙숙興흥夜야處쳐哀애慕모不블寧령 ○ 告고子조云운悲비念념相상

續쇽心심焉연如여燬훼告고弟뎨云운悲비痛통猥외至지情졍[何하][可가]

處쳐告고兄형云운悲비痛통無무已이至지情졍如여何하告고妻쳐云운

悲비悼도酸산苦고 ○卒졸哭곡云운叩고地지號호天텬五오情졍靡미

潰궤 ○小쇼[illegible] 云운夜야處쳐下하有유小쇼心심畏외忌긔不블情[졍]

其기身신八팔字ᄌᆞ ○謹근以이 ○告고子ᄌᆞ告고弟뎨告고妻쳐云운

玆ᄌᆞ以이 ○淸쳥酌작廢[폐]蓋개哀애薦쳔祫합事ᄉᆞ ○告고兄형云운

薦쳔此ᄎᆞ祫합事ᄉᆞ告고子ᄌᆞ告고弟뎨告고妻쳐云운陳진此ᄎᆞ祫합事ᄉᆞ

○再지虞[illegible]云운虞우事ᄉᆞ三삼虞우卒졸哭곡云운成셩事ᄉᆞ小쇼祥샹

、云운常상事ᄉ大대祥상云운祥상事ᄉ禫담祭뎨云운禫담事ᄉ○尙상
饗향○ 는장ᄉᄒ고그날힝ᄒ마가ᄒ
니라 듀인이ᄒ다 목곡ᄒ라 ○집ᄉ소파듀찬을ᄎ
뎌로베플고육이독을여러뉴을령좌
의츌취ᄒ고듀인이해입곡ᄒ고강신ᄒ
라 우졸곡대쇼샹담뎨ᄂ 참잔ᄒᄂ례의업ᄂ이라다 강ᄒ셔 듀인
이 곡긋처ᄒ고고련 ᄒ고 벼ᄉ고 령좌 ᄒ 시야 쳔 ᄒ 가 잔
어 남ᄒ고치쥬고 ᄃ 매 집 의 신 가 잔
희의어이 부술남 어몸 쉐여 변ᄒ 기여 우주 려 다듀 업인 시얌 ᄒ바 고다 요모 글사 집우

ᄉᆞ를주고듀연이면복ᄒᆞᆼ쇼퇴
져비ᄒᆞ교잇ᄯᅩ자라로가라
진찬ᄒᆞ올셔
집셔반의뎨찬을밧드러령좌
졀의나아가ᄎᆞ회ᄯᅩ드회라
츄허ᄒᆞ올셔
듀연이향안의나아가ᄉᆞᆯ매집셔령좌
젼잔ᄎᆡᆨ츌부어ᄉᆞᆯ어주면듀인바다모사
유의ᄎᆡᆨ빈쇼끔셕기우리고면복흥ᄒᆞ면
졉셔잔을바다밧드러령좌젼의드리고
밥두에을여러코남편의두교듀안부복
흥ᄒᆞ야져기물더ᄉᆞᆯ며이해다ᄉᆞᆯᄑᆞ츅이
듀인우편셔양ᄒᆞ야독슉ᄒᆞ고못ᄎᆞ배듀
연이해다곡ᄒᆞ고이우ᄒᆞ약곡긋셔교듀
인이쟈ᄒᆞ고잇
ᄯᅩ자리로가라
아허ᄒᆞ올셔초헌편것곳
두ᄂᆞ라
형톄죵ᄒᆞ며만일업스면
ᄆᆞᆫ이삼현다ᄒᆞᄃᆞ너라
죵협ᄒᆞ올

시초아한결ᄀᆞᆺ트니라반
비등ᄒᆞ며천
뵈ᄂᆞᄂᆞ니라

[illegible]
협 ○ 쥐셔뉴츄를잡아령ᄒᆞ편
쟈 찬의더ᄆᆞ드보교뱍가온

데술ᄉᆡᆼ즈되찰늘차편으로교서협의
텨바로노쾨듀가한이해다문맛ᄭᅥ나령

[illegible]
문입스면병풍이나발 ○ 듀인
이나장이나셔ᄂᆞ니라 이해

다문외에업ᄃᆞ이
삭경후게ᄃᆞᆫᄒᆞᆫ리
[illegible]
축이문의나
아가북항ᄒᆞ

아기ᄎᆞᆷ셔변ᄒᆞᆫᄃᆡ문일가든뉴인이해드
러가폭ᄒᆞᆫ고잡셔강을쳔ᄒᆞ교숙잉을나

와밥쌰술물교이우ᄒᆞᆫ야잡셔법등옘넙
교수ᄂᆞ라오뇨츄이듀연우편의셔니

영고
ᄒᆞᆫ효
[illegible]
규인이해품적빅ᄒᆞᆫ고신
뮤독맛교츅문블숨으라

효셕텬파ᄒᆞ교뎨 유일 츅은츈우 츅을보라 유일의

ᄲᅳᆨ곡ᄒᆞᄂᆞ니라

지우ᄒᆞ고강일의산우와졸곡ᄒᆞᄂᆞ니라

유일 乙丁己辛癸 을뎡긔신계 강일은 甲丙戊庚壬 갑병무경임

○이상이ᄒᆞ례ᄂᆞᆫ다츈우ᄅᆞᆯ되졸곡

복뎨츅이듀인좌편의셔동향ᄒᆞ야츅ᄂᆞ리

으며나셩고ᄒᆞ미다르니라

츅은츈우 츅을보라 ᄯᅢ례ᄂᆞᆫ졸곡ᄀᆞᆺ트니라

부제모상즉쉰일월ᄋᆞ련이십삼월ᄋᆞ샹이십

오월담라아○톄복닙고톄찬뵈플고듀인
이부판벽령최업시ᄒᆞ고ᄆᆞ되ᄅᆞᆯ슐마로
ᄒᆞ고ᄂᆡ라뵈로도ᄒᆞᆫ승가산신고그뎐복ᄋᆞᆫ탈
복ᄒᆞᄂᆞ니라○됴셕곡곳치ᄂᆞ니라
츅은초우츅을보라톄례ᄂᆞᆫ쇼상ᄀᆞᆺᄐᆞ니라
빅립쇼고직녕남고뵈의셕고향톄ᄒᆞᄂᆞ
니라졔ᄉᆞᄅᆞᆯ못ᄎᆞᆫ후츅이신듀ᄅᆞᆯ밧드러
ᄉᆞ당의드려셔츅이슐어고왈請入구祠쳥입유ᄉᆞ

굿치ᄂᆞ니라

축은 초우 길복 삼보랍ᄂᆞ더 축을 보라

대상후셕ᄃᆞᆯ만의 丁뎡일 亥를 갈나 ᄒᆡᆼ례ᄒᆞ되

흑포졍녕입고 거믄갓쓰고 거믄ᄯᅴᄯᅴ고

비로소 술마시며 고기먹ᄂᆞ니라

부현망ᄒᆞ야 이믜 ᄉᆞ당의 든 후 모ᄉᆞ 츅

維歲次某年某月某朔某日干支孝子

유셰ᄎᆞ모년모월모삭모일간지효ᄌᆞ

某모 敢감 昭쇼 告고 于우 顯현 考고 某모 官관 府부 君군 玆ᄌ 以이 先션
妣비 某모 封봉 某모 氏시 大대 祥샹 已이 屆계 禮례 當당 祔부 於어 先션
考고 府부 君군 不블 勝승 感감 愴창 謹근 以이 酒쥬 果과 用용 伸신 虔건 告고
謹근 告고 ○ 모신망ᄒᆞ면조모독의부묘ᄒᆞ얏다가부ᄉ후고쳔ᄒᆞ라

(졔마졔듀고ᄉ) 모션망즉부상필후외지졔듀ᄒᆞᄂᆞ니라

維유 歲셰 次ᄎ 某모 年년 某모 月월 某모 朔삭 某모 日일 干간 支지 孝효 某모
孫손 敢감 昭쇼 告고 于우 顯현 某모 祖조 考고 某모 官관 府부 君군
顯현 某모 祖조 妣비 某모 封봉 某모 氏시 玆ᄌ 以이 先션 考고 某모 官관 府부

君喪期已盡禮當遷主入廟顯某祖
군상긔이진례당쳔쥬입묘 현모조
考某官府君顯某祖妣某封某氏神
고모관부군 현모조비모봉모시신
主今將改題[illegible]次迭遷不勝感愴謹以
쥬금장ᄀᆡ뎨[illegible]ᄎᆞ질쳔블승감창근이
酒果用伸虔告謹告
쥬과용신건고근고

維歲次某年某月某朔某日干支孝某
유셰ᄎᆞ모년모월모삭모일간지효모
代孫某敢昭告于顯某代祖考某官
ᄃᆡ손모감쇼고우 현모ᄃᆡ조고모관
府君顯某代祖妣某封某氏玆以先
부군 현모ᄃᆡ조비모봉모시ᄌᆞ이션

考某官府君長期已盡禮當遷主入廟
고모관부군상긔이진례당쳔쥬입묘
先王制禮祀止四代心雖無窮分則有
션왕졔례ᄉᆞ지ᄉᆞᄃᆡ심슈무궁분즉유
限神主當祧將埋墓所不勝感愴謹
한신쥬당됴쟝ᄆᆡ묘소블승감창근
以清酌庶羞百拜告辭尙饗
이쳥쟉셔슈ᄇᆡᆨᄇᆡ고ᄉᆞ샹향

산신 축문

維歲次某年月朔日干支某官姓名敢
유셰ᄎᆞ모년월삭일간지모관셩명감
昭告于土地之神今爲某親某官姓
쇼고우토지지신금위모친모관셩
名或某封某氏卜宅兆不利將改葬于此
명혹모봉모씨복ᄐᆡᆨ됴블리쟝ᄀᆡ장우ᄎᆞ

神其保佑俾無後艱謹以淸酌脯醢祗
신기보우비무후간근이쳥작포혜지
薦于神尙饗 저장탄뎐츅 여이자가 왕슈산퇴
쳔우신샹향

계묘고츅 분묘헐지는츅문이

維歲次年月朔日干支孝子某官某敢
유셰ᄎᆞ년월삭일간지효ᄌᆞ모관모[illegible]감
昭告于顯某親某官府君[illegible]墓玆
쇼고우현모친모관부군[illegible][illegible]ᄌᆞ지
歲月滋久體魄不寧今將改葬伏惟
셰월ᄌᆞ구톄ᄇᆡᆨ블령금장ᄀᆡ장복유
尊靈不震不驚
존령블진블경

기사토고 츅

維歲次年月朔日干支孝子或孫曾玄
유셰ᄎᆞ년월삭일간지효ᄌᆞ혹손증현
孫某官某敢昭告于顯某親某官府
손모관모감쇼고우현모친모관부
或某封某氏或祖考祖妣或曾高祖
혹모봉모씨혹조고조비혹증고조
考曾高祖妣伏以封築不謹歲久頹圮
고증고조비복이봉츅블근셰구퇴비
將加修葺伏惟尊靈勿震勿驚謹以
쟝가슈즙복유존령물진물경근이
酒果用伸虔告謹告
쥬과용신건고근고

산신
후

維歲次年月朔日干支某官姓名敢
유셰ᄎᆞ년월삭일간지모관셩명감

告于土地之神 爲某官姓名塚宅 (고우토지지신 위모관셩명툥퇵)
崩頹將加修治 神其保佑俾無後艱 (붕퇴쟝가슈치 신기보우비무후간)
謹以酒果祗薦于神 尙饗 (근이쥬과지쳔우신 샹향)

개사초후위안

維歲次年月朔日干支孝子或孫曾玄 (유셰챠년월삭일간지효ᄌᆞ혹손증현)
孫某官某敢昭告于顯某親某官府 (손모관모감쇼고우현모친모관부)
君旣封旣莎舊宅維新伏惟 尊靈永 (군긔봉긔ᄉᆞ구퇵유신복유 존령영)
世是寧 (셰시령)

고유 (츌듀츅과 기뎨츅이라)

今以 금이 顯考某官府君遠諱之辰敢請 현고모관부군원휘지신감청 神主出就廳事恭伸追慕 신듀츌츄청ᄉ공신츄모

維歲次年月朔日干支孝子某官某敢 유셰ᄎ년월삭일간지효ᄌ모관모감 昭告于顯考某官府君歲序遷易 쇼고우현고모관부군셰셔쳔이 諱日復臨追遠感時昊天罔極謹以淸 휘일부림츄원감시호텬망극근이쳥 酌庶羞恭伸奠獻尙饗 쟉셔슈공신뎐헌샹향 ○

기졔쳠픔

관시ᄯᅥᆺ 셥과 ᄌᆞᆫ (호켬시진말이블 과ᄂᆞ되오홈이라) 슈치 표혜 어육 초장

경장 쳠치각일탕오호졉시 병면반갱각일긔
각결칠곳 쳐이라

량위결찬도

촉	경	촉	잔	셜	경	잔	반
편	면	어	육	육	편	면	
탕	탕	탕	탕	탕			
채	혜	장	채	포	과		
과	과	과	과	과			

일위결찬도

촉	경	잔	반	셤
편	[illegible]	[illegible]	육	면
탕	탕	탕	탕	탕
채	혜	장	채	포
과	과	과	과	과

상례쵸언히종

喪禮諺解 四

[illegible]解 全

喪禮諺解刊行序라

燕人이資章甫而適越人하니人知其必竆은以其無用也라見今竺回之說이彌滿穹壞하야其視談禮者를惡之如惡疾而必欲去之乃已하니今之爲禮者ㅣ不亦殆乎아固城金泳福潤德甫ㅣ袖喪禮諺解하야示之하고而曰吾欲刊此而公諸世하노라余ㅣ受而卒業焉하니盖宗室德信正이就家禮喪禮篇하야以國文으로解之하니雖婦女라도易於習曉하야倉卒之際에可以助君子之不及하니其爲敎ㅣ至矣라故로沙溪文元公尤菴文正公이皆有序跋하시고而文元後孫某ㅣ更加修潤하니視舊益詳이라當時ㅣ禮敎之盛을於是可想이로다是書也ㅣ藏在巾衍中하야幾爲蠹魚之資러니今得潤德而將繡

梓普頒하니 玆豈非幸也乎아 雖然이나 其事ㅣ無異乎適越之
章甫하고 而時則乃惡禮를 如惡疾而欲抹殺之日也니 吾子는
其勉乎哉어다 假使鐵輪頂上旋이라도 定慧圓明終不失이 宜
今日受用者也니라
癸酉陽月 日에 壺山宋毅燮書하노라

喪禮諺解序라

夫禮之繁縟莫甚於喪이요 亦莫急於初喪이라 雖知禮者라도 不能無略하야 多所遺失이온 況窮鄕僻巷에 素昧於禮者ㅣ何能中其禮之節目哉리요 吾洞人德信正文叟ㅣ學於新門 朴敎官洞之丈할새 自少로讀經書하고 又及於禮學하얀 患俗人之失於禮하야 以諺으로解初終之禮하야 使婦人으로亦考而行之하니 其意勤矣로다 新門倡導에後生從之者ㅣ幾至數十而無一人成就繼業者하니 噫라人才之難이不其然乎아 惟文叟ㅣ有志於學하야 至老不懈하니亦可尙也已라 文叟之子李君弘吾ㅣ袖此書하야 囑余誌其首일새不敢辭而記之하노라

天啓三年癸亥十月 日에沙溪老夫는書하노라

安公名應昌卽順陽君長子云

喪禮諺解跋이라

德信正家禮諺解을 今因善山府伯安公某하야 始知有此書하고尙恨其未之見也라 然이나 伏見沙溪老先生跋語則知其有補於世也ㅣ無疑矣로다 安公이以其所解ㅣ止於初終으로欲取葬祭二禮하야幷譯而附其後하니斯ㅣ德信之所欲聞者라余諗之曰昔에拙齋申公湜이 深用功於家禮하야 有俚釋二卷하니其時에實與老先生으로 往復商訂하야 雖不盡用先生之說이나而其所用者亦多矣니 幸取而叅互之則庶乎過寡矣리라

崇禎紀元後三十八年乙巳六月日에 恩津宋時烈은 跋하노라

讀喪禮諺解小識라

喪禮諺解는古昔宗室德信正이 就家禮中治喪諸條하야 以反

切諺文으로 譯而釋之하니 如柳氏崇祖經書諺解之例而音義詳明하고 考閱簡便하야 儘一家之成書也라 故로 沙溪金文元公이 有序曰婦人도 亦效而行之라하고 尤菴宋文正公이 爲跋曰有補於世也ㅣ 無疑矣라하니 兩先生昭垂之筆이 若是章章然則雖使 國朝禮文粲備之日이라도 此惟家家所當講이요 人人所當知而踐行者여날 况今喪制壞極之時乎아 苟或不能於文而粗解 訓民正音者라도 皆可瞭然通讀而坦然由行於初終總總然急遽之際則 不待栗翁所謂質問于先生 長者識禮處之訓而節文儀則이 庶乎不差矣리니 豈非大行歟아 玆庸有感于時而書하노라

玄默涒灘復之上澣에 平陽朴魯重識하노라

凡例라

一此書ㅣ雖祖述備要而間有不得已 删複補闕하고 移文上下者하니 覽者詳之니라

一所引古今先儒氏與書籍篇名은 一倂闕之하노라

一襲斂衣衾과 及喪服冠絰은 別作圖說하야 以附卷末하노라

一網巾圓衫衰裳大袖長裙은 謹採諸家之說하야 創爲圖之하노라

今刊行凡例라

一右諸條는 昔金文元公後孫某修潤時所定也라 今依仍存하야 使讀者로 知其事由之有自來矣라

一篇本이 止爲初喪之禮하야 似甚簡單故로 今以營葬時에 自

啓殯祝辭로 以至三年後忌祭와 及先墓歲一祭祝文를 幷增記入하야 附于編後하니 庶使考覽者로 以便行事事라

一此書之行于世固已晩矣而今當喪禮壞極之日하야 尤不可不講明者故로 汲汲刊布하노라

喪禮諺解卷之一

初終이라

病이구치못하게되거든 平牀에褥와 자리펴正寢(대청이라)의놋코
子女한가지로 붓드러平牀위에 東녁으로머리두고새옷을위
덥고 內外安靜케하야 手足을各各잡으라

이믜絕命하거든 이에울라

이믜絕하게되거든 풀솜을입과코새이에노와 솜이움지기지
안커든尸體를 반듯하게뉘여손과발을거두고 나무筯한아로
입을다무리지안케하고 이불덥고 男女哭擗(울며가슴두드리는계라)함을수
업시하라

復하 라(초혼한다는말이다)

疾질 病병 遷천 尸시 正정 寢침

죽은사람에 입던웃옷을내여 侍者시자한아가왼손에옷깃을잡고 올은손에옷허리를잡어서 압첨아로붓터집위에올나 北向북향하야옷을휘두루며 외오되아모는(남자는이름을부르고부인은상시일컷든바를부르라) 오라함을 세번한後후에 옷을개여서집뒤으로나려 尸體시체위에덥고男女哭擗남녀곡벽함을수업시하라

侍者시자復복을마치고옷을개여뒤

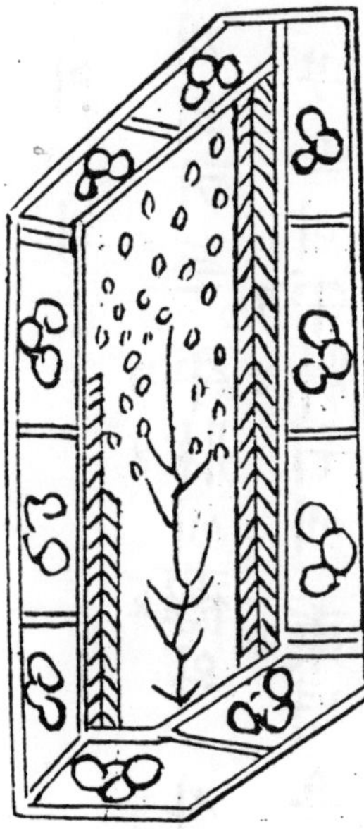

尸牀시상

처음죽으면이불로덥흐라

房방

첨아로붓터집위에올라復복하라

5b

初초終종及급復복男남女녀哭곡擗벽圖도

西서녁첨아로나려尸시體체위에덥흐라

男남女녀는울며가슴을두다리라

堂당

戶호

戶호

階계 西서

階계 阼조

侍시者자죽은이의옷을가지고압東동녁

喪상主주를세우라

喪상主주는長장子자가되는것이니업스면長장孫손이承승重중하야饋궤奠전을밧

들게하라

主婦를세우라

主婦는죽은사람의妻이니업스면喪人의妻가되나니라

護喪을세우라

子弟의禮文알고 能한者로하야 물읏喪事를다就稟하야하라

입엇던옷버스라

죽은사람의妻와 아달과며나리와妾이다 쓴것과옷을벗고머
리풀되 사나해는深衣압섭을솟고 신벗고모든服人은다고은
옷벗고 出繼한이와出嫁한이는 다머리풀지말고신벗지말라
밥먹지말라

三年喪은사흘을밥먹지말고 期年喪과大功喪은 세씨을밥먹

지말고小功喪(소공상)과緦麻喪(시마상)은 두쎄를밥먹지말되 권당과隣里(닌리)덜
이원미와粥(죽)을쑤어먹이거든 尊長(존장)이권하면족옴먹으라
이날붓터 喪人(상인)이尸體(시체)겻흘써나지말고 거적깔고잘제흙덩
이벼고病(병)든이는 자리깔고期年喪(기년상)은尸體(시체)갓가이잇고 男女(남녀)

別處(별처)하야석지말라

棺(관)을다사리라

護喪(호상)이지위로더부러 松板(송판)이넓지말고 白邊(백변)과공이업는것을
가리여 고로다듬어 틈업시짜되 그制度方直(제도방직)하고머리크고아
래적으니 高廣(고광)과長短(장단)은小歛(소렴)견양을依(의)지하야하되 너머크면
棺中(관중)이虛(허)소하고 너머적그면入棺(입관)하기어려우니 가장삼가하
라

棺(관)全(전)圖(도)

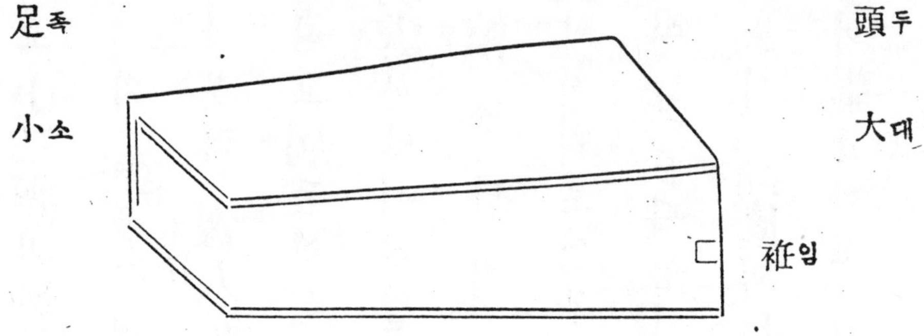

棺(관)두테두치半(반)或(혹)세치로하고棺(관)듬을松(송)脂(지)와기름과밀을合(합)하야녹여메우고黑(흑)繒(증)或(혹)조희로棺(관)안을다바르고松(송)烟(연)或(혹)全(전)漆(칠)로그밧갓을칠하라

衽(임)도솔나무로만드나니기리가세치요널비가두치룩푼이요두테가두치두푼으로두머리크고가온대적게만드러棺(관)上(상)下(하)左(좌)右(우)어우름의박난것이니世(세)俗(속)의이른바銀(은)釘(정)이니라

七星板圖

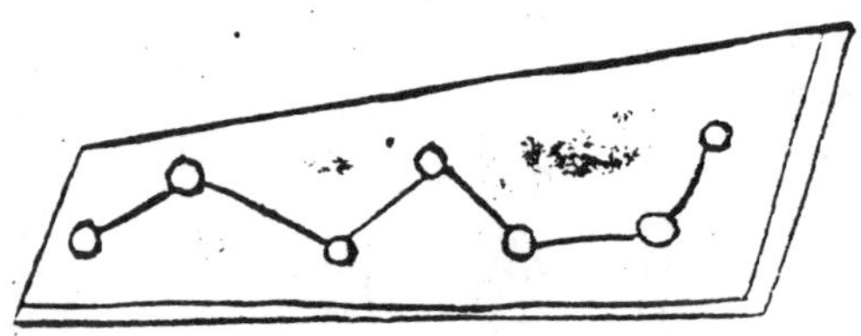

厚五分

七星板은松板오푼두테로長廣을棺안에맛게맹그러일곱구멍을뚤어北斗形狀갓치하야黑繒或조희로그위를발러쓰라

棺과七星板을다營造尺을쓰라

訃하야권당과동관과벗의게告하라

護喪이권당과동관 과벗의게편지하야 告하되아모가아모달아모날病들어不幸이 아모달아모날棄世할새사람부려訃告하노라

沐浴하라

侍者櫛(빗시라)한아와 組(당기라)한아와 笄(빈혀라)한아와 囊(주머니라)다섯

과 沐巾한아와浴巾둘을西대卓子위에베풀고 香물을달혀동 ·

의둘에담앗다가 侍者沐浴할床에 자리와돗과벼개을노와尸

牀(동수하야노앗나니라)압헤南首하야 노커던尸體를 붓드러그위에옴

기고이불덥고 尸體노앗던牀아서내고 帳치면主人以下다

帳밧게나와 北向하야울며 侍者(女喪은계집사람으로하라)病들어 실제입엇

던옷과 招魂한옷을다아서내고 香물을소라에부어천천이

머리를풀어감겨빗기고수건으로씨서말니여 당기매여 상토

하고(여상은머리짜고빈혀꼬즈라) 빗길제써러진 머리터럭을주머니에 넛코덥

헛던이불네귀를 들어추여잡거든 侍者또물을소라에부어몸

을가장씨기고수건으로씻고 左右손톱을베혀 주머니에녓코
아래을씻겨 수건으로씻고左右발톱을베혀 주머니에녓코沐
浴다한後에이불덥흐면主人以下帳안에도로들러가라沐浴물
과동희와소라와수건을 다긋판대무드라 만일여름이거든그
릇에어름을담어서 尸牀밋헤 노앗다가 襲한後에아서바리라

襲하 라

侍者幅巾女喪은女帽를쓰라 한아와充耳둘과 網巾한아와 幎目한아와
握手둘과 深衣或團領或直領이요女喪은圓衫或蒙頭衣長襖子ㅣ라 한아와大帶혹생
시씌던씌라 한아와汗衫적삼이라 한아와袍겹옷이라 襖핫옷이라 와이두가지는드는바를쌀
어하고여상은치마를셔쓰라 褌바지라 한아와單褌속옷이라 한아와行縢행전이라 둘과
襪보선이라 둘과履신이라 둘을東대卓子위에베풀엇다가侍者襲牀

에자리와 褥와돗과벼개를베풀어 帳밧게노코돗위에먼저深衣와大帶와中추막과 속옷에적삼씨고바지에속옷써노와 牀을들어딜여 浴牀西에南首하야노커든 侍者손씻고尸體를들어그위에옴기고 沐浴牀아서내고 먼저바지쐬이고옷을두팔에천천이꿰이고 안팟옷섭을올흔편으로염의여 골흠매고보선신기고 深衣아직입피지말고 幅巾아직씨우지말고신신키지말고 招魂한옷을개여겻헤두고 襲牀을正寢가운대南首하야노흐되절문이의 喪事여든대청의말고 私室에서하라

奠을베풀라

執事者ㅣ卓子에脯와醢를노와 阼階로부터올라와 尸體東녁억개의맛참놋커든 (차마죽은양으로못함이라) 祝은 (권당으로하라) 손씻고盞씻처

술부어놋코 焚香(분향)하지말고우르라 ○脯(포)와醯(혜)업스면다른것으로하라옛사람이 餘閣(여각)(생시에쓰다남은것이라)으로한다하니別(별)로장만치말라

主人(주인)以下(이하)位(위)하고哭(곡)하라

主人(주인)은 尸體(시체)東(동)녁奠(전)노흔北(북)에西向(서향)하야 거적깔고안저울거든(或족하이代喪하면족음물너안즈라) 모든사나해 三年喪(삼년상)입을이는 그아래한줄에안저울고 同姓(동성)사나해期(기)와大功(대공)써아래는 各各服次(각각복차)례로그뒤에西向(서향)하야 南(남)대를위삼어안저울고 아재비로위난北壁(북벽)에南向(남향)하야 西(서)대를위삼어자리에안저울고 主婦(주부)는尸體(시체)西(서)녁에東向(동향)하야 거적깔고안저울거든(主婦喪人의母여든족음나와안조라) 모든婦女(부녀) 三年喪(삼년상)입을이는 그아래한줄에안저울고 同姓婦女(동성부녀)期(기)와大功(대공)

써아래는 各各服次레로그뒤에東向하야南대를위삼어안저울고아지미로위는 北壁에南向하야 東대를위삼어자리에안저울고모든妾과종들은그뒤에서서울고異姓男子는帳박게東녁의北向하야西대를위삼어돗에안저울고異姓婦女는帳박게西녁의北向하고東대를위삼어돗에안저울고服업는이는그뒤에서울라 만일內喪이어든同姓男子는帳박게東녁에北向하야안저울고異姓男子는帳박게서西녁에北向하야안저서울라

飯含하라

侍者미리眞珠세개 或돈셋을닥거箱자의담고 白米두되를씨서사발의담고 나무숫갈맨들고 洗手그릇을차렷다가沐浴하고襲하고 位次의안준後에主人이울며 웃옷왼작소매를버서

메여허리올흔편의쏫고손싯고 眞珠箱자를잡어 尸體西녁으로들어올새 侍者ㅣ쌀사발잡고갓치드러가 尸體西녁의두고벼개아서내고 幎巾으로낫츨덥고 나무筯잇거든主人이尸體東으로붓터바로말미암아西의나아가牀위에안저東으로낫하야 幎巾을들고나무술로쌀을셔서尸體입안오른편의넛코 眞珠한아넛코 또입안왼편에쌀과眞珠넛코 또입가온대쌀과眞珠너허 飯含다하고 主人이울며位次에와서메엇던옷소매다, 시쐐이고가장울르라 侍者ㅣ箱자와 사발과나무술을아스라

箱圖

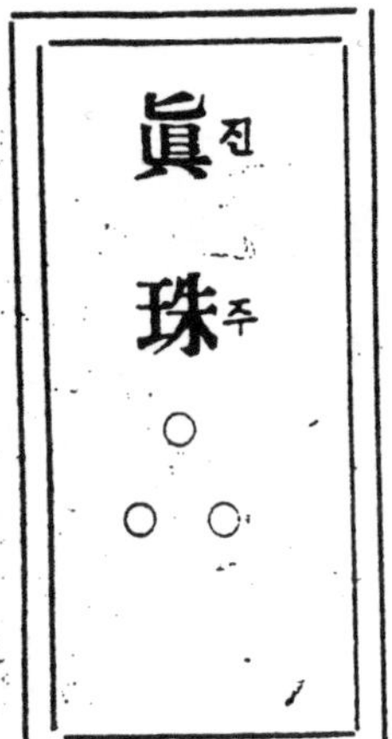

珠眞셋을箱자의담아飯含할때쓰라或金玉錢貝도쓰나니라

幎巾圖

四方二尺

匙圖

椀圖

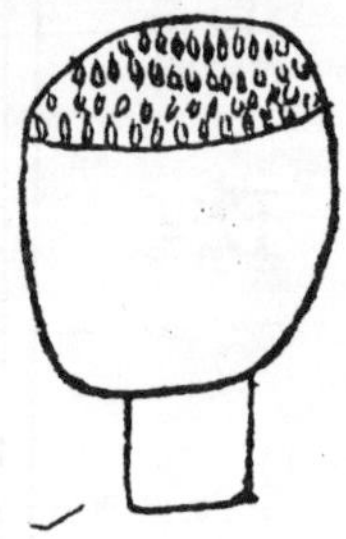

쌀두되를 매오쓸어집南녁에서 새
물에여러번씨서 椀의담아 飯含할
제쓰라
술은飯含할제 쌀뜨난것이니 世俗
이 버드나무로맨드나니라
幎巾은 베四方두자로만드러 飯含
할제 쌀이셔러질가하야 낫흘덥난
것이라

襲을다하고이불로덥흐라

侍者벼개노코 幎巾아서내고網巾씨우고幅巾씨우고充耳귀에늣코 幎目낫에덥혀끈매고신을발에신기고深衣를올흔편으로여메여골옴매고 大帶띄워條帶로同心結하고 握手손에매여襲다하고홋이불로尸體를덥흐라◯만일에質殺를쓰거든먼저殺로써 발을덥혀올니고後에質로써 머리를덥혀나리여그끈을매라 ◯楔齒와幎巾을굿판대무드라

靈座를노코魂帛을베푸르라

執事者襲牀南首한 南녁帳밧게옷거리노코 보를걸처덥고그압헤교椅노코 교椅위에遺衣와魂帛노코 그압헤卓자노코卓자위에 酒와果와盞과酒注를노코 香爐香盒을베플고 尸體의 奠이잇

侍者(시자)또朝夕(조석)에 쓰던빗접과수건과
(시나영좌뒤보이지안난 대전(奠)에쓸거슬두나니라)
막대와신과의복을常時(상시)가치베플라(대후난령상 에베텸푸르라)

魂帛(혼백)圖(도)

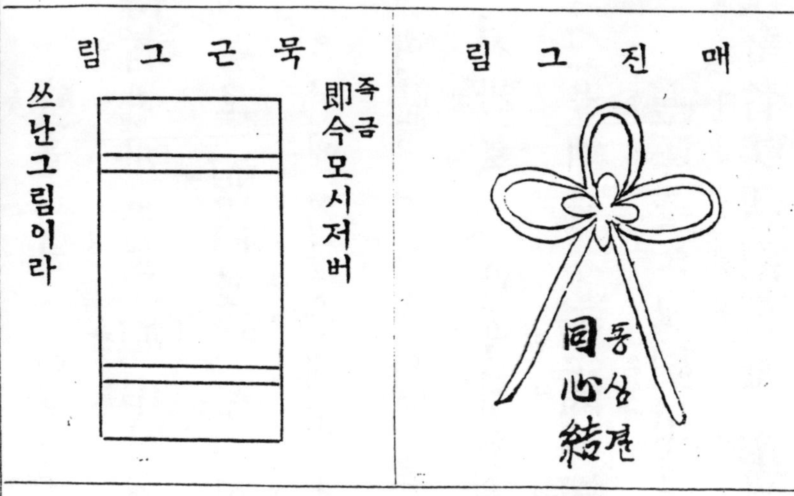

魂帛(혼백)은 흰깁或(혹)모시서너자로 맹그
되 그制度(제도)두가지니 或同心結(혹동심결)하고
或(혹)깁을묵나니라
(儀節(의절))에 깁을접어 긴오리를만드러
어긋매저 우흐로내여 그머리를만
들고 左右(좌우)녑흘내여 두귀를만들고
그남은것을 드리워두발을 만드니
사람의 형상갓다하고 또깁한匹(필)을
두끗을 저버서로向(향)하야 묵거쓴다.

箱圖

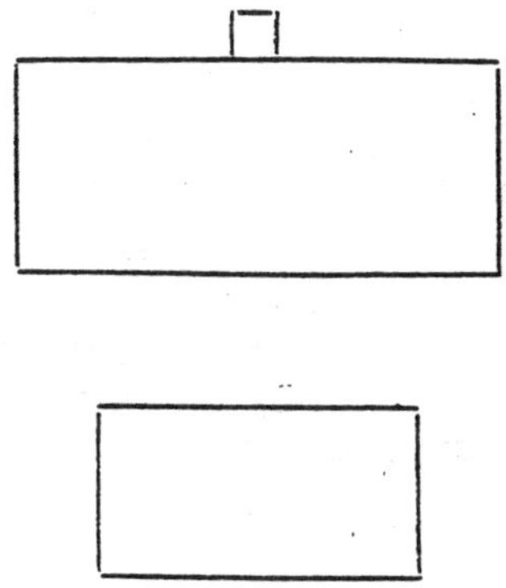

椸圖

하니두가지中에 한가지를쓰라 世俗이 깁묵거쓰난法을 쓰지안이하고 모시한자서너치로 조희쎠서저버 神主에長廣이조곰크게하야 쓰나니라

箱은 둑거운壯紙로배접하야 만드러魂帛을담고면 주或모시로 보를만드러밧글덥흐라

椸난옷거리니 靈座의 魂帛베푼後에 尸體南녁에노와보으로써 덥흐라

銘旌을 세우라

불근 깁에 조흔 粉을 牙膠에 풀어 새붓으로 쓰고 가는대 둘로 두
긋에 족자 축 갓치 싸고 上下에 軸다라 큰대에 매여 附에 쇼저
靈座西녁에 기대여 두라

銘旌圖

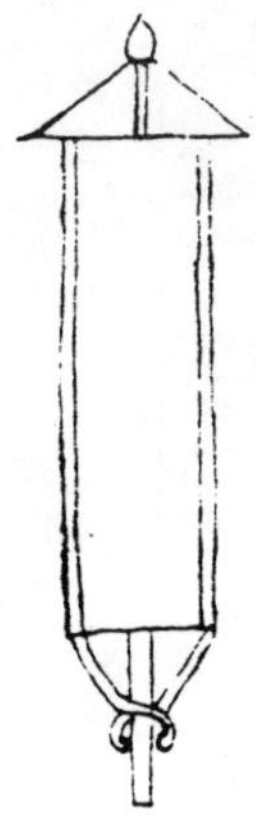

男子난 某官某公之柩라 하고
女子난 某封某氏之柩라 쓰라

附圖

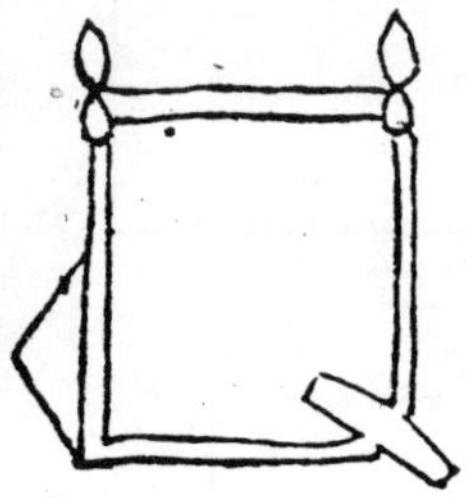

銘旌은 불근 깁 왼幅 널비로 하난것
이니 三品으로써 위난 아홉자요 五
品으로써 위난 여달자요 六品으로
써 아래난 일곱자이니 造禮器尺을
쓰라

附난 거동이 雨傘 틀가트니 銘旌대
박어 세우난것이라

執友와親厚드러와哭하라

親한벗과 親한사람이울며帳안에드러와 尸體에臨하야가장
울다가帳박게나아가 靈座압헤焚香하고 (향셥기처 음어라) 再拜하고
울다가 主人에位次의나아가서로向하야 울며말하되엇지그
리되신고하거든主人이울며對答하난말이읍시라

(儀節)에손이오거던 護喪이나가對答하면손이울며말하되엇
지그리되신고하며울며절하면 護喪이울며答拜하고 말하되
喪人이凶禍를만낫거늘 慰問하심을입으니 슬프고感激하나
成服前이라 對接지못하야날로하여곰 보라한다하고울며再
拜하면손 이울며答拜하고가라

遷(천)尸(시)沐(목)浴(욕)襲(습)奠(전)爲(위)位(위)

侍者(시자)別(별)로襲牀(습상)을帳(장)
박게베풀러薦(천)과席(석)
을베풀고大帶(대대)와深(심)
衣(의)을그우에두라

襲牀(습상)

主婦(주부) 侍者(시자) 主人(주인)

以下(이하)帳(장)에나가北面(북면)하야스라

湯(탕)물노 물이라

以下(이하)帳(장)에나가北面(북면)하야스라

浴牀(욕상)西(서)의두라

襲牀(습상)

浴牀(욕상)

尸牀(시상)압헤베풀되바로노코簀(척)을
베풀고薦(천)을去(거)하고席(석)과枕(침)을베
풀고尸體(시체)을옴겨南首(남수)
하고이불로덥흐라
侍者(시자)머리감겨빗기여
수건으로짜서말니여
트러쏫고이불을들고씻기여
수건으로씻고손톱발톱베히라

尸牀東首(시상동수)

房(방)

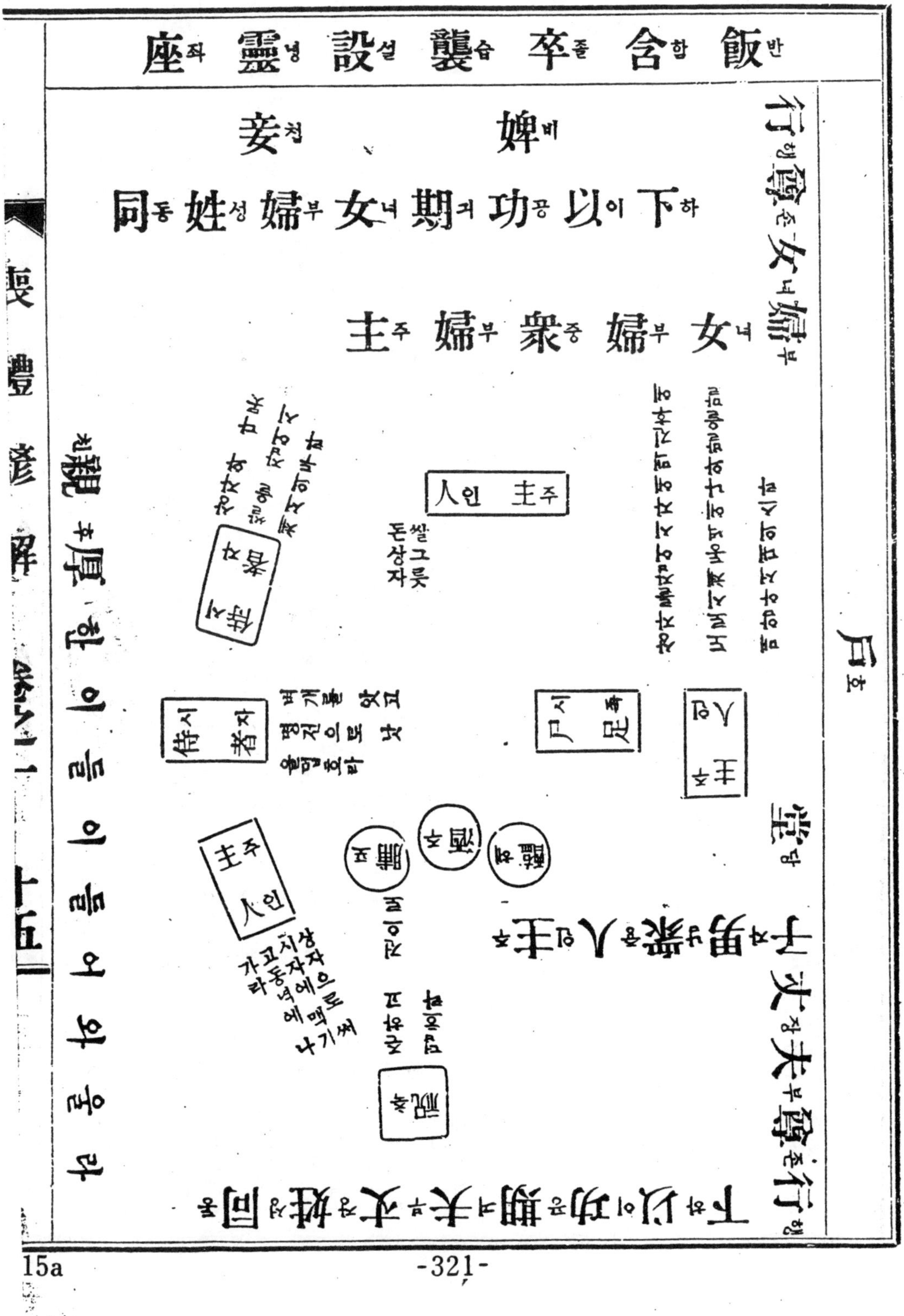
飯반 含함 卒졸 襲습 設설 靈령 座좌
妾첩
婢비
同동 姓성 婦부 女녀 期기 功공 以이 下하
行행 尊존 女녀 婦부
女녀 婦부 衆중 婦부 主주
親친 厚후 한 이들이 들어와 울나
戶호
堂당
主주 人인 衆중 男남 子자
丈장 夫부 尊존 行행
同동 姓성 丈장 夫부 期기 功공 以이 下하
主주 人인
尸시 足족
侍시 者자
祝축
脯포
酒주
醯혜
상자를잡어시자에맥긴후에
도로시체동녁에나와발을말
매암아서대의스라

親친 厚후 入입 哭곡 圖도

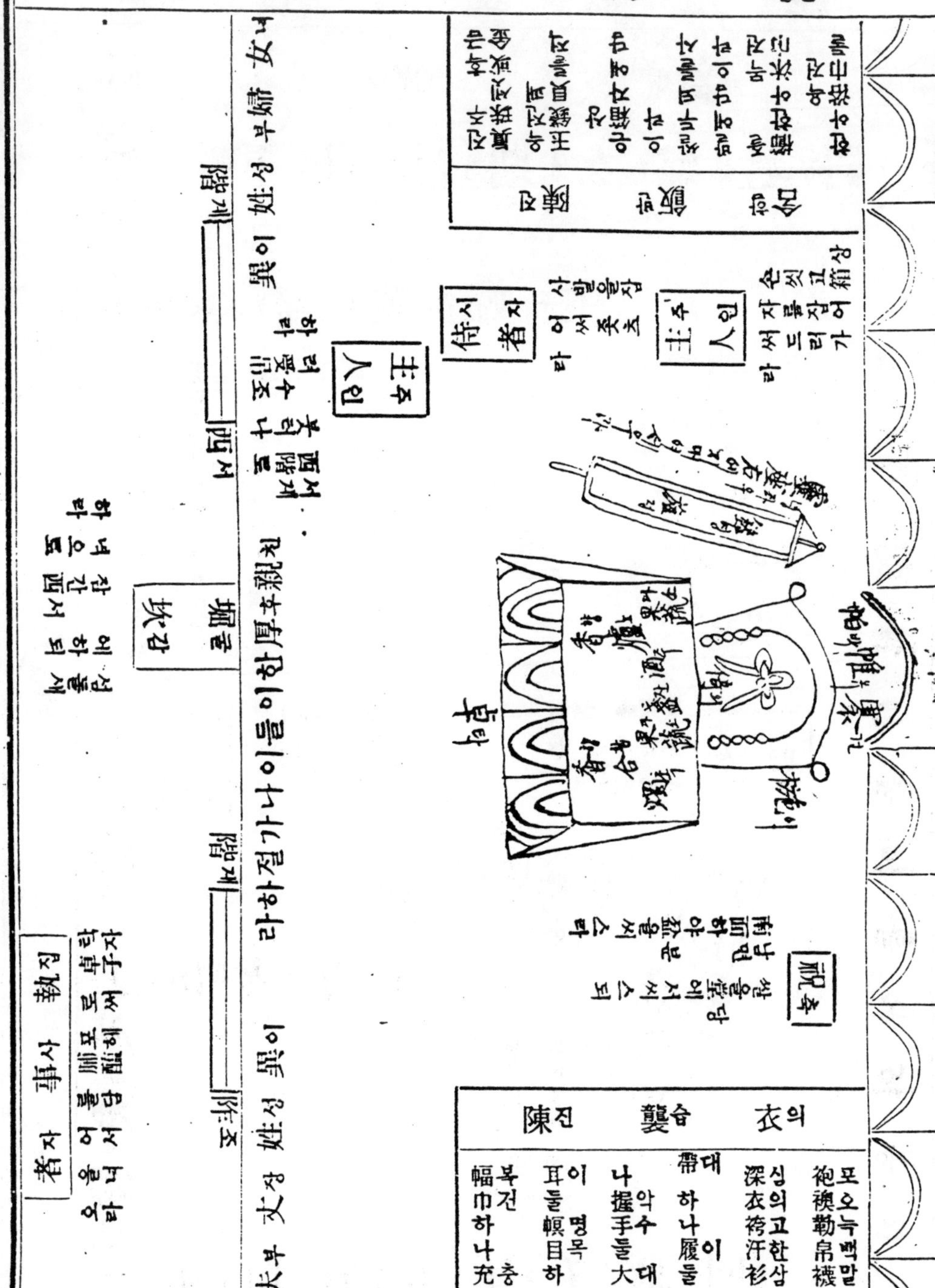

집이다 南向치못함으로다만압흘南이라하고 뒤를北이라하고左를東이라하고 右를西라하려니와집이좁으면 左右前後도찰이지못하나니 臨時하야隨便하여하면도로여 禮에올흐니라

小斂이라 죽은잇흔날이라

小斂할옷과이불을베푸르라

執事者小斂날 일즉이小斂의쓸옷과핫이불과 絞布를卓자에벌려집東壁下에노으라

奠할긔具를베푸르라

執事者奠할饌物과盞과酒注를 卓자에벌려東階위에두고 洗手그릇과수건둘을노코 또다른卓자에조흔물동이와 새수건

을노와盞씻게하라

括髮할삼과免布와髽할삼을베푸르라

侍者가男子의括髮할삼노와 婦人의髽할삼노와대빈혀와 齊衰以下免할免布를 다別室에베풀고 首絰과腰絰과絞帶를갓치베풀라

小斂牀을베풀고絞布와이불과옷을펴라

侍者가小斂할牀에 자리와돗과褥와벼개를 베펴西階위에노코그위에 絞布와이불과옷을펴고 牀을들어되려襲牀엽헤南首하야노흐되 먼저絞布세幅을옷마다가로쌔고 絞布한幅을두끗을바로쌔여 가로쌔인絞布위에노코핫이불펴고 그위에옷을펴되 바로나거구로나 다만方正케하야고은거시안에잇

게하고웃옷은겨구로하지말라 집이좁으면小斂牀을襲牀西의노호라

襲牀을옴기라

執事者가襲奠을옴겨靈座西편南대에두고새奠베풀기를기다려아서내라後에물읏奠올리난거시다이갓트니라

小斂하라

小斂날主人以下울다가侍者가손씻고帳안에들어가襲牀에나가尸體를들거든主人兄弟白布건위에環絰쓰고袒하고한가지로붓들어小斂牀옷편위에옴겨노코襲牀은아직두고執事者몬저벼개아서내고노왓던대或깁이나면紬한條를펴고그위에조흔옷한아를개여노와尸體머리를베이고仍하야두솟을말아그머리두녑허한대를메워어개와갓게한後에絹두솟을

매여풀어지지안이케하고 ᄯᅩ옷을길게말어 두다리궁근대ᄭᅵ워서바르게한後(후)에 옷을천천이尸體(시체)의입피여 외오념이여골홈매지말고 핫이불로싸고絞布(교포)아직매지말고 낫을아직덥지말어 喪人(상인)이ᄯᅢᄯᅢ로그얼골을보게하고 혼니불로덥흐라○만일날이더워 尸體(시체)가傷(상)할가십거든 낫덥고絞布(교포)마저매라

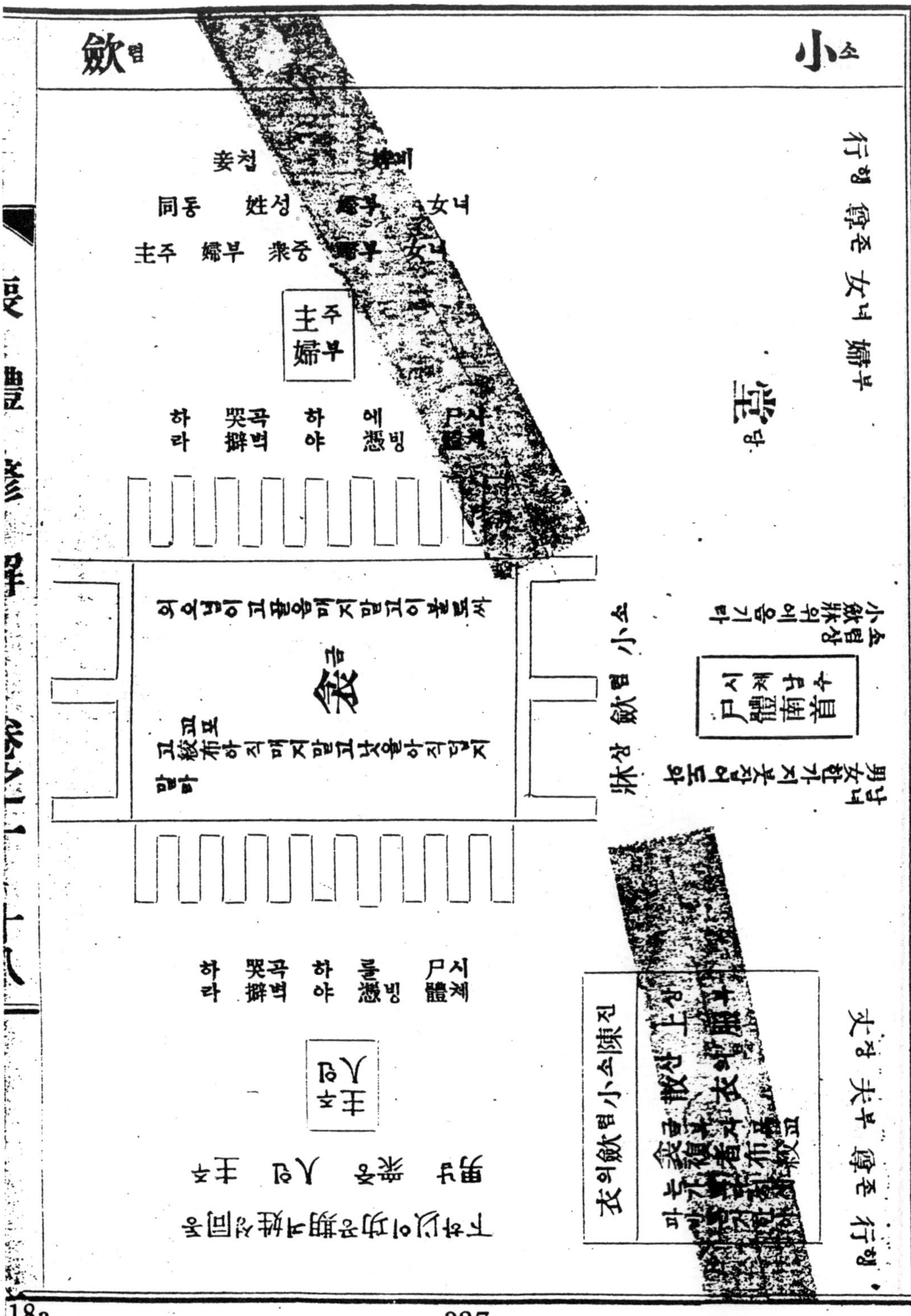

小소 斂렴
行행 尊존 女녀 婦부
堂당
小斂牀상 위에 올기라
尸시 體체 南남 首수
男남 女녀 한가지 못하여 도와
牀상 斂렴 小소
丈장 夫부 尊존 行행
衣의 斂렴 小소 陳진
妾첩
同동 姓성 女녀
主주 婦부 衆중
主주 婦부
哭곡 擗벽 하야 하라
衾금
尸시 體체 憑빙 하야 擗벽 哭곡 하라
主주 人인
主주 人인 衆중 男남
同동 姓성 期기 功공 以이 下하

18a

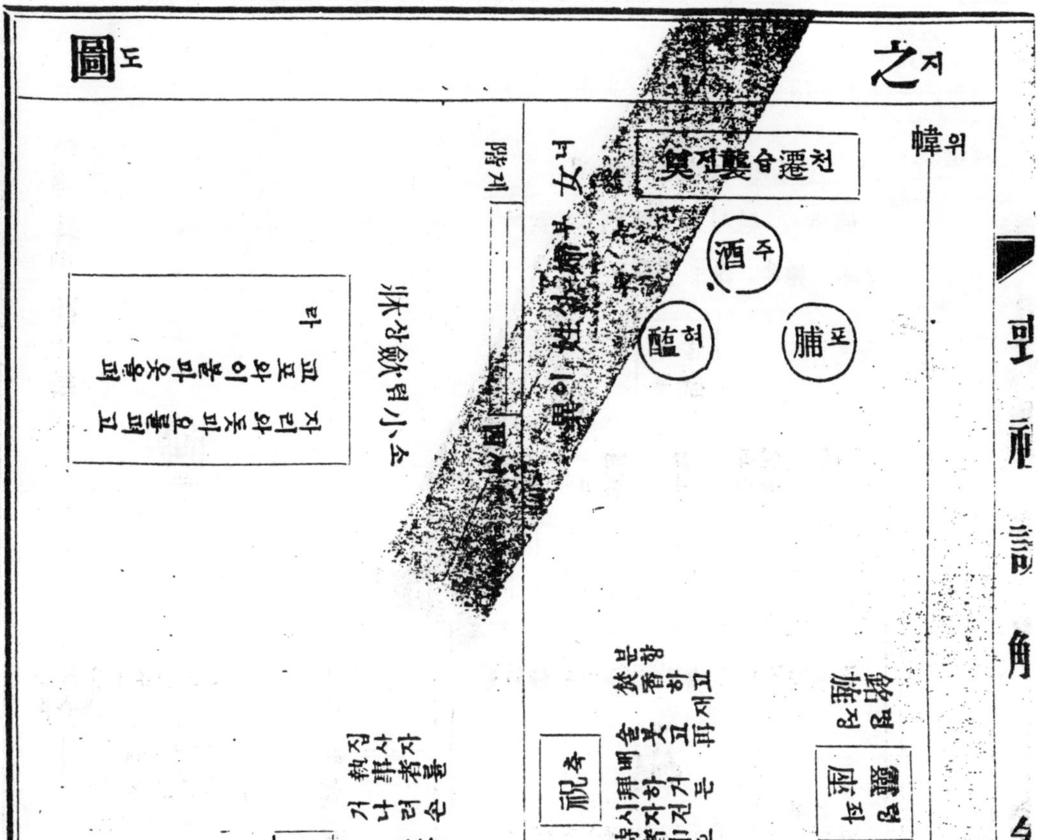

圖도
之지
靈령座좌
銘명旌정
祝축
酒주
脯포
卓탁
設설奠전具구
帨세 巾건
小소斂렴牀상
阼조階계
女녀

尸體를憑하야哭擗하라

主人이西向하야 尸體를 憑하야 哭하며 擗하고 (울며가삼뚜다리난재라) 主婦난東向하야 또한갓치하고 모든服人도다울라

袒하며 括髮하며 免하며 髽함을다른方에가하라

男子斬衰散髮한이가 다른方에가左袒하고 삼노로머리를좁풀혀매고 (母喪은베로頭髻를맹그러免하라) 絞帶만씌고 婦人散髮한이도 다른方에가삼노로 머리를좁 풀혀매고 대빈혀쏫고 (母喪은나무빈혀쏘즈라) 首經쓰고 腰帶씌고 齊衰以下다袒하고頭巾쓰고免하고베씌씌라○免과袒은十寸兄弟까지다하나니라

도로尸牀을堂中에옴기라

執事者帳것고襲하엿던牀아서내고 小斂한 牀을襲牀잇던대

옴기고(小斂牀이襲牀에南首함으로小斂할제두엇나니라) 小帳치고 그밧게 靈座를 도로놋자옴거든 主人以下各各位次에 도로가되 尊長(祖와叔과兄이라)안ᄶᅳ卑幼(弟와姪과孫이라喪人도안저울라)는서서울라

主人이賓의게절하고 經을襲하라

主人이小斂을한가지한손의게절하야謝례하고主人兄弟다環經버고袒하엿던옷도로입고首經쓰고腰經씌고 散垂하라(大功以下와婦人은散垂치말고ᄶᅳ라)

奠하라

祝이執事者를거나려손씻고奠물을 밧들어阼階로붓터 올라靈座압卓자에벌니고 祝이焚香하고 盞씨서술부어노커든卑幼다再拜하고 主人以下가장울다가 쇠진하거든서로번가러

울며소리를끈치지말라

大斂이라 小斂한잇튼날이니죽은지사흘재다

大斂할옷과 이불을베프르라

執事者大斂날일즉이 大斂에쓸옷과 이불과絞布를卓자에벌려東壁下의 노으라 .

奠할긔具를베프르라

小斂제와가치하라

大斂할牀을베풀고 絞布와이불과옷을펴라

侍者大斂할牀에자리와돗과 褥과벼개를베플어 西階위에노코그위에絞布와홋니불과옷을펴서 牀을들어드려 尸體南에놋퇴먼저絞布를가루펴고다음에 絞布를바로펴고 다음에이

불을펴고다음에옷을펴고다음에散衣을펴되바로나격구로나
다만方正케하야 고혼것이밧그로나게하라 ○만일家禮대로
棺위에大斂하야 入棺하면 大斂牀베프난節次업나니라
棺을들어堂中에듸려조곰西대예노으라
棺을싸서漆하얏거던 執事者먼저 靈座와小斂奠을한겻테옴
기고帳치고主人과갓치울라 西向하야 袒하거든役者棺을들
어듸려(主人은울지말고보라) 小斂牀西녁槐木노은 위에노코 役者나가
거든侍者(일하난사람으로하라) 먼저 秫灰(或소재라)를첫다가斟酌하야 棺밋
헤고로쌀고 七星板노코돗과褥와벼개를노코棺위에호이불
걸쳐처지지안케네갓설棺밧게 팡팡히매고옷을 고로펴大斂
하게하라 ○만일古禮대로牀에서 大斂하면棺위에이불걸치

는節次(절차)업나니라

大斂(대렴)하라

大斂(대렴)날主人以下(주인이하)울다가 侍者(시자)와子孫婦女(자손부녀)다손씻고 帳(장)것고小(소)斂牀(렴상)의 나가낫츨덥고 이불다시 감혀싸고 먼저絞布(교포)바로를다시매고 다음에絞布(교포)가루를다시매고 尸體(시체)를한가지로붓들어棺(관)에걸친이불위에옴겨놋잡고 小斂牀(소렴상)아서내고 옷슬尸體(시체)에입펴왼편으로 염의여고로틈업시하고 이불를발로싸漸漸(점점)나리와棺(관)아래 다커든이불엽흘도로펴고 대남그로이불안에모를눌너棺(관)구석에닷케하고 이불를구권대업시도로 싸되몬저발를염의고 다음에머리를염의고 다음에왼편을염의고다음에올은편을염의여絞布(교포)매고生時(생시)에써러진이와 沐浴(목욕)할제

셔러진더럭과손톱과 발톱을棺(관)안에네모의 넛코빈데를옷으로메워棺中(관중)이平滿(평만)케하고 主人(주인)과 主婦(주부)棺(관)을만지며가장울고모든男女(남녀)울다가 婦人(부인)들이避(피)하거든 지위를불너天蓋(천개)닷고어우름에 銀釘(은정)박은後(후) (옷칠혹공물을어우름에바르라) 油芚(유둔)으로 棺(관)을싸고 細繩(세승)으로얼고大索(대색)으로얼기하야 棺(관)을잠간西(서)로놋잡고 樞衣(구의)입피고大斂牀(대렴상)아서내고 祝(축)이靈座(령좌)를도로노코銘旌(명정)을밧들여 靈座(령좌)東(동)에세우고 婦人(부인)둘를머무러직키라

凳(등)
圖(도)

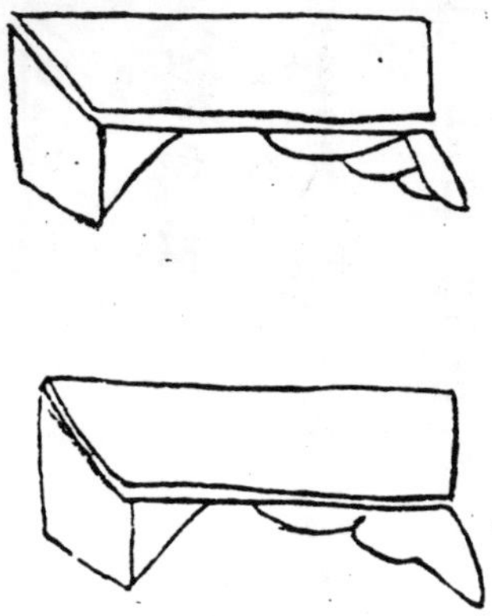

凳(등)은기리棺(관)널비와갓고 놉픠三四(삼사)寸(촌)이니 成殯(성빈)할제棺上下(관상하)를괴오는것시니 世俗(세속)이이른바괴남기라

柩구衣의圖도

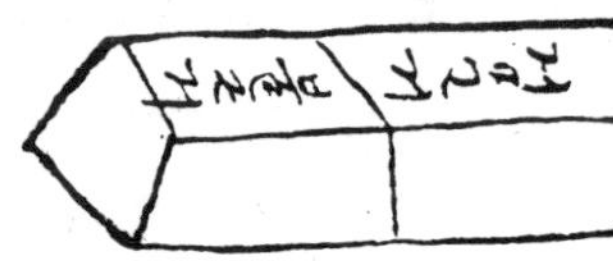

柩구衣의난家가禮례에일은바侇이衾금이니即즉今금棺관덥난것이라위에난거문사요아래난불근사요連년하야호와棺관에맛게만드러쓰라

高고氏씨갈오대 大대斂렴에絞교布포를쓰라하되家가禮례에읍시니 大대蓋개高고氏씨말삼은大대斂렴하야入입棺관함이요 家가禮례난入입棺관할때 大대斂렴함이라

陳진大대斂렴絞교布포衾금圖도

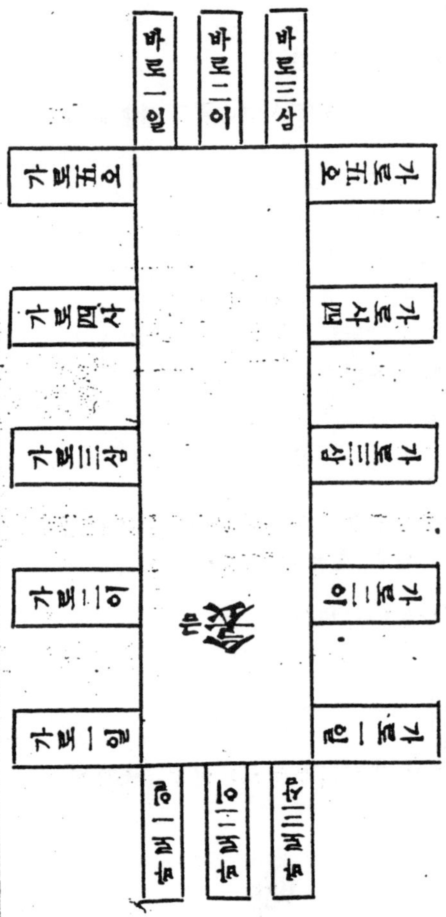

大대 斂렴 入입

主주 婦부

관(棺)을 빙(憑)하야 곡(哭)하라

관(棺)을 들어 상서(牀西)에 노코 두둥(巻ᄂ)으로 쎄 퍼우고 모저 이불을 관(棺)가

시체(尸體)를 되리고 이와 털과 손톱과 발톱 베인 것을 관(棺) 네 모에 넛코 그 비고 곤 한 곳을 헤아려 옷을 치 비 메우고 이불을 거두되 먼저 발을 덥고 다음에 머리를 덥고 다음에 좌편을 덥고 다음에 우편을 덥히 관(棺)가 온대로 하야 공평 만(不滿)케 하고 천개(天蓋)를 덥호라

頭두

足족

卓탁

온대로 노코 그 옷 첫 네 군대로 밧게 드리우라 만일 고례(古禮)를 써서 교포(絞布)를 매저 입관(入棺)하면 금(衾)을 거두난 절차(節次) 업나이라

단(袒)을 괄(髽)하야 용(踊)하라

主주 人인

시자(侍者) ㅣ 자손(子孫)과 부녀(婦女)로 더브러 다 손 씻고 머리를 덥고

牀상 斂렴 小소

尸시

교포(絞布)로 써 매고

그 낫츨 덥지마라

교포(絞布)를 매여 한 가지로 시체(尸體)를 드러 관(棺) 가온대 드리라

靈령

斂렴 陳진 衣의 大대

옷은 정(定)한 수(數) 업고 이불은 솜 잇난 것을 쓰라

棺之圖

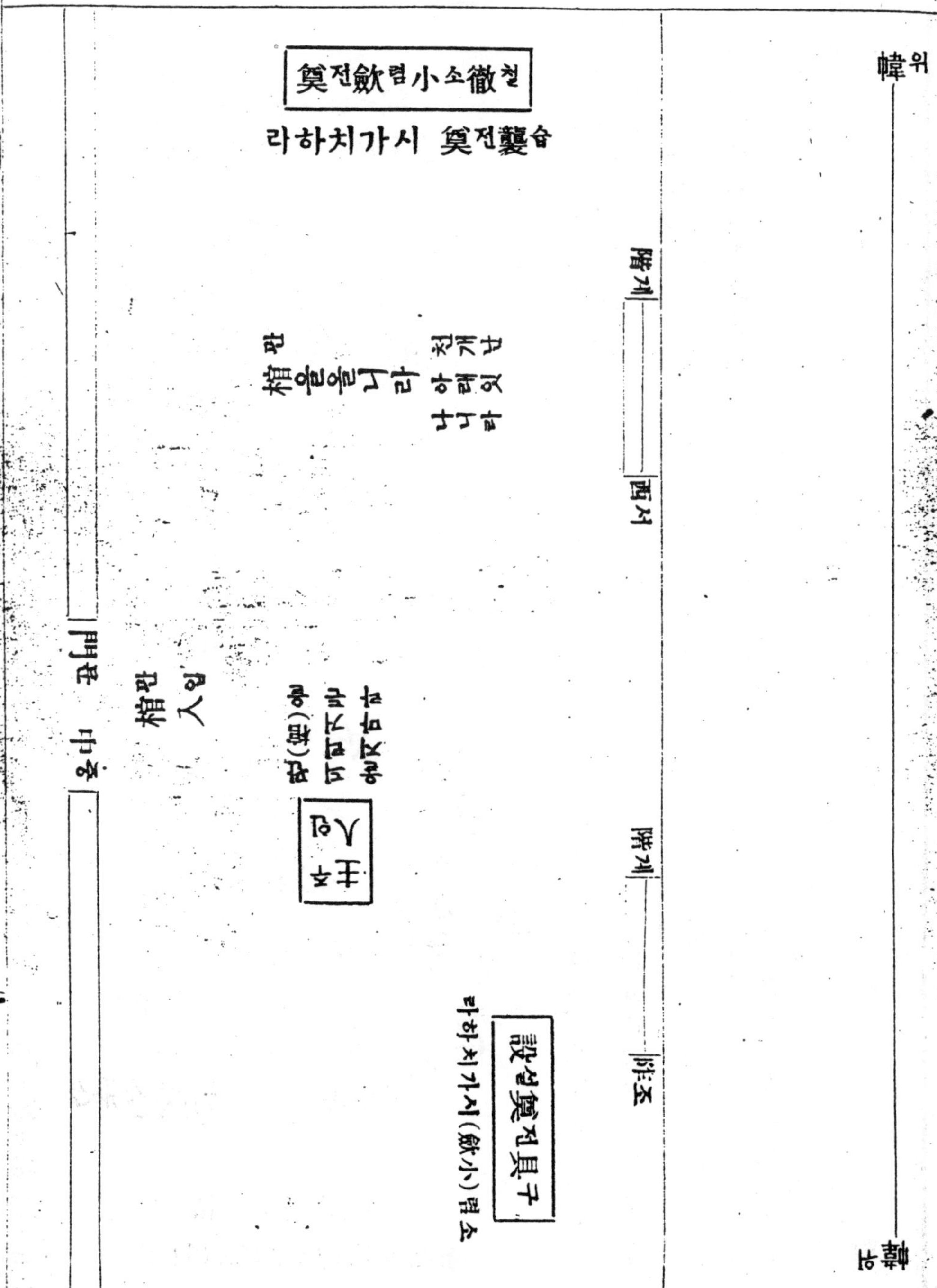

徹소小斂奠
襲奠 시가치하라
設奠具 소렴(小斂)시가치하라
主人
棺(관)을 드리거든 울지마라
棺入
中門
棺을 놀니라 천개 아래 잇나니라
幃
階
西
階
阼
幃

立입 銘명 旌정 設설 靈령

만일殯빈소西서壁벽에逼핍하거 든婦부人인은다殯빈소北북에位위 하야南남面면하고東동으로위 를삼으라

위
幃

만일堂당위가좁거든丈장夫부ㅣ 古고禮례가치하야階계下하의位위함 을堂당위와가치하되오직北북 으로위삼음이달으니라

위
幃

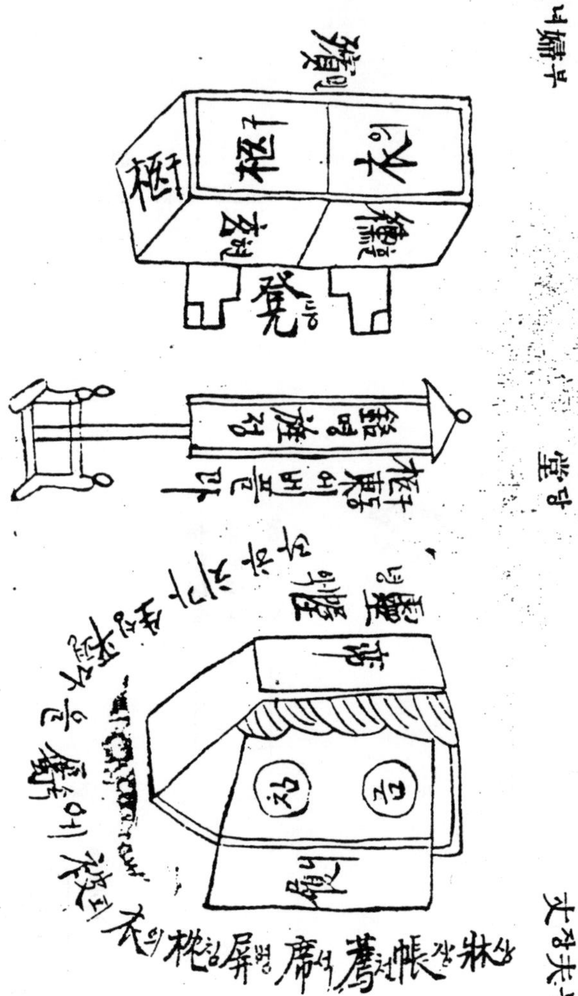

23b

座좌 及급 奠전 之지 圖도

西서 階계

某이 姓승 婦부 女녀

祝축

焚분香향하고 술붓
고 再재拜배하거든
侍시者자巾건으로 덥
흐라

靈령 座좌

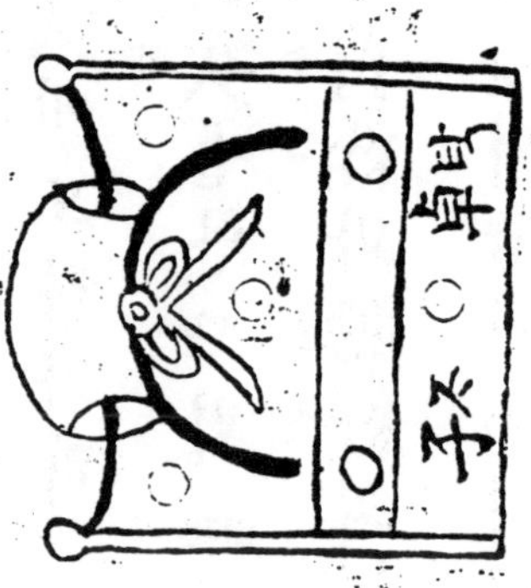

阼조 階계

某이 姓승 丈장 夫부

祝축

執집事사者자를 거나
런 손씻고 饌찬物물
을 밧들어 오르
기를 阼조階계로부
터하라

靈牀을柩東에베플라 (이이른바成殯이라)
執事者靈牀을棺東녁의베플되자리와돗과褥와벼개와 이불을그위에폐고 靈座압헤베푸럿던거슬다옴겨노코 屛風을둘너치라

奠을베플라

小斂奠가치하라

主人以下各各喪次에도라가라

中門밧사우난房을 喪次를만드러 (喪大記에父母喪은倚廬에居하라하니라) 거적에서자고 흙덩이베고首絰과腰絰과絞帶를벗지말고 사람과편이對하야 안찌말고잇다금어머니뵈일제가안이어든 안에들어가지말고 婦人은사나해喪次에단이지말라 期年服과齊

衰三月服은 高祖의服이라 돗에자고大功以下난成服하고 제집의가되밧게서자라 이날붓터서로번가러울움을긋치라

倚廬圖

倚廬는(疏)에中門밧東便담아래 남무로지여만드러 풀노이고흙발라 수미지안는다하니라

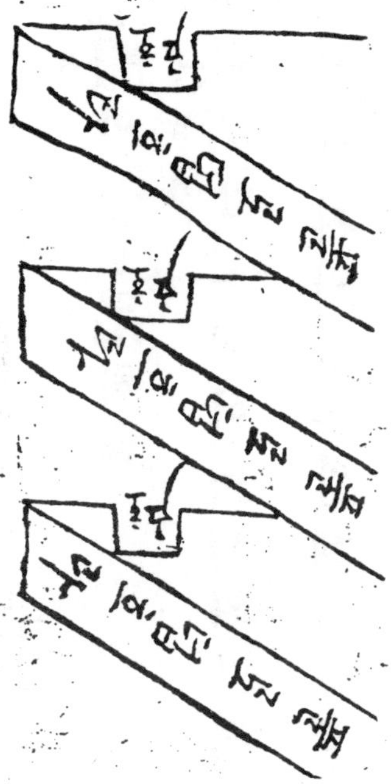

斬衰幕次

大功幕次

小功幕次

成服이라 大斂한잇튼날이니죽은지나흘채라

成服하라

主人以下成服날 일즉이다각각그喪服을입고 大功以上腰經散垂하얏더니

位次에나가尊長은안저서울고 卑幼는서서울거든 侍者洗手그릇과빗접귀구를靈牀곗헤베퍼럿다가잠싼잇다다시아서내고 靈牀에이불것고魂帛뫼서靈座의놋잡고 執事者蔬果와脯醢를靈座압卓자의벌려노커든 祝이손씻고 焚香하고盞씨서술부어노흐면 主人以下再拜하고 哭함을盡哀하라

五服이서로吊하라

모든子孫男子난 한아버니와아자비안즌압헤나가울고 다음에할미와 아자미안즌압헤나가울고 女子난할미와아지미안즌압헤나가울고 다음에한아버니와아자비안즌압헤나가 울며서로吊慰하라

主人兄弟비로소粥을먹으라

成服날이야 主人兄弟비로소粥먹고 妻와妾과期年服과大功服은섯긴밥과물마시고 菜와果實먹지말고 小功服과緦麻服은술먹고 고기먹되잔채에參與치말라

朝哭이라

主人以下每日새지안혀서 各各喪服입고 位次에나가울거든 侍者靈牀에들어가이불개고 빗접과洗手그릇을 靈牀겻헤노핫다가아서내고 朝奠하라

朝奠이라

執事者每日朝哭한後에 魂帛을뫼서靈座위의놋삽고 奠물을압卓자에벌려노커든 祝이손씻고焚香하고 盞씨서술부어노

으면主人以下再拜하고울라 ◉만일여름이어든 傷할거슨것
고酒果만두고덥흐라
아참의上食하라
執事者ㅣ밥때의 飯羹과 젓佐飯과沈菜醬과湯적을常時밥牀
갓치하야 靈座압卓자에벌리거든 祝이손씻고焚香하고盞씨
서술부어노으면 主人以下再拜하고울다가 食頃後에熟冷드
리고또울기를盡哀하고것으라
나제의上食하라
申時에上食함을朝上食節次가치하라
夕奠이라 朝奠을아서내라
날이저믈거든夕奠함을朝奠節次가치하라

夕哭이라

執事者夕奠한後에 靈牀에자리펴고 魂帛을뫼서靈牀에놋삽고帳지우고 차그릇과요강들여노흐면 主人以下울기를朝哭갓치하라

朔日에殷奠을지내라

朔日이거든 常時奠물밧게各別이魚肉과 麵餠을장만하야靈座압卓자에벌리고 朝上食飯羹과젓佐飯과 沈菜醬을함쎄벌려놋커든 祝이손씻고焚香하고盞씨서술부어노으면 主人以下再拜하고울다가 食頃後에熟冷들이고 또울음을盡哀하고것으라 蔬果와脯醢난것지말라

望日에殷奠을지내라

望日에朔日갓치 朝奠에上食兼하야 지내되奠물을朔日보다减하라 ○疏에大夫以上이야望日奠을한다하되 即今世俗이벼슬업는사람이라도 朔望두전을다지내니라

奔喪이라

왼데잇다가비로소 父母喪사를듯고머리풀고 곤옷벗고크게울고온사람다려 喪사나신緣故를뭇고 또울음을盡哀하고머리를삼노로줍푸려매고 (母喪은뫼로하라) 四脚巾쓰고 白布衫(이흰베옷이라)입고압섭솟고노뗘뗘고 (母喪은뫼로하라) 삼집신신고 드듸여길에나할우百里식가되길에서 슬픔이이러나거든울고 집近處의다닷거든울고 再拜하고 (집의잇던사람들이각각位에나가을다 가奔喪하난者이르거든가치들울라) 棺東녁희西向하야 四脚巾벗고다시머리풀고 位次에나가울

고잇튼날 또棺東녁헤西向하야 袒하고삼노로머리줍푸려매고(母喪은뵈로하라)白布巾위에環經쓰고 絞帶띄고位次에나가울고또잇튼날棺東녁헤西向하야 袒하엿던옷도로쎄이고 首經쓰고腰經띄고 그잇흘풀고잇다가四日만에朝奠쌔의成服하고집사람으로덥으려 서로吊喪하고손이와吊喪하거든 나가마즈라

만일나라일노 卽時奔喪치못하면 잇난고대交倚로써棺을代신하야 虛位를베풀고朝夕哭과 다른節次를다喪次와갓치하되다만奠을베풀지말고四日만의成服하라

孔子갈아사대 婦人은百里를奔喪치안난다하시니라

聞문喪상未미得득行행爲위位위哭곡圖도

尊존行행丈장夫부　　尊존行행婦부女녀

同동姓성期기功공以이下하

主주人인衆중男남

妾첩婢비

同동姓성婦부女녀

主주婦부衆중婦부女녀

倚의

尸시體체와 柩구를 代대하라

幃위 　 幃위

만일 喪상子자 側측에 孫손이 업스면 奠전을 베풀라

異이姓성丈장夫부　　異이姓성婦부女녀

四사脚각巾전圖도

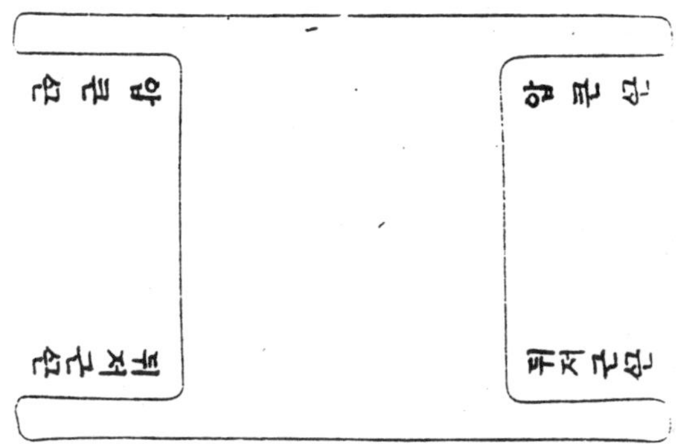

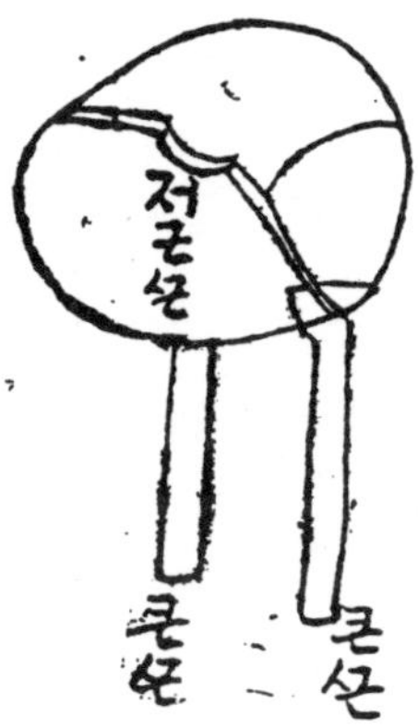

四사脚각巾전은 베네모반듯한 한幅폭으로
만드러 압두귀에 큰끈을달고뒤두
귀에 저근끈을다라 장박위를 덥
허네편으로 드리워압프로 이마를
둘러 큰끈을腦뇌후에매여 드리우고
또뒤쯀를 거두워뒤저근끈둘은압흐
로 매여쓰니 幞복頭두쓴것가타니라

喪상禮례諺언解해卷권之지一일

喪禮諺解卷之二

襲斂衣服圖說이라

(士喪禮)에襲할옷은三稱이요 小斂할옷은十九稱이라하고(喪大記)에大斂할옷은三十稱이라하나 即今이대로쓰는니업스니臨時하야잇난대로하라(喪大記)에間色과섯내와모시난襲斂에쓰지말라하니라 ○홋옷겹옷쇤거슬稱이라하고 또옷과치마쉰것도稱이라이르나니라

(牀)평상이라

(薦)자리라

(席)돗이라

(褥)요이라

(枕)벼개라

이다섯가지난沐浴과襲과小斂과大斂에다쓰나니라(五禮儀)에褥와돗과벼개난棺안에도쓴다하니라

(小大斂布)細布合하야布帛尺으로 四十餘尺이드니連幅하면六十餘尺이드나니라

(小斂衾)둘이니하나난小斂할핫이불이요 하나는尸體덥흘홋이불이니곳侇衾이라

(大斂衾)둘이니하나난大斂할핫이불이니 처음의尸體덥헛던것이요 하나난尸體덥흘홋이불이라믈읏이불언다섯幅이니라

(蒙頭衣)(五禮儀)蒙頭衣라

(長襖子)即今장옷이라

(褡穫)저고리니 團領或深衣속에바쳐입우니(五禮儀)半臂衣라

(袍襖)袍난겹옷시요 襖난핫속옷이니 女喪은치마를셔서쓰라

(汗衫)적삼이니 면紬或베로하라

(袴)솜둔바지니 면紬或무명으로하라

(單袴)주의니 면紬或베로하라

(裹肚)베오락이라

(勒帛)다리첨매난거시니 或行전이라하나니라

(襪)둘이니솜둔버선이라

(散衣)잡옷시니袍襖類라 男喪은女服을쓰지말고女喪은男服을쓰지말라

(上衣)웃옷이니 團領直領類라
(상의) (단령직령뉴)

(網巾) 망건

(幎目) 명목 幎巾은 반합도의 보라

(充耳) 충이

(握手) 악수

(緇布冠) 치포관

(幅巾) 복건

(深衣) 심의

(大帶) 대대 條帶(조대)

(黑履) 흑니

(冒) 모

(舒絹)(行縢)(婦人掩)(婦人圓衫)(婦人大帶)이위열다섯가지난圖의잇나니라

網巾圖

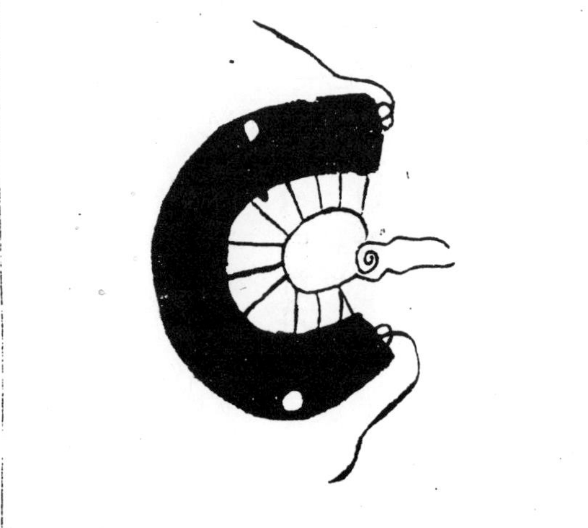

網巾은 襲할제쓰나니(問解)예 冒段으로 맹근다하고(五禮儀)예거문 깁으로한다하니 아무거시라도 거문 것으로만들라

幎(명)目(목)圖(도)

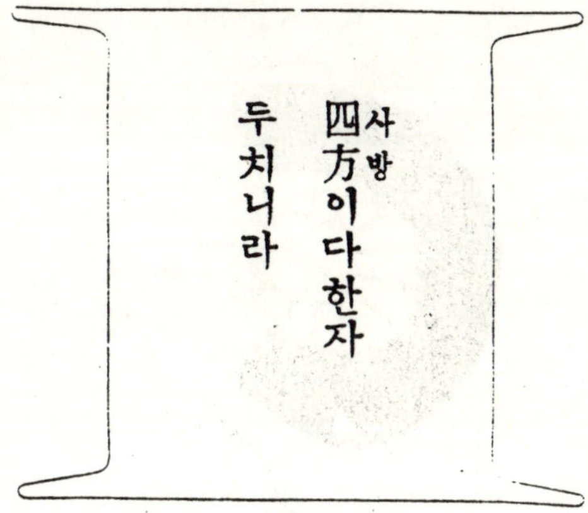

充(충)耳(이)圖(도)

幎(명)目(목)은 襲(습)할제幎(명)巾(전)아서내고 씨우
난거시니 冒(모)段(단)或(혹)黑(흑)繒(증)或(혹)綿(면)紬(주)로 四(사)
方(방)한자두치에 불근안녀어 솜두어
만들고 네귀예끈다라낫덥고 끈을
幅(복)巾(전)위에매라

充(충)耳(이)난 새풀솜으로大(대)棗(초)씨만치 둘
를만,드러 두귀에솝나니라

握악手수圖도

마르난그림

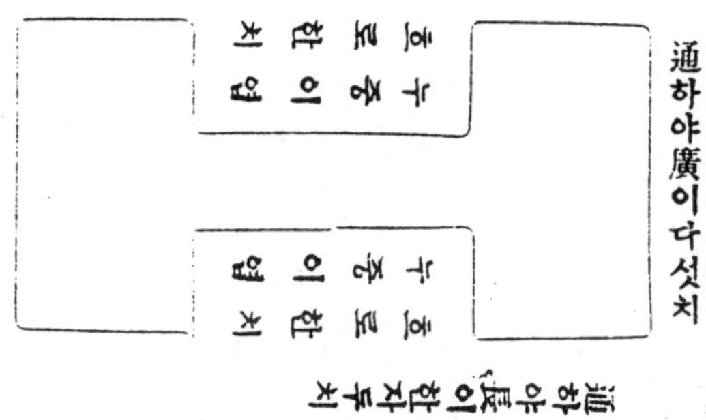

지은그림

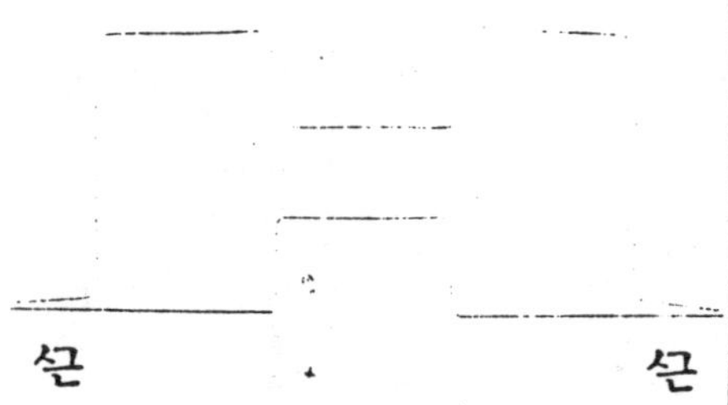

握악수난둘이니冒모段단或혹거문綿면紬주기리자두치널비다섯치로하나니자두치를세번접으면각각널비네치식되니가운대네치에두억개를각각한치식베이고불근안에솜두고두귀에끈다러그손의매난법이몬저올은손을樓누中중에두어한끗으로손등덥을허끈으로擘완을한번둘러도로위로조처지게쎄고또한끗츠로덧덥허끈으로써손박그로말매머위로向향하야中중指지에거러또도로위로向향하야擘완에두른것으로덥으러손바닥뒤마데의매고왼손에또한이갓치하되右우手수난左좌를몬저매고左좌手수난右우럴몬저매라

緇치布포冠관圖도

마려접어첩맹근그림

方八寸
광이육푼육니납즛
광팔푼을접어양을하라
광이육푼육니납즛
광팔푼을접어양을하라
광이육푼육니납즛
광팔푼을접어양을하라
광이육푼육니납즛
광팔푼을접어양는하라
광이육푼육니납즛
광팔푼을접어양을하라
광이육푼육니납즛
方八寸

관맹근그림

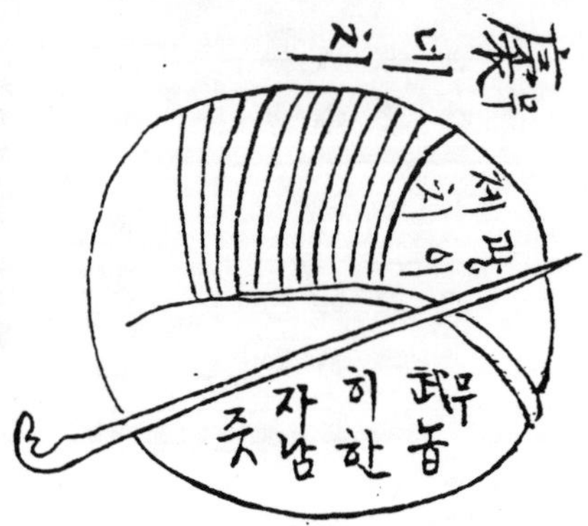

緇치布포冠관은조희를배접하야거문깁을덧
발녀맹그니한긴條을말나그기리한자
네치남즛시하고그놉히한자남즛한거
스로둘러武을맹글고그둘은 엽헤각
각널비세치요前전後후각각기리네치니라
또한긴條널비와기리다여덜치남즛한
거스로위에주룸자바다섯솟을맹글면
널비네치니호아다左좌로向향하야그가온
대를두렷하게하고장박이前전後후에넘겨
아래로武무에붓게하고그솟츨각半반치식
고펴밧그로서안으로向케하고검게칠
하야幅복巾건속의쓰라武무두녁겻半반치위에
구멍뚤너빈혀쏫게하라빈혀난써나或
象상牙아로하라

幅복巾건圖도

빗겨호와좌로향한그림

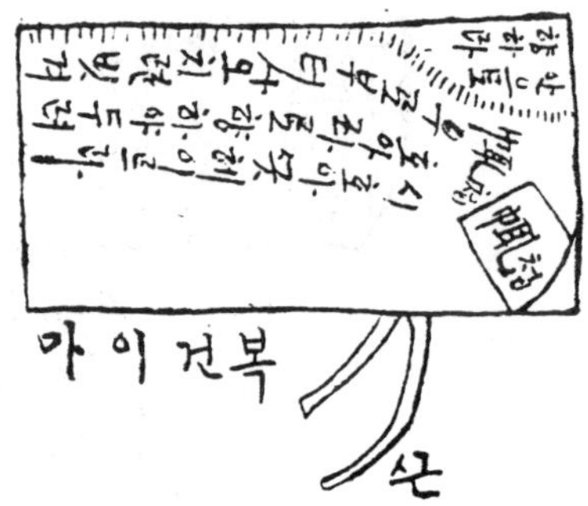

머리의쓴그림

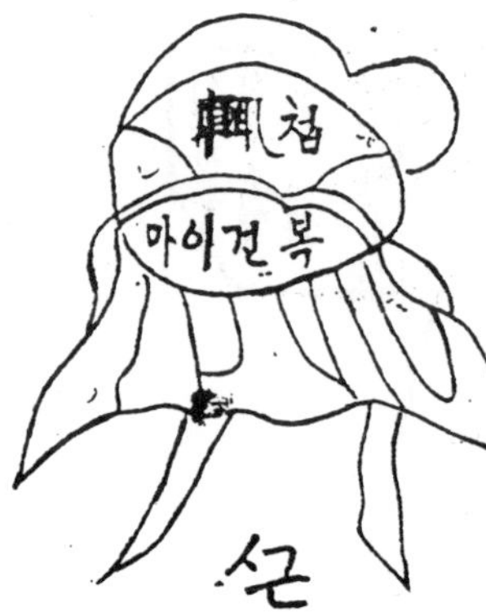

幅복巾건은거문깁或혹冒모段단널비半반幅폭기리여섯자로곱지부면두편이석자식되니곱지분데를이마當당케하야輒첩을맹글고뒤집어輒첩左좌편끗헤잇대여정박이대로두려시호아左좌편으로나려닷게호고뒤로、뒤집어주름이이마에網망巾건쓰다시하고두귀쎄當당하야끈다러곡두에매여드리우라○끈널비두치요기리두자로하라말으기를다指지尺척을쓰라(이指尺은中節한치니라)(補보註주)에幅폭널비를한자네치라하고或혹왼幅폭을쓴다하니라

深(심)

압그림

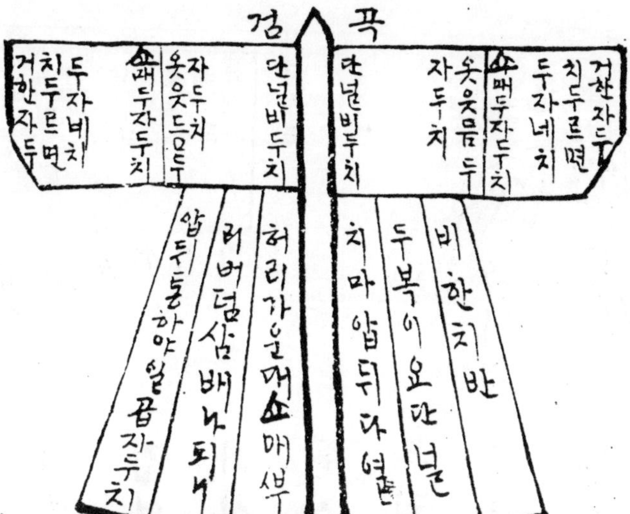

袪(거)는袖口(수구)니단널비한치半(반)

深(심)衣(의)는가는흰베로말으니그制(제)
되베두幅(폭)기리각각두자두치로
써가운대고펴아래로드리우면
압뒤 네幅(폭)이되니 이제直領衫(직령삼)
갓되다만겨드랑아래베여개지
말라그아래녑헤지나치마의부
치는곳지대강이두룬거시일곱
자두치니每(매)幅(폭)에치마세幅(폭)식부
치라○裳(상)은가는흰베로만드니
그制(제)되여섯幅(폭)으로비스기말녀
열두幅(폭)을만드러한머리는널고

衣의

뒷그림

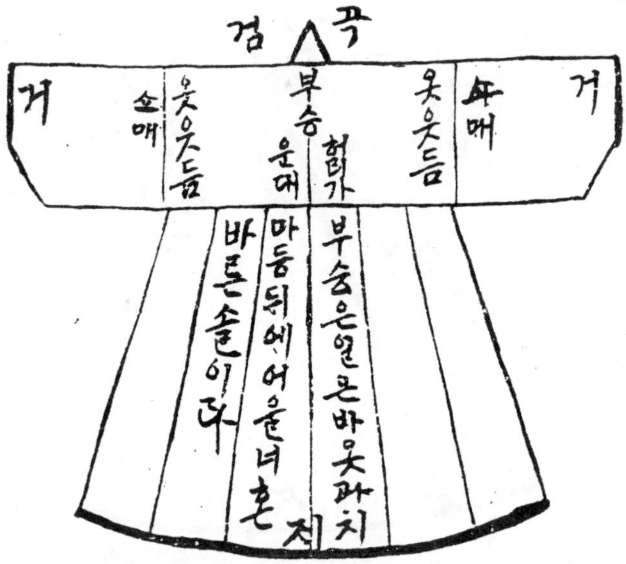

한머리는좁우니좁은머리를널
분머리半반을當당케하야좁은머리
를위로向향하야그솔을連련하야옷
의붓치니옷의붓치는곳지대강
이두른거시일곱자두치니每매三삼
幅폭을옷한幅폭에붓치니그아래기
실기폭수와갓게맛는곳지대강
이두른거시열넉자네치라
圓원袂메는베두幅폭으로각각가운대
를고 펴옷기리와 갓게하야갓
幅폭을갓치비여옷左좌右우에붓치고
그아래를호아合합하야소매를만

圖(도)

입으면두깃시서로념의는그림

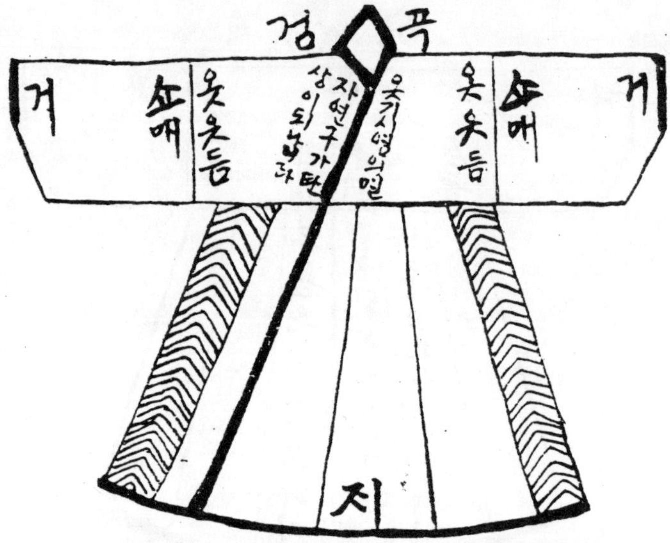

曲袷(곡겁)은념의는것시다

아래기살허리에배나하고압뒤롱하야열넉자두치

글되그밋동녈비는옷기리와갓고漸漸(점점)둥그럿케하야소매어귀에이르면그녈비한자두치라方(방)領(령)은두깃슬서로념의면두깃이모돔이자연모지니옷두억개위에각각세치식베혀도르접어베이고다른베한條(조)로목뒤로접어베인곳에이어호나안팟이다두치니일은바袷(겁)이두치니라黑(흑)선은거문깁을깃안팟과소매어귀와치마기살에다각각한치半(반)식하되소매에는베박게선녈비를싸로하라

大帶圖

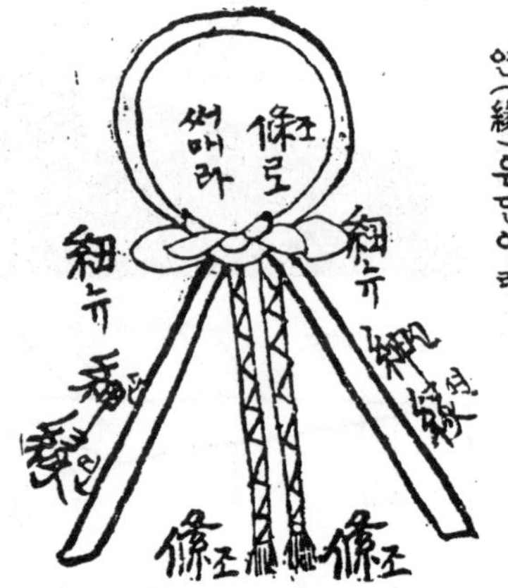

신(紳)은ᄯᅴ드리운거시요
연(緣)은단이라
조(條)는조대(條帶)요뉴(紐)는
고내여맨거시라

黑履圖

순(純)은신위에ᄉᆞ민것이요
긔(綦)는신뒤에단ᄭᅳᆫ이라
구(絇)는신ᄲᅮ리코이오억(繶)은신
아래ᄉᆞ민실이라

大帶는흰깁네치널비로써하나그기리 허리에둘러압헤매고다시둘러두귀를 맹글고그나문거슬드리워紳을삼어아 래치마와간질련니하고거문깁으로紳 두엽과아래를ᄉᆞ미니안팟기各半치니 라大夫는두귀를ᄯᅩ한ᄉᆞ미고五采條널 비스푼으로그서로매진데를매여기라 紳과간질언니하라업스면상시ᄯᅴ던ᄯᅴ 를ᄡᅳ라

黑履는거문깁或면紬로조희에배접하 야맹글고白帶둘或組기리두자남즛한 거스로가로신뒤跟에달고ᄯᅩ신머리에

玄(현)冒(모)黼(보)殺(쇄)圖(도)

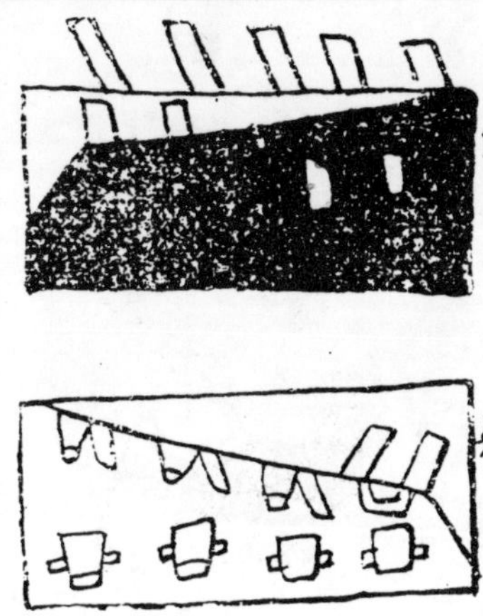

녑헤슨다섯을달라

緇(치)冒(모)經(경)殺(쇄)圖(도)

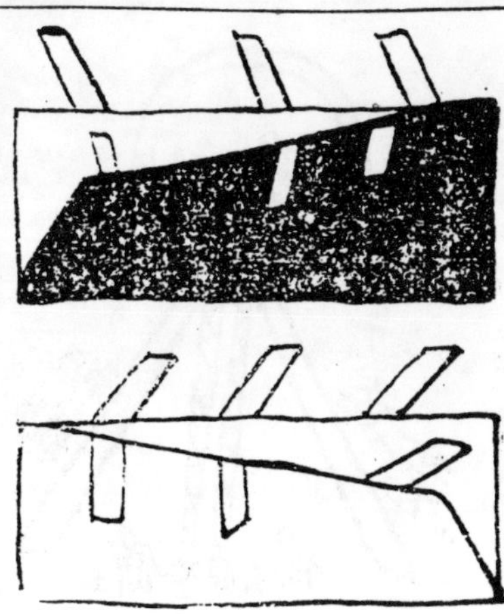

녑헤슨셋슬달라

條(조)로約(구)를맹그러곱매여ᄭᅦ게한거슬밧게하라女喪(녀상)은상시신던彩鞋(채혜)잇거든쓰라

冒(모)는면紬或絹(주혹견)거문거일곱자불근거일곱자로맹글라[士喪禮註(사상례주)]에그거동이直囊(직낭)가트되위는일은質(질)이오아래는일은殺(쇄)니몬저殺(쇄)로발을덥혀올니고後(후)에質(질)로머리를더펴나리여슨을매니이일은 上玄下纁(상현하훈)이니 天地(천지)를象(상)함이니라 (喪大記(상대기))에大夫(대부)는玄冒黼殺(현모보쇄)니 녑헤다섯슨을달고士(사)는緇冒經殺(치모경쇄)니녑헤셋슨을달고質(질)은기리손으로더부러간질런

舒(서)絹(견)圖(도)

行(행)縢(등)圖(도)

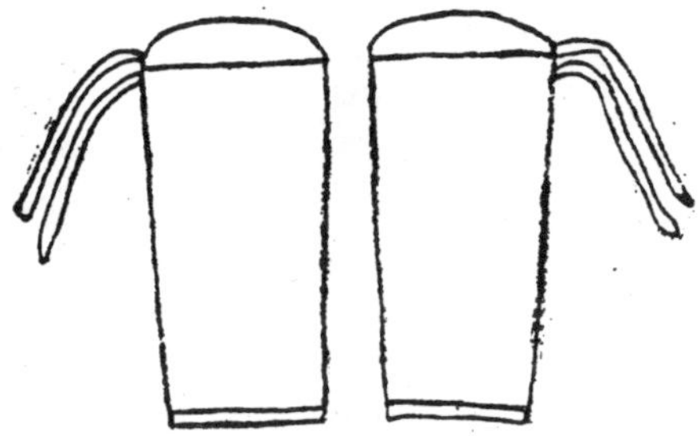

은하고殺(쇄)는기리석자니라 (丘(구)氏(씨))갈오
대冒(모)制(제)되한머리를호아合(합)하고또한편
을호아連(연)하고호지안한편上(상)下(하)에끈다
라매나니라
舒(서)絹(견)은 小(소)斂(렴)할제 머리밧치는거시라
(輯(즙)覽(람)) 에別(별)로絹(견)한條(조)를펴고그위에옷
하나를저버노아그머리를싸고仍(인)하야
두끈을저버그머리두엽굴한데를메워
억개와갓치한後(후)에絹(견)으로매여푸러지
지아니하게하나니라
行(행)縢(등)은행전이라다리쳠매는거시니絹(견)
或(혹)면紬(주)로맹글라

婦人掩圖

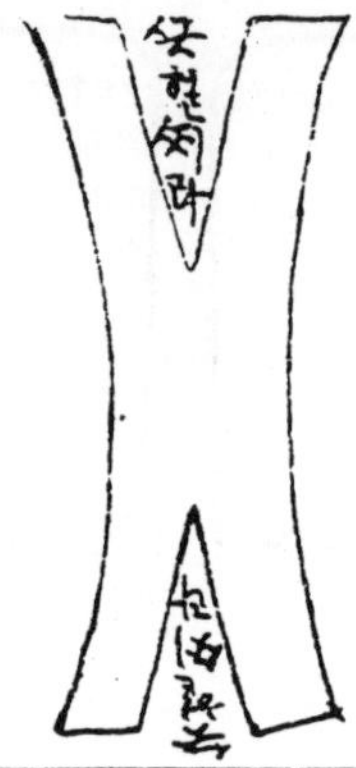

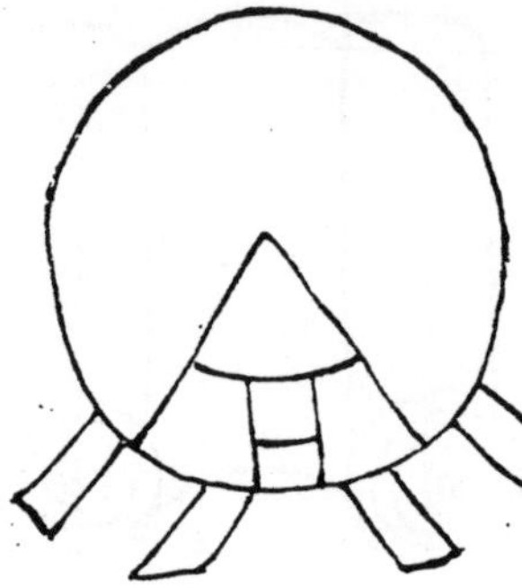

(退溪)갈오대或者ㅣ勒帛 이곳行縢이
라한다하시니라
掩은練帛왼폭널비요기리다섯자로그
읏을째여턱아래매고또도로뒤으로목
가온대매나니라
即今世俗이掩을女帽ㅣ라이르고冒段
으로것하고色거스로안녀허맹그나니
라
(備要)에 옛사람이죽으매冠씨우지안
이하고다만깁으로머리를싸니이른바
掩이니幅巾이또한이뜻시라男喪에幅
巾을쓰면女喪에맛當히掩을쓸지니라

婦人圓衫圖

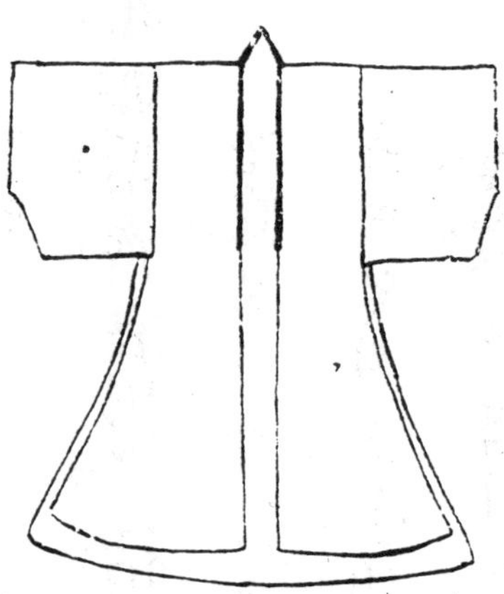

婦人大帶圖

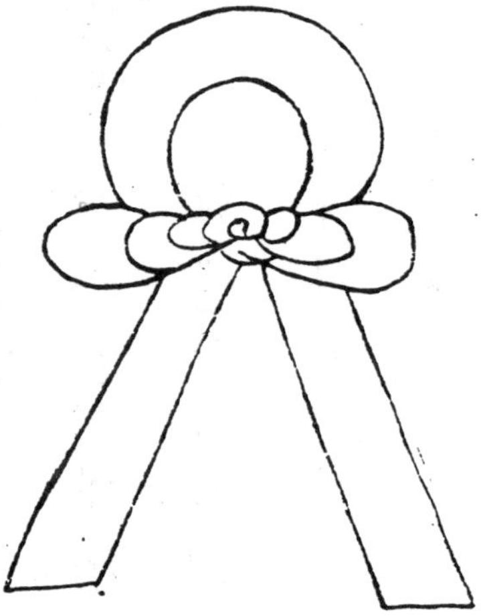

(備要)에 女喪은圓衫或蒙頭衣或長襖子를쓰라하되圓衫制되나타난곳이업스매아직世俗이지어쓰는대로그리니大蓋그제되푸른깁或거문사두폭으로곱집어옷읏듬을얼그니기리몸과간질언하되압히뒤버다서너치짜르고깃은深衣깃갓고左右녑흘개여몸의맛게하고사매를두렷이하야左右에달고옷갓과아래를싸로절단하야만드나니라

(備要)에 婦人씌는맛당이상考할지라하얏스되다른대나타난곳이업고圓衫에씌업슬거시아니매深衣大帶를依하야그리되條帶有無를아지못하도다

喪服圖說

(喪布) 한사람의게布帛尺으로서른대여섯자로하니連幅하면쉬나문자요升數는各各그服을사려하고屈冠베는各各옷베보다가는거스로하라물읏喪服을다指尺을쓰라 指尺은中指中節로한치를맹글라

(括髮麻) 憑尸한後斬衰男子括髮과 斬衰女子髽할제 삼노로하라

(布頭𢄼)齊衰男子括髮과齊衰女子髽할제쓰니(儀禮)에六升布한條로머리밋출매야뒤에드린거시여섯치요期年과大功은여덟치요小功과緦麻는자한라하니이이른바布總이요(儀禮)에집의잇는女子아비를爲하야布總한을다하고(曾

子問註)에 世俗婦女ㅣ服이잇스면白布로머리구비위를
매니이른바孝巾이니또한이뜻이라하고(五禮儀)에 首把
로代하야쓴다하니라

(免布) 베한치널비를깨여齊衰以下다小斂後에頭巾위에매엿
다가成服에이르러업새라

(括髮免髽) 續問解에括髮과免과髽다머리를줌후려매는일옴
이로대括髮과免은男子의일이요髽는婦人의일이니男子
斬衰는括髮하고齊衰는免함이요括髮後에또免을매는거
시아니요또(疏)에 이로대髽하는形狀이몬저머리털로써
大紒를맨들고大紒위에斬衰婦人은麻로써매고齊衰婦人
은베로써매여쓴거시男子에括髮과免함과갓다하니라

(孝巾) 옛縗巾이오이제頭巾이니各各喪服에서가는베布帛尺
한자두치로맹그러五服윗사람과侍者다쓰나니라

(中單衣) 衰服을밧쳐속에입는옷이니베로深衣를만드러입되
斬衰라도베로단하고아래를호나니라

(白布衫)(丘氏)갈오대麁한麻布로한다하나衫거동이나타난대
업고또倉卒奔喪할제밋처짓지못할거시니흰道袍를입으
라

(繩帶)斬衰는노으로하고齊衰는베로하라

(麻屨)斬衰와齊衰다신나니라
이세가지는奔喪할제쓰나니라

(方笠)대로만드나니라

(生布直領(생포직령))極(극)히麁(추)한베로만들라

이두가지는喪人(상인)이出入(출입)할제쓰고입는거시니비록옛制度(제도)아니나從俗(종속)하야함이可(가)하니라

(男子喪服(남자상복))

(屈冠(굴관))

(首絰(수질))

(腰絰(요질))

(絞帶(교대))

(屨(구))

(杖(장))

(白布巾(백포전))

(環經 환질)
(婦人衰裳 부인최상)
(大袖長裙 대수장군)
(蓋頭 개두)
(背子 배자)
(竹簪 죽잠)

이열네가지는圖(도)의잇나니라

喪(상)服(복)과冠(관)經(질)대강그림이라

斬(참)衰(최) 三(삼)年(년)

至(지)極(극)히麁(추)한
베로하되아
래기살를호
지말지니라

齊(재)衰(최)

三(삼)年(년) — 잠간麁(추)한베로
杖(장)한期(긔)年(년) — 써하되아래기
杖(장)안닌期(긔)年(년) — 살를호나니라
五(오)月(월)
三(삼)月(월)

大(대)功(공) 九(구)月(월)

麁(추)하니긴
베로하라

小(소)功(공) 五(오)月(월)

잠간麁(추)하니
긴베로하라

緦(싀)麻(마) 三(삼)月(월)

잠간간은니
긴베로하라

大功冠

齊衰와갓흐니라

小功冠

세주름이左로向하고남은거슨齊衰와갓흐니라

緦麻冠

싼베싄과주름은小功과갓고남은거슨齊衰와갓트니라

斬衰首絰

씨인난뚝삼으로하라

齊衰首絰

씨업는잠간麁하지안은삼으로하니齊衰以下다갓흐되緦麻는熟麻로하라

斬衰腰絰

斬衰首絰삼과갓트니라

齊(재)衰(최)腰(요)絰(질)

齊(재)衰(최)以(이)下(하)다齊(재)衰(최)首(수)絰(질)삼과갓튼니라

白(백)布(포)巾(건)

斬(참)衰(최)는麁(추)한베로하고齊(재)衰(최)는잠간麁(추)한베로하되다쌜라

環(환)絰(질)

이긴삼으로하라

斬(참)衰(최)絞(교)帶(대)

斬(참)衰(최)腰(요)絰(질)삼과갓튼니라

婦(부)人(인)衰(최)裳(상)

斬(참)衰(최)齊(재)衰(최)베다男(남)子(자)의喪(상)服(복)과갓고大(대)袖(수)長(장)裙(군)베도이갓튼니라

齊(재)衰(최)絞(교)帶(대)

齊(재)衰(최)以(이)下(하)베各(각)各(각)그喪(상)服(복)베와갓트되緦(시)麻(마)는쌜라

蓋(개)頭(두)

斬(참)衰(최)齊(재)衰(최)다男(남)子(자)의屈(굴)冠(관)베와갓되가느니라

背(배)子(자)

斬(참)衰(최)齊(재)衰(최)다衰(최)裳(상)베와갓튼니라

재裁벽辟령領사四촌寸도圖

사촌(四寸)아래방(方)정이사촌(四寸)을베이라

벽辟령領사四촌寸위爲좌左우右적適도圖

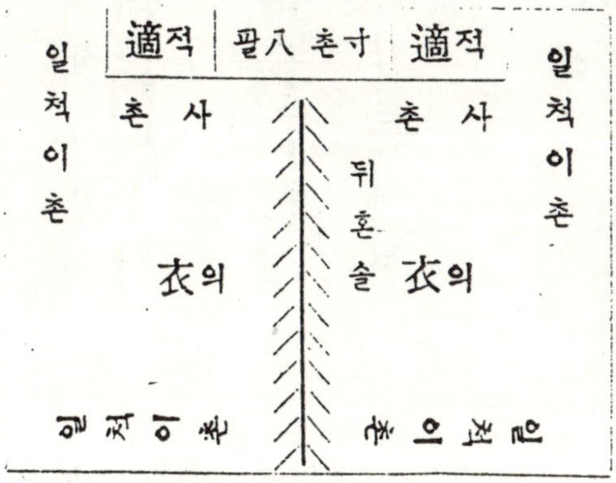

辟(벽)領(령)은衰(최)服(복)옷두幅(폭)기리各(각)各(각)넉자네치니두幅(폭)을다가운대곱집으면前(전)後(후)기리各(각)各(각)두자두치되니뒤두幅(폭)을어울러호되위로네치는호지말고前(전)後(후)네짝을간질언이잡고호지안한네치를베여뒤집어겁어밧그로向(향)하야두억개위에덥피이게하니이일은바左(좌)右(우)適(적)이니곳辟(벽)領(령)이니라大(대)功(공)以(이)下(하)는辟(벽)領(령)이업나니라

裁(재)加(가)領(녕)圖(도)

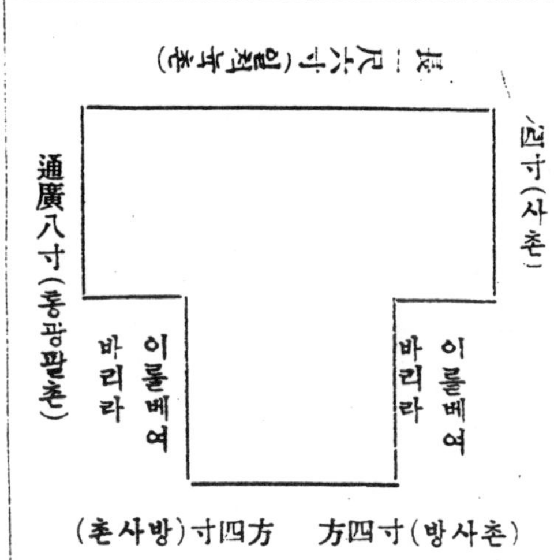

反(반)摺(납)向(향)前(전)圖(도)

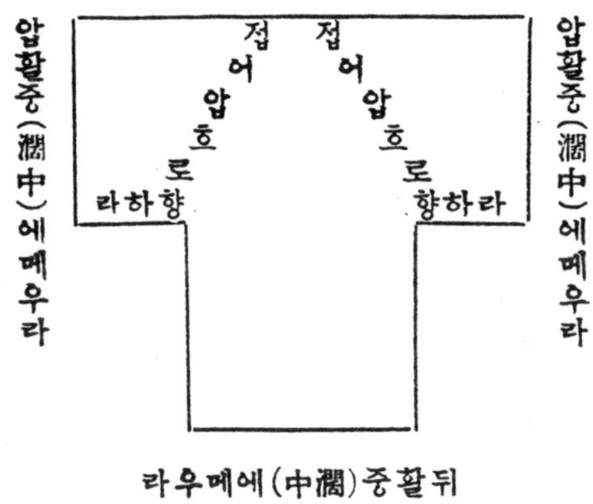

加(가)領(녕)은베기리한자여섯치널비여덜치를기리로둘에접어아래쌱두끗흘네치식베여바리고가운대여덜치를옷등솔위퐌여덜치에붓치고위左(좌)右(우)네치두끗흘압흐로접어옷압左(좌)右(우)네치虛(허)한대붓치면함복하니라

袷(겹)은기리한자여섯치널비한자네치베로세번접어한쌱은떼여내여가운대곱집어가로두쌱접은가운대를호와加(가)領(녕)과合(합)하야옷에다니이일은바三(삼)重(중)이니라

左(좌)右(우)袂(메)圖(도)

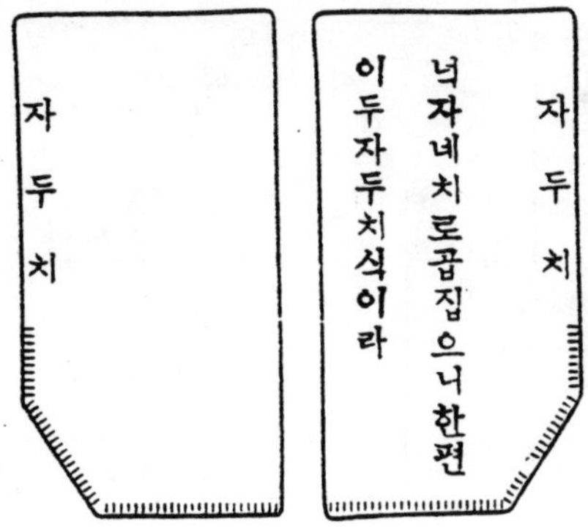

帶(대)下(하)尺(척)圖(도)

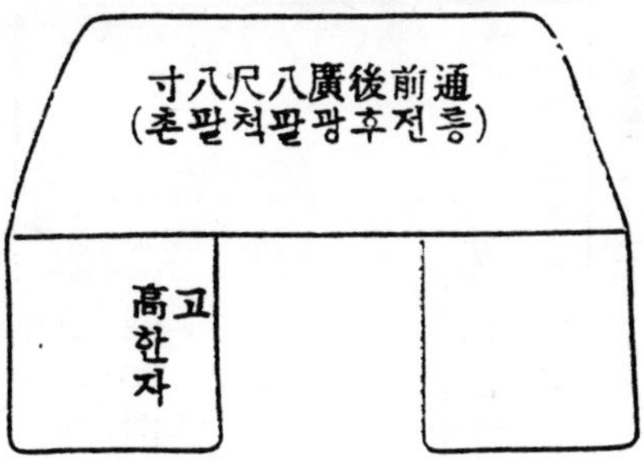

袂(메)난두幅(폭)이各各(각각)기리넉자네치니옷기리와가튼니가운대접으면前後(전후)기리쏘한두자두치식이니옷左右(좌우)에달고그아래를호되소매솟헤난한자두치만호지말어소매를만드니이일은바袪(거)니라

帶下尺(대하척)은놉히한자요널비여덜자여덜치니옷품과갓튼니옷기실에이어붓치고衽(임)달라

裁(재)衽(임)圖(도)

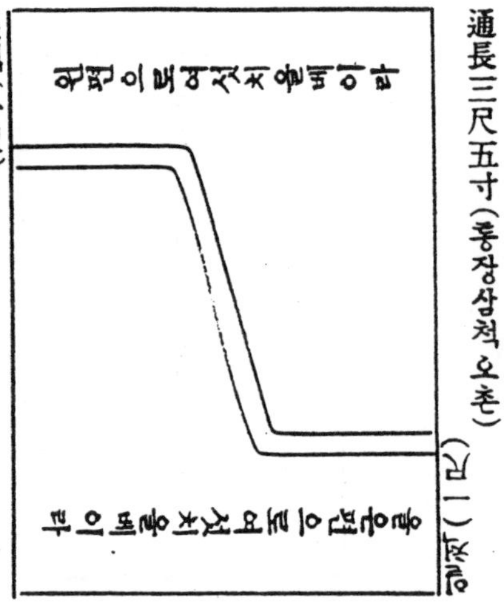

兩(냥)衽(임)相(상)疊(첩)圖(도)

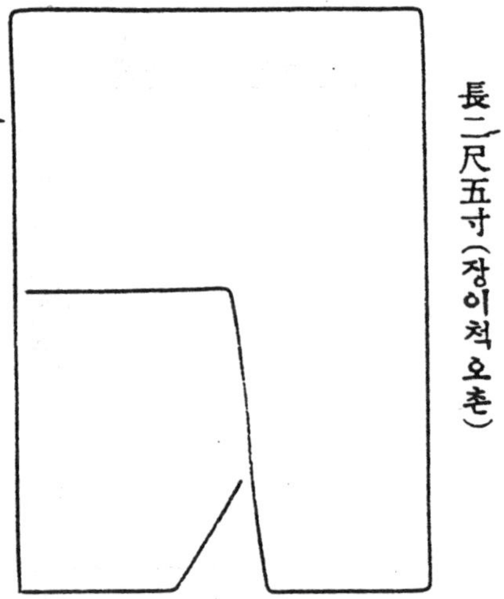

衽(임)은베널비두자두치기리일곱자를 둘에갓추면석자가옷식되니두를펴 간질러니노코웃머리올은편으로한 자나려와여섯치를가로베고또아래 머리왼편으로한자나려와여섯치를 가로베고가운대를비싓하게베여아 래머리를위머리에노으면모양이제 비고리갓튼나둘을左右(좌우)겨드랑아래 帶下尺(대하척)밧게붓치편기리두자가옷시 니斬衰(참최)난압幅(폭)이뒤를덥고齊衰以下(재최이하) 난뒤幅(폭)이압흘덥나니라

衰최裁재圖도

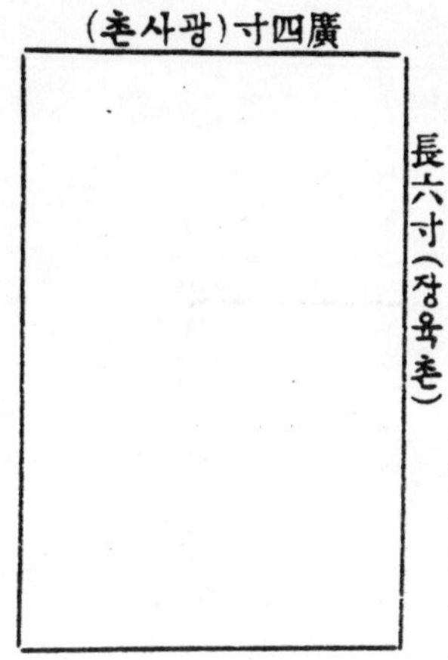

負부版판裁재圖도

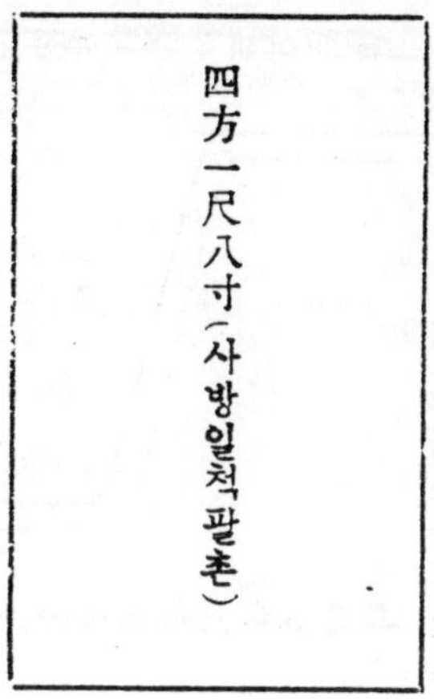

衰최난기리여섯치널비네치베로만드러左좌편옷깃가삼닷난데붓치라大대功공以이下하난衰최업나니라

負부版판은기리와널비다한자여덜치베로만드러뒤로옷깃아래붓처등에드리우라大대功공以이下하난負부版판이업난니라

加가領녕於어衣의前전圖도

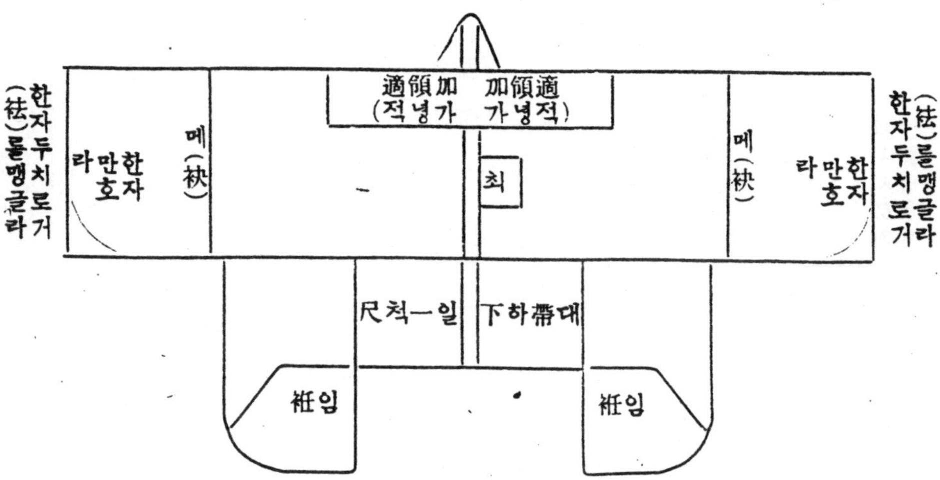

衰최服복을말너몬저등솔을박그로부치
고辟벽領녕을말너박그로左좌右우로접어適적
을만드러加가領녕달고두소매를박그로
부치고帶대下하尺척을옷기실의부치고衽임
을帶대下하尺척左좌右우옷기실에밧그로부치
고負부版판을등에부처드리우고衰최를가
삼의부치고옷에골옴달라
물읏喪상服복을本본尺척數수에서한치식剩잉을
두어호와지을제바느질밥이되게하
고마를제指지尺척을쓰라

加가領령於어衣의後후圖도

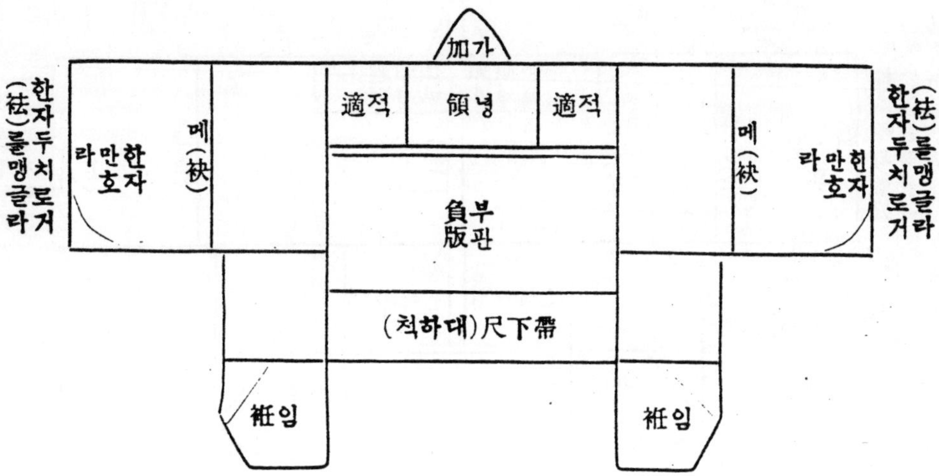

五오服복의옷시혼솔이다박그로向향하되斬참衰최난기실을호지안이하고齊재衰최以下난다호나니라

一 喪상服복마르난베드난數수난喪상服복圖도說설에뵈야나니라

裳(상)圖(도)

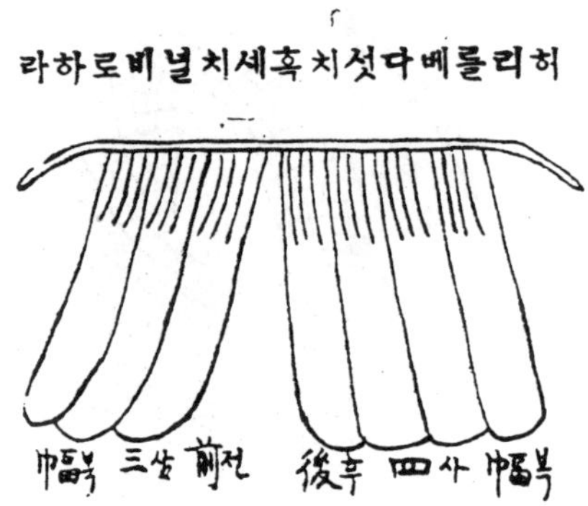

斬(참)衰(최)冠(관)圖(도)

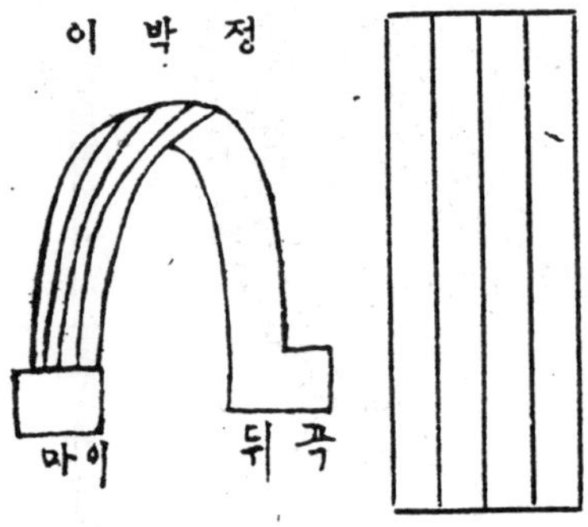

치마압흔세폭이요뒤난네폭이니베다섯치널비로허리달되압뒤幅(폭)이조곰식셔서連(련)하지안케하고每(매)한폭에주룸셋식접고기리난사람키를쌀러하라五(오)服(복)의치마흔솔이다안으로向(향)하고斬(참)衰(최)난아래를호지안하고齊(재)衰(최)以(이)下(하)난다호라

屈(굴)冠(관)은조희배접하야널비네치요기리이마에서곡뒤에닷케하야잠간가는베를세주룸접어풀무처마른조희위에붓치고삼노를길게쏘아이마로

斬衰冠圖

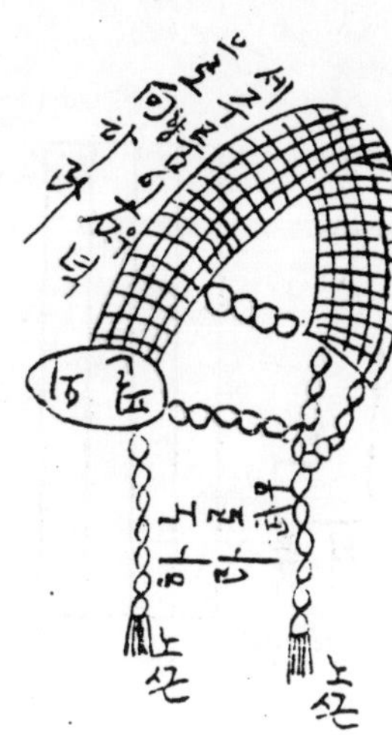

武난冠의편자가치두루난거시라

齊衰冠圖

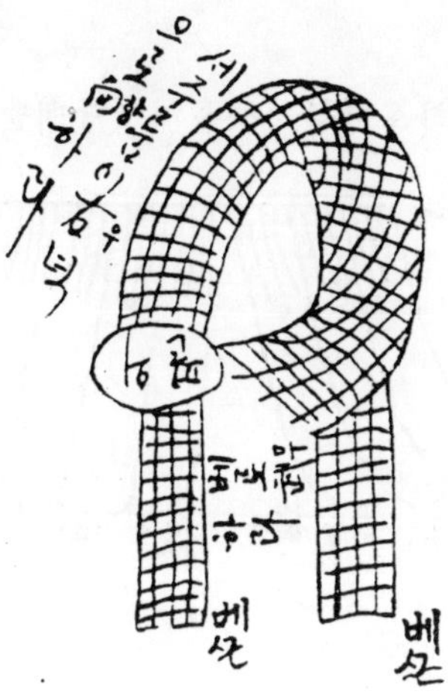

조차左右로곡뒤지나두녑귀에다달어오리처武를만들고冠을구펴두머리를이마곡뒤닷난데녓코두끗을各各한치식밧그로접어가는노으로호고武의남은끗을턱아래매여冠끈하라

斬衰以下다冠주룸을右로向하라齊衰以下난武다난노를베로하야左右에매여드리워冠끈하라小功以下난冠주름을左로向하라

斬衰首經圖(참최수질도)

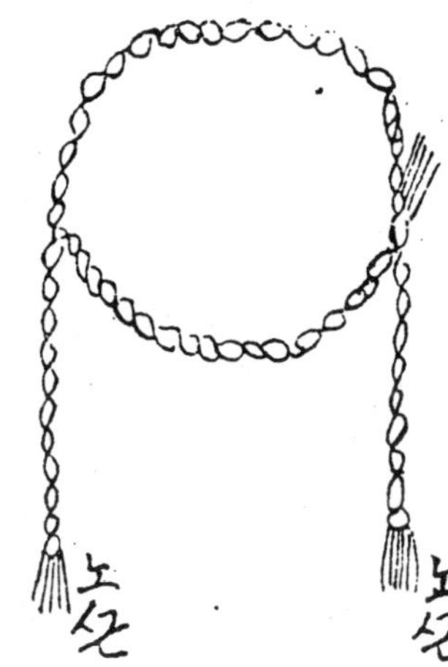

참최(斬衰)난좌(左)편솟치아래잇고
가는노으로끈맹글어렴아래매라

齊衰首經圖(재최수질도)

재최(齊衰)난우(右)편솟치위에잇고
기대공(期大功)까지난끈을베로하고
소공이하(小功以下)난끈이업난니라

首經(수질)은그制(제)되두가닭을삼입펴어울녀쓰아기리한자남짓하고그에운거시斬衰(참최)난아홉치요齊衰(재최)난일곱치요大功(대공)은다섯치요小功(소공)은네치요總麻(시마)난세치니斬衰(참최)난삼밋치左(좌)편아래잇난대이마압흐로조차右(우)로向(향)하야둘러그쓰츠로삼밋위에대고노끈달고齊衰以下(재최이하)난삼밋치右(우)편위에잇스니이마압흐로쪼차左(좌)로向(향)하야둘러그쓰츠로삼밋아래대고左右(좌우)에베끈달고小功以下(소공이하)난끈이업나니라만드난삼은喪服總圖(상복총도)의뵈얏나니라婦人(부인)은

斬衰腰絰圖(참최요질도)

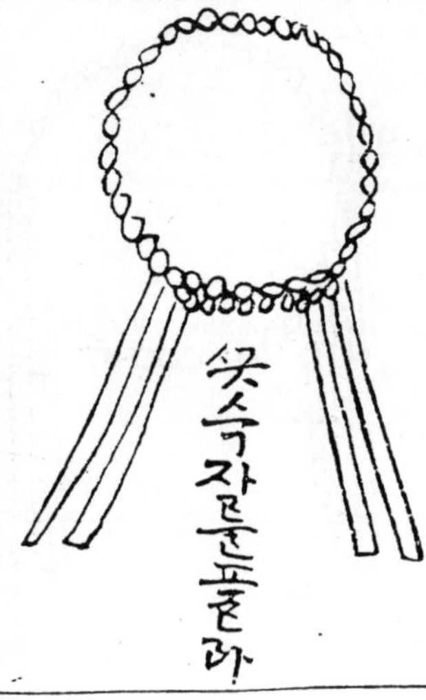

대공이상(大功以上)은산수(散垂)하얏다가성복(成服)제쯔고계빈(啓殯)제다시산수(散垂)하얏다가졸곡(卒哭)제또쯔라

小功以下腰絰圖(소공이하요질도)

소공이하(小功以下)와부인(婦人)은처음에쯔아띄고풀지말라

憑尸(빙시)한後(후)에쓰고男子(남자)난遷尸(쳔시)한後(후)에
쓰라
腰絰(요질)은그制(제)되두가닭을삼입펴어울
너쯔아그에운거시斬衰(참최)난일곱치요
齊衰(재최)는다섯치요大功(대공)은네치요小功(소공)
은세치요緦麻(싀마)는두치니그두머리에
各各(각각)삼밋츨두어細繩(세승)으로매니通(통)하
야長(장)이일곱여덜자이라허리에둘러
서로맬곳에各各(각각)가는노를달고齊衰(재최)
는베로하라婦人(부인)은憑尸(빙시)한後(후)에띄고
男子(남자)는遷尸(쳔시)한後(후)에띄라

斬(참)衰(최)絞(교)帶(대)圖(도)

노로하니(腰經)오질보다가느니라

齊(재)衰(최)以(이)下(하)絞(교)帶(대)圖(도)

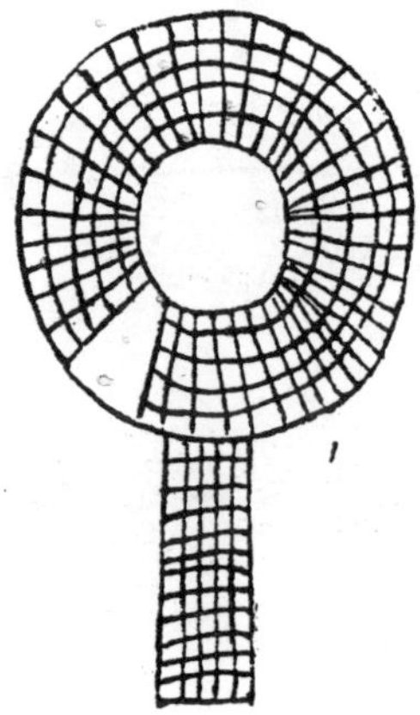

베로하니널비사(四)촌(寸)남즛하니라

斬(참)衰(최)絞(교)帶(대)난삼한가닭기러여덜아홉자로가운대를곱혀두가닭를만드러各(각)各(각)한자남즛한걸매자合(합)하야쇼면絞(교)帶(대)되니고를左(좌)便(편)으로가게씌여腰(요)經(질)아래닷게하니通(통)하야長(장)이여덜아홉자요몸피腰(요)經(질)에서가느니이일른바三(삼)重(중)四(사)股(고)니라男(남)女(녀)다憑(빙)尸(시)한後(후)에씌라齊(재)衰(최)以(이)下(하)絞(교)帶(대)난베로하되各(각)各(각)그服(부)의베升(승)數(수)를싸러하니널비네치남즛하고그右(우)便(편)에한자를접어고를만드니通(통)하야長(장)이일곱여덜자이라

圖도屨구管관杖장苴저

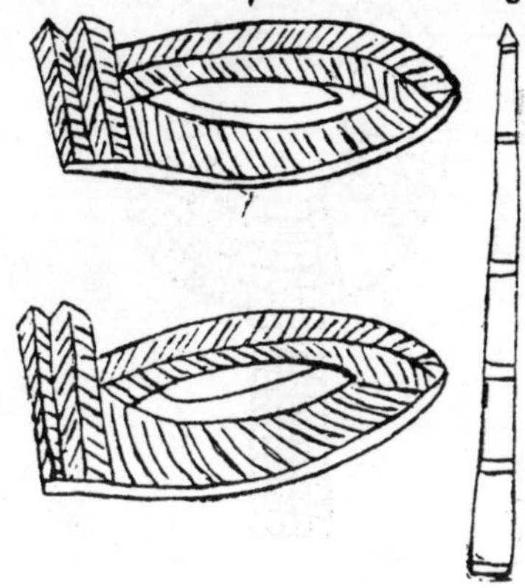

圖도屨구蔬소杖장削삭

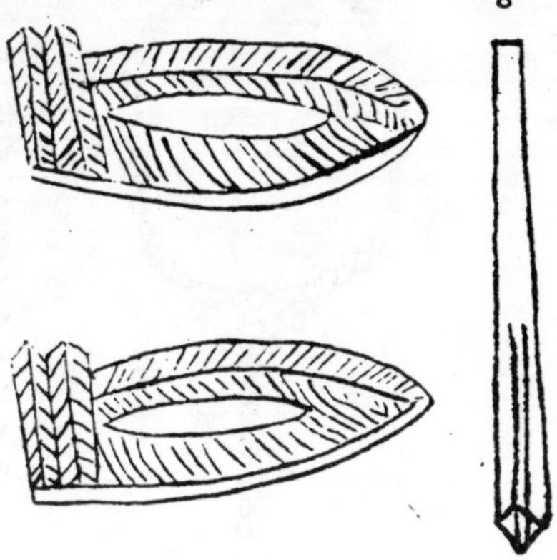

男녀女녀다憑빙尸시한後후에쓰라

苴저杖장은斬참衰최杖장이니대로함이孝효子자의情정誠성과갓흠을取취함이라기리마음과갓치하고크기腰오經질만하고끗을위삼어집나니라

管관屨구난斬참衰최신이니풀로나或혹집흐로나麁추하게만든거시니即즉今금은집신이라削삭杖장은齊재衰최杖장이니마음섭섭함이孝효子자의공경이이갓흠을爲위함이니위가둥글고아래네모나고기리와몸픠난苴저杖장과가트니라

白布巾圖

環絰圖

蔬屨난齊衰신이니大蓋斬衰신과갓되치소맛게삼으라杖期난신을삼으로삼고大功은노으로삼고小功以下난원신을신으라

白布巾은即今孝巾이니쌘베布帛尺한자두치로만드러喪人이小歛때에썻다가遷尸한後首絰쓸제벗고啓殯할제도로썻다가卒哭後에버스라

環絰은熟麻한가닭으로비여크기緦麻絰갓치하야小歛때의白布巾위에썻다가遷尸한後首絰쓸제버섯다가

裁衰裳之圖

기리난사람의
키를따러하라

칠촌삼분(七寸三分)남줏

일척사촌칠분(一尺四寸七分)남줏

(丘氏)갈오대치마아래를
斬衰난호지말고齊衰以下하
난접어호라

啓殯할제도로白布巾위에썻다가卒
哭後에버스라
衰裳은베여섯폭으로엇베여열두폭
을만드러조분머리를모아위에로가
게連하야붓치되혼솔이안으로向케
하야深衣치마갓치옷아래붓처호라
(楊氏)갈오대家禮에女子衰服을純
전이넷制도를쓰지아니므로首経
과腰経하란글이업스나맛當이禮經
대로首経과腰経과絞帶를쓸지니라
(問解)예갈오대(喪服圖式)에衰와裳

衰裳圖

首經 腰經 絞帶 喪杖집신이
다섯가지는 男子와갓트니라

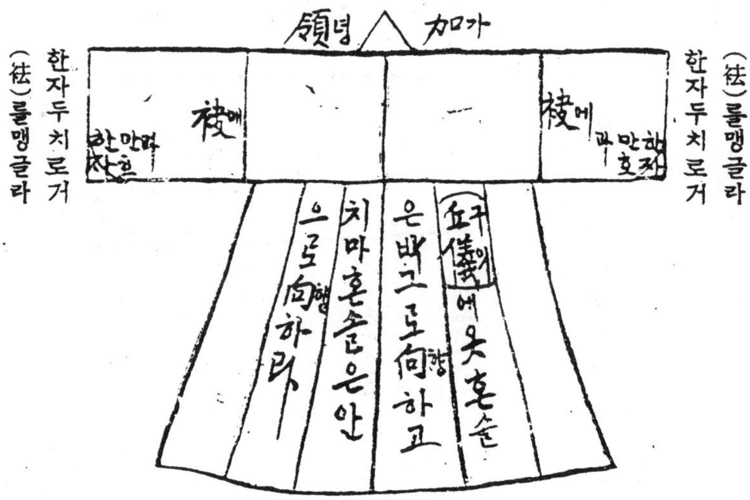

을連하야붓치고經과杖을가추란制도甚이자細하니반다시朱子晩年定論이라家禮와갓지안타하시니라

衰服은베升數와마르는制도다男子衰服과가트되다만帶下尺과衽이업고치마열두幅을深衣치마갓치옷에連하야붓치라

(儀節)에 婦人도緦麻까지다喪服입고斬衰와齊衰와期年은負版과衰을달어야男子衰服갓고옛制도와彷彿하니라

大袖圖

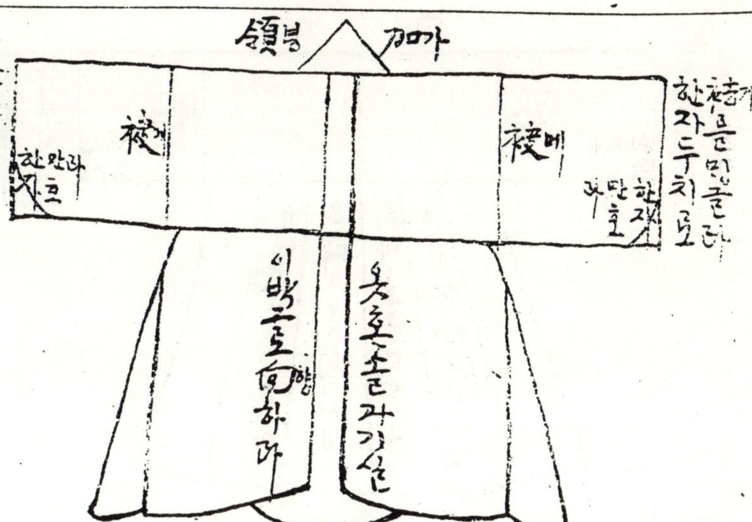

大袖는(丘氏) 갈오대이제婦人의短衣갓흐되품이널으고길이물읍헤닷고소매길이두자두치니남자의衰服制도갓다하고(五禮儀)에 長衫이이럿타하니라

(丘氏) 갈오대家禮에婦人服制를書儀를根本함으로大袖로써아래옛制도안이매이제腰經한가지를補入하니女子는허리를重이여김이니라

(退溪)갈오대(楊氏)大袖長裙에首經과腰經이업다하니(家禮)에하라

長裙圖

열두복이요복마다세주름식접으라

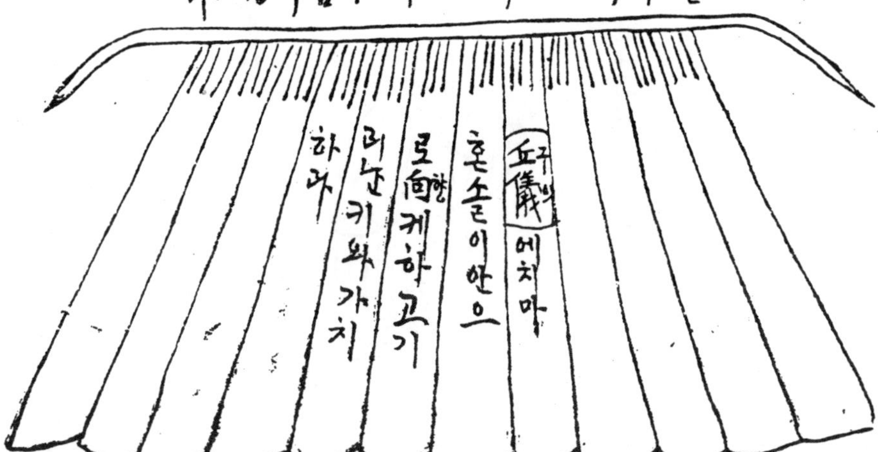

한대업스나(丘氏)禮대로함이맛당하다하시니라

長裙은(丘氏)갈오대베여섯幅으로엇베여열두幅을말나連하야붓처기리쌍의끌니게하야男子衰裳制도갓치한다하니即今게집사람치마갓흐니라

大袖長裙(丘氏)가옛制도안이라하니맛당이衰裳을쓰련만은家禮에大袖長裙을쓰게하얏스매두가지를올니노라

蓋頭圖

蓋頭는成服後쓰는거시니(丘氏)갈오대잠간가는베세幅으로맹글되길이사람의몸과간지련하다하니대개옛婦人이出入할제낫흘가리우는거시라五禮儀에女笠帽를쓴다하니라背子는모든妾이大袖를代신하야입으니極히麁한生布로하되길이사람의몸과간지련이하고소매널고혼솔이다밧그로向하고기실을접어호지안하니即今(五禮儀)에 蒙頭衣라

背배子자圖도

竹죽簪잠圖도

(源원流류)에 腰요絰질이잇다하니라

대빈여는길이다섯여섯치니斬참衰최女녀子자髽사한後후의머리에꼿고齊재衰최는참나무로만드러하라○古고禮례에成성服복에야꼿는다하니라

同姓八寸圖

高祖의子는曾祖의同生이요 ○高祖의孫은 祖의四寸이요○
高祖의曾孫은 父의六寸이요 ○高祖의玄孫은己의八寸이요
○高祖의同生과 曾祖의四寸과 祖의六寸과父의八寸은寸外
요○己의九寸姪과八寸孫이寸外라 ○父의同生은 己의三寸
叔이요 ○父의四寸은己의五寸叔이요 ○父의六寸은己의七
寸叔이요 ○子의三寸叔은己의同生이요 ○子의五寸叔은己
의四寸이요 ○子의七寸叔은己의六寸이요 ○孫의三寸叔은
子의同生이요 ○孫의五寸叔은子의四寸이요 ○孫의七寸叔
은子의六寸이요 ○孫의八寸은寸外이니服이업나니라

五오 宗종 本본

적손이아비죽고조와밋증고조를위하야승중하니참최삼년하고조모와증고조모를위하야승중하니재최삼년하고조잇스매조모를위하야다만재최장긔를입으라

고조부 재최				
증조부 재최	증조의동생부모 싀			
조부 불장긔	조의동생부모 소공	조의사촌부모 싀		
부 참최삼년	부의동생부모 불장긔	부의사촌부모 소공	부의육촌부모 싀	
당신	내동생 불장긔	내사촌 대공 국재싀	내육촌、 소공 처무	내팔촌 싀 처무
자 장삼년 중불장긔	내삼촌족하 불장긔 처대공	내오촌족하 소공 처싀	내칠촌족하 싀 처무	
손 적불장긔 중대공	내사촌손자 소공 처싀	내육촌손자 싀 처무		
증손 적불장긔 중싀	내오촌손자 싀 처무			
현손 적불장과 중싀				

물웃남의 후된재후한바부와 밋후한바 조를 위하야 승중한 이참최 삼년하고 그사친을 위하야 다한등을강하고 사친도 또한그리하라 오직 본생부모 복을나리여 불장긔하고 그 본생부모도 또한 위하야 불장긔하라

服之圖 (복지도)

본종				
고조모 삼월				
증조모 오월	증조의동생누이 싀			
조모 불장긔	조의동생누의 소공 가무	조의사촌누의 싀 가무		
모 재최삼년	부의동생누의 불장긔 가대공	부의사촌누의 소공 가싀	부의육촌누의 싀 가무	
처 재최장긔	내동생누의 불장긔 가대공	내사촌누의 대공 가소공	내육촌누의 소공 가싀	내팔촌누의 싀 가무
자부 장불장긔 중대공	내삼촌질녀 불장긔 가대공	내오촌질녀 소공 가싀	내칠촌질녀 싀 가무	
손부 적소공 그시어미잇스면말고 서싀	내사촌손녀 소공 가싀	내육촌질녀 싀 가무		
증손부 적소공 그시어미잇스면말고 서싀	내오촌손녀 싀 가무			
현손부 적소공 그시어미잇스면말고 서싀				

고와자매녀와밋손녀집의잇거나혹이미가하얏다가내침을입어도라온니난복이남자로더부러갓고남의게갓스나남편파자이업난이난또한갓흐니라출가하야도남편파다못자식이업난이난그형제자매와질남녀을위하야불장긔하라

믈읏녀자남의게간이제사친을위하야다한동을나리고오직부모난복을나리여불장긔하고조와밋증고조난강치말고부의후된형제을위하야강치말고형제질의처를위하야강치말라○강복이차지못하야내침을입은즉본복을입고버스면그복을도로입지말라

三삼父부八팔母모之지圖도

동거계부 불장긔
부재다대공의
친이읍난이라

불동거계부 재최삼월
몬저한데살다가이제
달니살거나혹비록한
데산계부자식잇고내
대공이상친이잇나니
를말리라

원불동거계부 무

(부) 이부동모 소공
형제자매

적모 재최삼년
일은바첩의
난자식이부
의중처를이
름이라

계모 재최삼년
일은바부
의후처라

양모 재최삼년
동종파밋삼세이하
유기한자식길으니
를이름이니친모와
갓흐니라

자모 재최삼년
서자어미업고다
른첩자식업난니
명치안니면소공
를명하야나를사
랑하니이라

가모 재최장긔
친모가부죽음올인
하야두번다른곳의
가한이니딸이납의
재간니난복대공

출모 재최장기
친모가부의재버
림을입으니라

서모 싀
부의첩자식
잇나니날사
랑하던니난
소공

유모 싀
어려서젓먹
여기른니라

三삼殤상降강服복之지圖도

		조의동생 장은싀		조의동생누의 장은싀		
	부의사촌 장은싀	부의동생 장은대공 중은칠월 하난소공		부의동생누의 장은대공 중은칠월 하난소공	부의사촌누의 장은싀	
내육촌 장은싀	내사촌 장중은 소공 하난싀	내동생 장은대공 중질월 하난소공	당신	내동생누의 장은대공 중은칠월 하난소공	내사촌누의 장중은 소공 하난싀	내육촌누의 장은싀
	내오촌족하 장은싀	내삼촌족하 장은대공 중칠월 하난소공	자 장은대공 중칠월 하난소공	내삼촌질녀 장은대공 중칠월 하소공	내오촌질녀 장은싀	
		내사촌손자 장은싀	손 적손의장은대공중은칠월하난소공 중손의장파중은소공하난싀	내사촌손녀 장은싀		
			적증현손 상동			

대공의상은중은상을
좃고소공의상은중언
하를좃고재최의상은
중은상을좃고대공의
상은중은하를조ᄎᆞ라

이난처ㅣ남편
의친복을주장
하야이름이라

外외黨당妻처黨당服복之지圖도

상복소의외친은비록
람의게가니라도강차
말나하니라

외조부모 소공

구 소공 어미올아버니처싀

처부모 싀

이모 소공 어미동생이라

외숙의자 싀 곳내종형제라

당신

고모의자 싀 곳외종형제라

이모의자 싀 이른바이종형제자매라

생질 소공 싀누의아달이니처싀

서 싀 곳외생이라

생질녀 소공 누의딸이라

외손 싀 딸의아달이니 며나리갓흐니라

妻도爲위夫부黨당服복之지圖도

남편이조증고조와 밋조모증고조모를 위하야숭중하니와 남편이남의후ㅣ되면다남편의복을좃되본생구고을위하야대공을입으라

부ㅣ남편의복을좃되남편에서한등을강하라

			고조부모 식			
			증조부모 식			
		사촌조고 식	조부모 식 대공	사촌대부모 식		
	오촌고모 식	사촌고모 소공	구 참최삼년 / 고 재최삼년	삼촌숙부모 대공	오촌숙부모 식	
	사촌누의 식	동생누의 소공	남편 참최삼년	동생 소공	사촌 소공	
칠촌질녀 식 가무	오촌질녀 소공 가식	삼촌질녀 불장긔 가대공	자 장재최삼년중불장긔 / 부 적불장긔중대공	삼촌족하 불장긔 부대고	오촌족하 소공 부식	칠촌족하 식
	육촌손녀 식 가무	사촌손녀 소공 가무	손 대공 / 부 식	사촌손자 소공 부식	육촌손자 식	
		오촌손녀 식 가무	증손 식	오촌손자 식		
			현손 식			

믈읏부ㅣ남편의당을복호대상사를당하야내치면버스라

出출嫁가女녀爲위本본宗종降강服복圖도

두계집사람이각각출가하야도두번강치말라

			고조부모 재최삼월			
			증조부모 재최오월			
		조의동생누의 싀	조부모 불장긔	조의동생부모 싀		
	부의사촌누의 싀	부의동생누의 대공	부모 불장긔	부의동생부모 대공	부의사촌부모 싀	
내육촌누의 싀	내사촌누의 대공	내동생누의 대공	당신	내동생 대공 부의후된니를위하야난강치말라 처소공	내사촌 소공	내육촌 싀
		내삼촌질녀 소공		내삼촌족하 대공 부소공	내오촌족하 소공	
				내사촌손자 싀		

爲위人인後후者자爲위本본宗종降강服복圖도

두사람이각각
남의후되야도
두번강치말라

			증조부모 싀			
		조의동생누의 가무 싀	조부모 대공	조의동생부모 싀		
	부의사촌누의 가무 싀	부의동생누의 가소공 대공	부모 불장긔	부의동생부모 대공	부의사촌부모 싀	
내육촌누의 가무 싀	내사촌누의 가무 소공	내동생누의 가소공 대공	당신	내동생 대공 처싀	내사촌 소공	내육촌 싀
	내오촌질녀 가무 싀	내삼촌질녀 가소공 대공		내삼촌족하 부소공 대공	내오촌족하 부무 싀	
		내사촌손녀 가무 싀		내사촌손자 부무 싀		

妾첩 服부 圖도

군 참최삼년

첩이제사천을위하야복함이녀자사람의게가니로더부러갓흐니라

군의부모 (의례)예군의당을위하야복함이여군으로더부러갓다하니라

녀군 재최불장긔

경대부귀첩을위하야싀 사대부첩자식잇난이를싀
여군은첩의게복이업나니라

군의장자 재최삼년

군의중자 재최불장긔

기자 재최불장긔

斬衰三年服(참최삼년복)이라

父(부) 出출繼계한아비 도갓흐니라 祖(조)와 曾祖(증조)와 高祖(고조) 아비죽엇스면(孫)손자(代)대喪상하고(出)출 (繼)계한(祖)조(曾)증(高)고(祖)조다갓흐니라 長(장)

子(자) 三삼代대奉봉 祀사하리라 舅(구) 시아비니出출繼계한 시아비도갓흐니라 夫祖(부조)와 夫曾祖(부증조)와 夫高祖(부고조) 싀조와 싀증조

대싀고조이니남편이代 와喪상하면갓치하라 妾爲君(첩위군) 첩이그남편을 위하야하라

齊衰三年服(재최삼년복)이라

母(모) 繼계母모와出출繼계한母모다갓고庶서子자제어 미를위하야하되承승重중하면降강等등하나니라 祖母(조모)와 曾祖母(증조모)와 高祖(고조)

母(모) 아비죽엇스면孫손자代대喪상하고出출繼계 한祖조母모曾증高고祖조母모ㅣ다갓흐니라 夫祖母(부조모)와 夫曾祖母(부증조모)와 夫(부)

高祖母(고조모) 싀조모와싀증조모와싀고조모ㅣ이남편이代대喪상하면갓치하 고싀繼계祖조母모와증고조모갓고남편出출繼계하면갓치하라 長子(장자)

三삼代대奉봉祀사하리니 그어미와계모다갓흐니라 妾爲君(첩위군)에 長子(장자) 적실아달三삼代대奉봉祀사하리 를위하야그庶스母모도가치하라

齊衰(재최)하고 杖(장)한 期年服(긔년복)이라

父在(부재)에 爲母(위모) 아비잇스면어미를위하되오이려心심喪상三삼年 년하고繼계母모와出출繼계한어미다갓흐니라 父卒祖在(부졸조재)에

爲위祖조母모 아비죽은長장子자가한아비잇스면할미를위하야하고증고조모ㅣ다갓호니라 嫁가母모 아비죽은후改개嫁가한어미니子자식이奉봉祀사하면服복이업나니라 出출母모 내치인어미니子자식이奉봉祀사하면服복이업나니라 妻처 이안해라 舅구在재爲위姑고 싀아비잇스면시어미를위하야하고繼계싀어미와出출繼계한시어미갓호니라

齊재衰최하고杖장아난期기年년服복이라

祖조父부 出출繼계한祖조父부도갓호니라 祖조母모 繼계祖조母모와出출繼계한祖조母모갓고出출嫁가한孫손女녀도降강等등치말라妾첩孫손子자承승重중하면제할미를위하야服복하지말라 伯백叔숙父부와伯백叔숙母모 三삼寸촌이라그안해라 姑고 아비의同동生생누의라 兄형弟제와姊자妹매 同동生생兄형弟제와누의라 衆중子자 모드아달이라 女녀 딸이라 姪질 삼촌족하ㅣ라 嫡적孫손과嫡적曾증孫손과嫡적玄현孫손 응당이봉사하리니그할미도한아비와갓치하라 嫡적婦부 맛며느리라 女녀適적人인者자爲위其기父부母모 出출嫁가한딸이제父부母모를위하야하라 適적人인이爲위其기父부後후者자 출가한누의가아비죽은後후奉봉祀사하난올애비를위하야하라 嫁가母모前전男남편의子자식을爲위하야하라 出출母모제子자식을爲위하야하라 夫부之지姪질 의삼촌족하라 妾첩이爲위女녀君군 남편의正정妻처라 妾첩이爲위君군之지衆중子자 남편의모든아달이라 爲위生생父부母모 出출繼계한아

달本본아비를위하야하라楊양씨儀 / 의에心심喪三상年삼년한다하니라

齊衰한五月服이라

曾祖父와曾祖母 繼계曾증祖조母모갓고出출嫁가한孫손女녀도降강等 / 등치말고出출繼계한曾증祖조父부母모도갓흐니라

齊衰한三月服이라

高祖父와高祖母 繼계高고祖조母모갓고出출嫁가한孫손女녀도降강 / 等치말고출繼계한高고祖조父부母모도갓흐니라

大功九月服이라

從兄弟 四사寸촌兄 / 형弟제라 衆孫 모든孫손子자니그할미 / 도한아비와갓치하라 孫女 손자딸이니그할미 / 도한아비와갓치하라

姪婦 족하며나리니삼촌의댁 / 도그남편파갓치하라 夫之祖父와祖母 의조父부母모니繼계조모갓 / 고출계한조모갓흐니라

夫之伯叔父와伯叔母 의아비동생 / 파그안해라 本生舅姑 출재자의안해生생의 / 부모을위하야하라

小功五月服이라

從祖父와從祖母 한아비同동生 / 생파그안해라 從祖姑 한아비 / 누의라 從叔父와從叔母 아비 / 의사

촌과 그 안해라 從姑(종고) 아비의 사촌누의라 再從兄弟(재종형제)와 再從姊妹(재종자매) 눅촌형제와 누의라 從姪(종질) 오촌족하라 從孫(종손) 사촌손자라 嫡孫婦(적손부)와 嫡曾孫婦(적증손부)와 嫡玄孫婦(적현손부) 응당이 奉祀(봉사)할 者(자)의 안해니 할미도 한아비와 갓치하라 嫂(수) 同生(동생)의 안해라 外祖父(외조부)와 外祖母(외조모) 어미 父母(부모)라 舅(구) 어미 올애비라 內從母(내종모) 어미 同生(동생)이라

甥(생) 누의 자식이라 夫之姑(부지고) 싀아자미니 出嫁(출가)하야도 降等(강등)하지 말라 夫之兄弟(부지형제)와 妻(처) 싀同生(동생)과 그 안해라 夫之(부지) 姊妹(자매) 싀누의니 出嫁(출가)하야도 降等(강등)치 말라 夫之從姪(부지종질) 싀五寸(오촌) 족하라 夫之從孫(부지종손) 싀사촌손자라

緦麻三月服(시마삼월복)이라

曾大父(증대부)와 曾大母(증대모) 증조의 동생과 그 안해라 曾大姑(증대고) 증조의 누의라 族祖父(족조부)와 族祖母(족조모) 한아비의 사촌과 그 안해라 族祖姑(족조고) 한아비 사촌누의라 族叔父(족숙부)와 族叔母(족숙모) 아비의 눅촌과 안해라 族姑(족고) 아비의 눅촌누의라 三從兄弟(삼종형제)와 三從姊妹(삼종자매) 八寸(팔촌)兄(형)弟(제)와 누의라 再從姪(재종질) 칠촌족하라 曾孫(증손)과 玄孫(현손) 그 할미도 한아비와 갓치하라 從曾孫(종증손) 同生(동생)의 曾孫(증손)이라 再從孫(재종손) 사촌의 손자라 從姪婦(종질부) 오촌족하의 안해라 衆孫婦(중손부) 그 할미도 한아비와 갓치하라 從兄弟之妻(종형제지처) 사촌의 안해니 國(국)制(제)에 緦(싀)니라 從孫婦(종손부) 사촌손자의 안해라 庶母(서모) 아비의 妾(첩)이

자식잇난니라 乳母유모 날젓먹여기르니라 妻父처부와 妻母처모 안해의부모니妻처母모가비록改개嫁가하고넷첫서도降강服복하지말라 婿서 사위라 外孫외손과 外孫婦외손부 외할미도외한아비와갓치하라 舅妻구처 외삼촌의안해니國국制제의緦싀니라 甥姪婦생질부 누의자식에안해라 姨從姪婦이종질부 출가한니제게집동생의자식에안해니라 姨從兄弟이종형제와 姊從姨妹이종자매 어미同동生생의아달파딸이라 外從兄弟외종형제 아비누의에자식이라 內從兄弟내종형제 어미을아비의자식이라 本生外祖父母본생외조부모 출계한자제본생외조부모를위하야하라 夫之曾祖父부지증조부와 曾祖母증조모 싀증조父부母모니출게한증조부모도갓호니라 夫之高祖父부지고조부와 高祖母고조모 싀고조부모니출게한고조부모도갓호니라 夫之從祖父부지종조부와 從祖母종조모 싀한아비동생파그안해라 夫之從祖姑부지종조고 싀한아비동생누의라 夫之從叔父부지종숙부와 從叔母종숙모 싀五오촌아자비와그안해라 夫之從姑부지종고 싀오촌아자미라 夫之從兄弟부지종형제와 妻처 싀사촌과그안해라 夫之從姊妹부지종자매 싀사촌누의니출가하야도降강等등치말라 夫之再從姪부지재종질 싀七칠寸촌족하라 夫之從曾孫부지종증손 싀동생의증손이라 夫之再從孫부지재종손 싀사촌의손자라 夫之從姪婦부지종질부 싀오촌족하의안해라 夫之從孫婦부지종손부 싀사촌손자의안해라 夫之外祖父부지외조부와 外祖母외조모 싀외조부모라 夫之內舅부지내구 싀어미올아비라 夫之內從母부지내종모 싀어미동생이라

(備要)에出嫁한게집사람이제四寸兄弟의안해를爲하야 服이
잇슬뜻하다하니라 ○女君이(남편의正妻라) 妾의게服이업고두妾은
서로服한다하니라

殤의服이라

물웃殤服은次례로써한等을나리우니나히 十九로붓터 十六
까지 長殤이되고 十五로十二까지中殤이되고십一로八歲까
지下殤이되나니 男子장가든이와 女子서방마즌이난다殤이
되지안이하나니라

降等한服이라

물웃出繼한아달과出嫁한딸이다 그本生父母를爲하야 한等
을나리고그本生父母도그子와女를爲하야 함이갓흐니라 ○

두사람이各各出繼하야도 두번降等치말라 ◯두게집사람이 各各出嫁하야도 두번降等치말라 ◯外家권당은비록出繼하야도降等치말라 妾이제私親을爲하야 모든사람과갓치하라 心喪三年이라

父在에爲母(아비잇스매어미를위하야하고 嫡母와繼母갓호니라) 嫡孫이祖在에爲祖母(嫡孫이한아비잇스매할미를위하야하고증고祖母다갓호니라) 出母(내친어미니제子식이위하야하고그며나리도갓치하라) 嫁母(개가한어미니제子식이위하야하고그며나리도갓치하라) 本生父와本生母(出繼한子식이그본생부모를위하야하고그며나리도갓치하라)

舅在에爲姑(싀아비잇스매싀어미를위하야하고출게한싀어미도갓호니라) 庶子爲父後者가爲其母(庶子承嫡하니제어미를위하야하고그며나리도갓치하라)

(禮記)에(王肅)이갈오대스승과弟子服이업고吊服과加麻(環絰이라)로臨하야寢에운다하고(程子)갈오대맛당이情의厚薄과섬기

기大小로써處한다하시고(栗谷)이 갈오대스승은그情과義에
얏고깁흠을따라서或心喪三年하고 或期年하고 或九月하고
或五月하고 或三月하고 벗은비록가장重하나三月에지내지
안난다하시니라

만일重喪을벗지못하야서 輕喪을만나면 그服을지어울고朔
日이어든位를設하야 그복을입고울고도로重服을입엇다가
그버슬제또輕服을입고울라

喪상禮례諺언解해卷권之지二이 終

附祝文式 (부축문식)

啓殯祝 (계빈축) 發靷前一日에 因朝奠

今以吉辰遷柩敢告 (금이길신천구감고) 妻弟以下에난 云玆告

朝祖祝 (조조축) 無家廟則不行이라

請朝祖 (청조조) 銘旌이先行하고魂箱이次之하고主人以下ㅣ哭從至祠堂前하야置魂箱于席立哭하고還魂箱銘旌하라

遷柩就廳事祝 (천구취청사축)

請遷柩于廳事 (청천구우청사) 無廳事則不得如禮요 告曰請遷柩略加移動

祖奠祝 (조전축) 日晡時祭

永遷之禮靈辰不留今奉柩車式遵祖道 (영천지례령신불류금봉구거식준조도) 儀가朝奠 파如흡

遷柩就轝祝 (천구취여축)

今遷柩就轝敢告 (금천구취여감고) 主人以下哭從하라

遣奠祝 (朝奠파 如喜)

靈輀旣駕往卽幽宅載陳遣禮永訣終天

開塋域祠土地祝

維歲次干支某月干支朔某日干支某官 (無官則幼學이라稱함) 姓名敢昭告于

土地之神今爲某官 (無官則學生이라稱함下並倣此라) 姓名 (或某封某氏라) 營建宅兆 (南溪曰祔葬엔改今以祔某)

(祔葬于某地云이라) 神其保佑俾無後艱謹以淸酌脯醢祗薦于神尙饗

告先塋祝

維歲次干支某月干支朔某日干支某親名敢昭告于

顯某親某官府君 (或某封某氏라) 之墓今爲某代孫 (隨屬稱하라) 某官 (內喪이면某封某氏) 營

建宅兆 (合窆이면合窆于某官之墓라云함) 謹以酒果用伸虔告謹告

告先葬祝 (合窆에用之라親喪合祔에其奠酌則使人爲之亦可라)

維歲次干支某月干支朔某日干支孤哀子(유세차간지모월간지삭모일간지고애자) 承重에孤哀孫이라稱하고 旁親卑幼에隨稱하라 某(모)

弟以下난不名 敢昭告于(감소고우) 弟以下난但云告于라홈

顯考(현고) 母先葬에顯妣라云하고承重엔顯祖考或顯祖妣라云홈 고旁親卑幼에隨稱하라卑幼난顯을改하야亡하라 某官府君(모관부군) 卑幼엔府君二字를去홈

之墓某罪逆凶釁(지묘모죄역흉흔) 旁親卑幼喪은某罪以下五字를去하라

先妣(선비) 先考或先祖考先祖妣 旁親卑幼隨屬稱이라 見背(견배) 卑幼엔見背를喪逝라홈 日月不居葬期已屆將以某(일월불거장기이계장이모)

月某日祔(월모일부) 母先葬엔改祔爲合封이니旁親卑幼皆倣此 于(우) 墓左(묘좌) 母先葬엔改左爲右니旁親卑幼喪에皆倣此 昊天罔極(호천망극)

旁親卑幼喪엔昊天罔極四字를다른말노꼿치라 謹以(근이) 弟以下난玆以라홈 酒果用伸虔告謹告(주과용신전고근고) 弟以下난用伸以下六字를끈처用

告厥由라홈

平土後祠土地祝(평토후사토지축)

維歲次干支某月干支朔某日干支某官姓名敢昭告于(유세차간지모월간지삭모일간지모관성명감소고우)

土地之神今爲某官姓名(토지지신금위모관성명) 或某封某氏라 窆玆幽宅(평자유택) 神其保佑俾無後艱(신기보우비무후간)

謹以淸酌脯醢祗薦于神尙饗 (근이청작포혜지천우신상향)

題主祝 (제주축)

維歲次干支某月干支朔某日干支孤子 (유세차간지모월간지삭모일간지고자) 母喪엔哀子라하고承重이면孤孫、父母俱亡엔孤哀子라하고哀孫、孤哀孫이라하고○卒哭以後난孝子孝孫이라稱홈 某敢昭告于 (모감소고우) 妻弟以下난不用敢字라

顯考 (현고) 母엔顯妣某封某氏요承重엔顯祖考或顯祖妣某封某氏요妻엔夫昭告于亡室이요兄엔顯兄이요弟엔兄告于弟요子엔父告于亡子某요夫엔主婦某氏敢昭告于顯辟이요舅姑에子婦某氏敢昭告于顯舅顯姑라하나니凡祭에皆同이라 某官府君形歸窀穸神返室堂神主 (모관부군형귀둔석신반실당신주)

旣成伏惟尊靈 (긔성복유존령) 妻弟以下엔但云惟靈 舍舊從新是憑是依 (사구종신시빙시의) 만약神主가未成이면墳墓旣成或은改以他語라

虞祭祝 (우제축)

葬日에日中而虞하나니或墓遠하야去家經宿則所館에行之하고不出是日이可也니라

維歲次干支某月干支朔某日干支孤子 (유세차간지모월간지삭모일간지고자) 同餘上난 敢昭告于 (감소고우) 同餘上난

顯考某官府君日月不居奄及初虞 (현고모관부군일월불거엄급초우) 再虞와三虞의各隨其時하라 夙興夜處哀慕 (숙흥야처애모)

不寧 (불녕) 告子엔云悲念相屬心焉如燬요告弟엔云悲痛猥至情何可處요告兄엔悲痛無己至情如何요告妻云悲悼酸苦不自勝堪이니虞卒小大祥禪에皆倣此라

謹以(근이) 卑幼엔 改以 淸酌庶羞哀薦(청작서수애천) 旁親엔 薦此요 妻弟子엔 陳此라 흠 祫事(흡사) 再虞엔 虞事요 三虞엔 成事라 云흠 尙饗(상향)

再虞祝(재우축) 遇柔日(乙丁巳辛癸)하면 再虞하나니 或墓遠하면 亦於所館에 行之라 祝文은 初虞祝에 보라

三虞祝(삼우축) 遇剛日(甲丙戊庚壬)하면 三虞하나니 墓遠하야 途中에서 剛日를 當하야도 且闕之하고 至家行之니라 ○祝文언 初虞祝에 보엿나니라

卒哭祝(졸곡축) 三虞後剛日에 行之니 卒哭은 必竢三月하라

維歲次干支某月干支朔某日干支孤子(유세차간지모월간지삭모일간지고자) 同餘上난 某敢昭告于(모감소고우) 同餘上난

顯考(현고) 同餘上난 某官府君日月不居奄及卒哭夙興夜處哀慕不寧(모관부군일월불거엄급졸곡숙흥야처애모불녕) 同餘上난

謹以(근이) 同餘上는 淸酌庶羞哀薦(청작서수애천) 同餘上는 成事來日隮祔于(성사래일제부우)

祖考(조고) 亡者之祖在則高祖考니 內喪에도 亦推此라 某官府君尙饗(모관부군상향)

祔祭時出主告辭(부제시출주고사)

孝曾孫某(효증손모) 만약 喪상主주 宗종子자가 아니면 宗종子자로 隨수稱칭이라 今以隮祔先考(금이제부선고) 內내喪상에 ○先선妣비云운

宗종子자가 主주祭제라 즉 隨수屬속稱칭이라 有事于(유사우)

顯曾祖考某官府君(현증조고모관부군) (內喪則顯曾祖妣某封某氏내상즉현증조비모봉모씨이라) 敢請(감청)

顯曾祖考(현증조고)

顯曾祖妣(현증조비) (만약前後配즉列書하고內喪에는다만祖妣位만請하니二人이상되면所生親者位를쓰라) 神(신)

主出就于座(주출취우좌) (만약支子家行事즉혹改以孫某廳事사라또는未得奉主以行즉紙榜을쓰라)

奉新主告辭(봉신주고사)

請(청) 主詣祠堂(주예사당) (혹正寢廳事이니隨所設稱이라)

祔祭祝(부제축) (卒哭明日以其班祔니孫祔于祖요祖若生存則祔于高祖라)

維歲次干支某月干支朔某日干支孝曾孫(유세차간지모월간지삭모일간지효증손) (宗子主祭則隨宗子所稱이라) 某謹以淸(모근이청)

酌庶羞適于(작서수적우)

顯曾祖考(현증조고) (宗子主祭隨稱) 某官府君隮祔孫(모관부군제부손) (不名) 某官(모관) (祔母엔適于顯曾祖妣某封某氏隮祔孫婦某封某氏라)

尙饗(상향)

告亡者祝(고망자축)

維歲次干支某月干支朔某日干支孝子(유세차간지모월간지삭모일간지효자) 承重파傍親卑幼에隨屬稱 喪主非宗子則隨宗子所稱 ○一若

某(모) 弟以下엔不名 謹以(근이) 妻弟以下엔兹以라 淸酌庶羞哀薦(청작서수애천) 傍親엔薦此요 弟以下엔陳此 祔事于(부사우)

顯考(현고) 承重엔顯祖考或顯祖妣某封某氏요 母엔顯妣某封某氏요 傍親에隨屬稱 某官府君適于(모관부군적우)

顯曾祖考某官府君(현증조고모관부군) 母엔云適于顯曾祖妣某封某氏라 尙饗(상향)

小祥祝(소상축) 朞而小祥이니凡十三月에不計閏이라

維歲次干支某月干支朔某日干支孝子(유세차간지모월간지삭모일간지효자) 屬稱見上 某敢昭告于(모감소고우) 餘난見上

顯考某官府君日月不居奄及小祥(현고모관부군일월불거엄급소상) 大祥엔大祥이라합 夙興夜處哀慕不(숙흥야처애모불)

寧(녕) 告子와告弟와告兄파告妻엔虞祭祝에가보라 謹以(근이) 見上 淸酌庶羞哀薦(청작서수애천) 傍親及妻弟以下에措語난見上 常事(상사)

尙饗(상향) 大祥엔大祥事라합

大祥祝(대상축) 再朞而大祥이니自喪至此凡二十五月에不計閏이라祝文은小祥祝에보라

禫祭祝(담제축) 大祥後에間一月計閏而擇日行之니라

維歲次干支某月干支朔某日干支孝子上同某敢昭告于上同
(유세차간지모월간지삭모일간지효자 모감소고우)

顯考上同某官府君日月不居奄及禫祭夙興夜處哀慕不寧上同謹以
(현고 모관부군일월불거엄급담제숙흥야처애모불녕 근이)

上同淸酌庶羞哀薦上同禫事尙饗
(청작서수애천 담사상향)

吉祭祝(길제축) 禫後踰月而吉이니支子난無

前一日改題主告辭
(전일일개제주고사)

維歲次干支某月干支朔某日干支五代孫某敢昭告于
(유세차간지모월간지삭모일간지오대손모감소고우)

顯五代祖考某官府君
(현오대조고모관부군)

顯五代祖妣某封某氏
(현오대조비모봉모씨)

顯高祖考某官府君
(현고조고모관부군)

顯高祖妣某封某氏
(현고조비모봉모씨)

顯曾祖考某官府君 (현증조고모관부군)

顯曾祖妣某封某氏 (현증조비모봉모씨)

顯祖考某官府君 (현조고모관부군)

顯祖妣某封某氏玆以先考某官府君喪期已盡禮當遷主入廟 (현조비모봉모씨자이선고모관부군상기이진례당천주입묘)

顯五代祖考某官府君 (현오대조고모관부군)

顯五代祖妣某封某氏親盡神主當祧 (현오대조비모봉모씨친진신주당조)

顯高祖考某官府君 (현고조고모관부군)

顯高祖妣某封某氏 (현고조비모봉모씨)

顯曾祖考某官府君 (현증조고모관부군)

顯曾祖妣某封某氏 (현증조비모봉모씨)

顯祖考某官府君 (현조고모관부군)

顯祖妣某封某氏神主今將改題世次迭遷不勝感愴謹以酒果用
(현조비모봉모씨신주금장개제세차질천불승감창근이주과용)

伸虔告謹告
(신건고근고)

親盡埋主祝
(친진매주축)

維歲次干支某月干支朔某日干支五代孫某敢昭告于
(유세차간지모월간지삭모일간지오대손모감소고우)

顯五代祖考某官府君
(현오대조고모관부군)

顯五代祖妣某封某氏玆以先考某官府君喪期已盡禮當遷主入
(현오대조비모봉모씨자이선고모관부군상기이진례당천주입)

廟先王制禮祀止四代心雖無窮分則有限
(묘선왕제례사지사대심수무궁분즉유한)

神主當祧埋于墓所 [遷于最長房則以爲遷于某親某房이라] 不勝感愴謹以淸酌庶羞百
(신주당조매우묘소 불승감창근이청작서수백)

拜告辭尙 饗
(배고사상향)

合祭祖以上祝
(합제조이상축)

維歲次干支某月干支朔某日干支孝玄孫 [孝曾孫 又 난 孝孫] 某敢昭告于
(유세차간지모월간지삭모일간지효현손 모감소고우)

顯高祖考某官府君 (현고조고모관부군)

顯高祖妣某封某氏 (현고조비모봉모씨) 曾祖考妣와祖考妣의隨屬稱 某罪逆不滅歲及免喪世次迭遷 (모죄역불멸세급면상세차질천)

昭穆繼序先王制禮不敢不至 (소목계서선왕제례불감불지) 父先七而母喪畢則世次以下十六字를改以云時維仲春(仲夏仲秋仲冬各隨時)追遠感

時不勝永慕라함 謹以淸酌庶羞祗薦歲事尙 饗 (근이청작서수지천세사상 향)

埋祧主時祝 (매조주시축)

維歲次干支某月干支朔某日干支五代孫某敢昭告于 (유세차간지모월간지삭모일간지오대손모감소고우)

顯五代祖考某官府君 (현오대조고모관부군)

顯五代祖妣某封某氏之墓世次迭遷 (현오대조비모봉모씨지묘세차질천)

神主已祧情雖無窮分則有限式遵典禮埋于 (신주이조정수무궁분즉유한식준전례매우) 墓側不勝感愴謹 (묘측불승감창근)

以酒果用伸虔告謹告 (이주과용신건고근고)

祧主改題祝 (조주개제축) 最長房이遷奉至家日에改題

維歲次干支某月干支朔某日干支玄孫(曾孫又孫)某敢昭告于

顯高祖考某官府君

顯高祖妣某封某氏(曾祖考妣와 祖考妣의 隨屬稱하라)今以孝玄孫某喪制已畢宗子

親盡

顯高祖考

顯高祖妣神主已祧當以次長奉祀 神主今將改題謹以酒果用

伸虔告謹告

忌祭祝 (前一日의 齋戒하라)

出主告辭 (神主無之則 不用이라)

今以

顯考某官府君(母云顯妣某封某氏니 祖考妣以上의 隨屬稱)遠諱之辰(妻弟以下엔 云亡日)敢請(妻弟以下엔 不用敢字라)

顯考某官府君 (현고모관부군)

顯妣某封氏神主出就正寢 (현비모봉씨신주출취정침) 或廳事난房室 又 恭伸追慕 (공신추모) 妻弟以下엔云追伸情禮

維歲次干支某月干支朔某日干支孝子 (유세차간지모월간지삭모일간지효자) 孫曾玄孫隨稱 某敢昭告于 (모감소고우) 弟以下엔不名

이요妻弟以下엔不用敢字라

顯考某官府君 (현고모관부군)

顯妣某封某氏 (현비모봉모씨) 曾高祖考妣隨稱 歲序遷易 (세서천역)

顯某位諱日復臨 (현모위휘일부임) 妻弟以下엔云亡日復至 追遠感時昊天罔極 (추원감시호천망극) 祖以上엔不勝永慕라하고傍親엔追遠以下를改稱不勝感愴이요妻弟以下엔感愴을改以他語하라

謹以清酌庶羞恭伸奠獻尙饗 (근이청작서수공신존헌상향) 妻弟以下엔謹以를玆以라하고恭伸奠獻을改以伸此奠儀라함

祧墓歲一祭祝 (조묘세일제축)

維歲次干支某月干支朔某日干支幾代孫某敢昭告于 (유세차간지모월간지삭모일간지기대손모감소고우)

顯幾代祖考某官府君(合祭則列書)之墓歲薦一祭禮有中制履玆霜露彌增感慕謹以淸酌時羞祗薦歲事尙 饗

祀土地祝

維歲次干支某月干支朔某日干支某官姓[illegible]敢昭告于土地之神某恭修歲事于顯幾代祖考(或祖妣某封某氏)某[illegible]之墓維時保佑實賴 神休敢以酒饌祗薦于 神尙 饗

孝子(孫) 某居在他所不及來得將事屬某敢昭告于

孝子孫、曾孫

孝子(孫)某居在他所不及來得將事屬某敢昭告于

喪禮諺解跋이라

古今喪禮之書ㅣ在在備矣而一出於天理之節文과人事之[illegible]

也卽古人之所當講行者而此德信正喪禮諺解ㅣ亦其一書[illegible]

最於治喪之儀節에 易知易行者故로 余嘗愛讀하야不[illegible]

而有間也라 擬欲廣布호대 緩晩無由러니 金君[illegible]

志에 乃與全君炳壽로 合謀發刊하니 是書也ㅣ[illegible]

要而先賢之序跋文이已備하야 其所以敬之信之者ㅣ[illegible]

矣온況挽近喪禮不講之日에 不幸遭艱之家ㅣ[illegible]

에詳考此解而行之면 節文儀則이 簡便無差而[illegible]

이庶乎無憾이요 終乃林放問禮之本에 聖人寧戚之[illegible]

矣니願一邦之孝子는 共覽而詳之하라

甲戌仲冬日에 完山後人李學謹은 謹跋하노라

昭和十年一月十四日印刷
昭和十年一月十六日發行

定價 一圓五十錢
送料 十六錢

喪禮諺解
版權所有

著作兼發行者 京城府堅志洞三二 金泳[illegible]
校閱者 忠北清州郡江西面內谷里 李學根
發行者 京城府貫鐵洞一七〇 全炳壽
印刷者 京城府堅志洞三二 金鎭浩
印刷所 京城府堅志洞三二 漢城圖書株式會社

發行所 京城府堅志洞三二 漢城圖書株式會社
振替京城七六六〇番

喪禮諺解 五

國漢文喪禮

附祭禮祝文
懸弔書式

서언(緖言)

므릇(凡) 인(人)이 생(生)하면 상(喪)하고 상(喪)하면 장(葬)하고 장(葬)하면 제(祭)함은 곳(即) 가(家)々인(人)々이 실(實)로 당(當)하난 바이니 가(可)히 피(避)치 못하고 또 가(可)히 폐(廢)치도 못할 것이라 녯 성인(聖人)이 례(禮)로 써(以) 절차(節次)하고 글(文)로 써(以) 발키사 세(世)々 인족(人族)으로 하야곰 그(其) 신종추원(愼終追遠)하난 지극(至極)한 뜻(意)을 극진(極盡)하게 하셧스나 글(文)은 한문(漢文)과 언문(諺文) 량건(兩件)의 달음(異)이 잇고 사람(人)은 사농공상(士農工商) 사민(四民)의 달음(異)이 유(有)하야 오직 한문(漢文)은 이(是) 선배의 본대 종사(從事)하난 바인즉(則) 어경어례(於經於禮)에 장황(張皇)히 더할 말이 업고 농공상(農工商)도 또 각々(各々) 뜻(意)에 잇서 례(禮)를 조화하니 아름답(美)고 성(盛)하도다 또 언문(諺文)은 사민(四民)으로부터 부녀동치(婦女童穉)와 여대하천(輿儓下賤)에 일으히 관통(貫通)치 아님이 업고 한문(漢文)에는 다(皆) 능(能)치 못하니 이난 우리 동방(東方)의 습류(習謬)한 풍속(風俗)이라 그(其) 봉(奉)선(先)한 정성(精誠)은 귀천(貴賤)이 일반(一般)인 고(故)로 매양(每樣) 상장제례(喪葬祭禮)를 당(當)하면 바록 마음엔 사랑하고 조히 녀기나 한문(漢文)에 구애(拘礙)하야 문득 뜻만 잇고 어더 그(其) 례(禮)를 극진히 못하난 재(者) 만하니 엇지 겸탄(慊歎)치 아니리오 이제 상장제례경(喪葬祭禮經)을 가저 언문(諺文)으로 써 번역(飜譯)하야 써 상고(詳考)하야 열람(閱覽)하기 자상(仔詳)케 하니 그 유지(其有志)하고 그 례(其禮)를 극(極)진이 못하난 이에게 유조(有助)할진저

래산거사규원서(萊山居士奎垣序)

언문상례목차 (諺文喪禮目次)

언문상례목차 종

언문상례(諺文喪禮)

부제례축문위문서식(附祭禮祝文慰問書式)

유언(遺言)

병환(病患)이 침중(沈重)하야 엇지할수업시 위태(危殆)한 디경(地境)이어든 집안이 요란(擾亂)히 말고 내외(內外)가 안정(安靜)히 하야 병자(病者)에게 무슴할말이 잇는가 물어서 자세(仔細)긔록(記錄)하야 두는것이 이것을 유언(遺言)이라 하나니라

운명(殞命)

남자(男子)는 녀자(女子)의 손에 운명(殞命)을 아니하고 녀자(女子)는 남자(男子)의 손에 운명(殞命)을 아니하는것이 례법(禮法)인 고(故)로 운명(殞命)할승시(乘時)하야 잠간피(暫間避)하나니라

수시(收尸)

운명(殞命)하거든 새솜으로 입과 코를덥고 새의 의복(衣服)을 덥허서 긔식(氣息)이 아조 끈어진후(後)에 남녀(男女)가 곡지통(哭之痛)하고 수시(收尸)하나니 백지(白紙)와 새솜으로 면상(面上)을 덥고 두상(頭上)을 단정(端正)히 괴여 빗두러지게

말고백지(白紙)로두억개를단々히동이고두팔과두손길을정직(正直)하게펴서두손을모도와놋코두다리를곳게펴놋코두발길을단정(端正)히모와백지(白紙)로단々히동이여어그러지게말고이불(여름에는홋이불)로덥고다시곡(哭)하야긋치고

고복(皐復)

사환(使喚)이(안상사(喪事)에는녀사환(女使喚))망인(亡人)의옷옷을(남자는주의(周衣)녀자는적삼(赤衫))왼편(左便)손으로옷깃을잡고우편(右便)손으로옷허리를잡고집웅에올나서々북향(北向)하야두루며크고길게불너갈오되학생(學生)모공(某公)(유관작(有官爵)하면모관(某官)모공(某公)안상사(喪事)에는유인(孺人)모관(某貫)모씨(某氏)남편의직품(職品)을좃차모부인(某夫人)모관(某貫)모씨(某氏))복(復)ㅣ복(復)ㅣ복(復)세번을련(連)하야불으고그옷은가저다가시톄(尸體)우에덥고무수(無數)히곡지통(哭之痛)하고시톄(尸體)를시상(尸床)에뫼실새머리는남편(南便)으로두고시톄(尸體)상하(上下)를정직(正直)하게단々히동이여편사(偏斜)케말고이불덥고병풍(屛風)으로돌나막어외풍(外風)쏘이지말게하라

발상(發喪)

맛아들이죽어업고맛손자(孫子)가잇스면승중(承重)으로주상(主喪)이되고자녀(子女)와자부(子婦)가다피발(被髮)하되

출계(出繼)한아들과출가(出嫁)한딸은피발(被髮)아니하고부인(夫人)이남편상사(喪事)에는피발(被髮)하나니라
남자(男子)단면(袒免)(엇개엇메는것)하고내외상인(內外喪人)들은곳집벼개와집자리에거처(居處)하고상인(喪人)은
흰도포(道袍)혹(或)흰주의(周衣)를입으되부상(父喪)에는왼편(左便)엇개를엇메우고모상(母喪)에는오른편(右便)엇개를엇
메우고복인(服人)들은금은패물화려(金銀佩物華麗)한의복(衣服)을폐지(廢止)하나니라

부고(訃告)

친척지구(親戚知舊)에게부고(訃告)하나니라 부고서식(訃告書式)은하장(下章)에재(在)함

습렴절차의식(襲斂節次儀式)

습렴(襲斂)은긔구(器具)잇스면당일(當日)이라도하고그러치못하면그때사긔(事機)대로좃차서하고습렴(襲斂)한
후(後)에상인(喪人)은피발(被髮)한머리를다거두어꼿고뵈두건(布頭巾)쓰고뵈중단(布中單)입고즉시(卽時)미음(米飮)으로뎐(奠)을
드리되생시(生時)와갓치밥상(食床)에올니나니라

목욕습렴반함제구(沐浴襲斂飯含諸具)

향탕수(香湯水)혹(或)애탕수(艾湯水) 분(盆)둘(二)(향탕수(香湯水)담을그릇)하나식(一式)시톄상하(尸體上下)에각々(各々) 수건(手巾)셋(三)머리와

시톄상하(尸體上下)에 각々(各各) 하나식(式) 빗(櫛) 당긔(唐只) 버드나무비녀(안상사(喪事) 소용)

습렴(襲斂)

적삼(赤衫) 속것(裡衣) 적고리(赤古里) 바지(袴) 토수(吐手) 보션(襪)·단임(端任) 허리띄(腰帶) 행전(行纏) 중치막(中致莫) 심의(深衣) 조대(條帶) 대대(大帶) 망근(網巾) 복건(幅巾) 멱목(幎目)
악수(握手) 충이(充耳) 오낭(五囊) 신(履)
(오낭(五囊) 하나는 목욕(沐浴)한 머리털(頭髮)을 담고 둘은 좌우(左右) 손톱(手爪甲)을 담고 또 둘(二)은 좌우(左右) 발톱(足爪甲)을 담는이
녀자수의(女子壽衣)는 뎍삼(赤衫) 적고리(赤古里) 홍황록삼작(紅黃綠三作) 속옷(裡衣) 바지(袴) 단속것(大裡衣) 큰허리띄(大腰帶) 청상(青裳) 홍상(紅裳) 원삼(圓衫) 조(條)라)
대(帶) 대대(大帶) 과두(裹頭) 멱목(幎目) 악수(握手) 버드나무비녀(柳木簪) 오낭(五囊) 신(履)

반함(飯含)

버드나무숫가락(柳木匙) 하나(一) 백미한홉(白米一合) 무공주(無孔珠) 세개(三個)
사환(使喚)이(안상사(喪事)에는 녀사환(女使喚)) 향탕(香湯)을 가저오거든 상인이하(喪人以下)가 다 장밧게(帳外) 나아와 북향(北向)하야 곡(哭)하고 사환(使喚)이 그 시톄(尸體) 병시(病時)에 입엇든 의복(衣服)과 초혼(招魂)한 의복(衣服)을 다 벗기고 새솜으로 향탕(香湯)수(水)를 찍어서 미리털을 목욕(沐浴)하야 빗질하고 수건(手巾)으로 싸서 말녀 당긔(唐只)로 동여 상투 짜고

(녀자상사(女子喪事)에는탕긔로동이여버드나무비녀로쪽지나니라)시톄상하(尸體上下)를목욕(沐浴)할재향(香)탕(湯)으로각그릇(各器)슈건(手巾)도상하(上下)각々(各各)쓰고손톱발톱(手甲足甲)을비여좌우(左右)를각々(各各)분변(分辨)하고오낭(五囊)에너엇다가입관시(入棺時)에가져녓코젹삼속것(赤衫裡衣)입히고보션(襪)신기고망건(網巾)쓰이고이불로덥허노코집사(執事)하는이가수의복(壽衣服)을상세(詳細)히하야가지고사환(使喚)으로더부러생시의식(生時儀式)과갓치할재몬저습상(襲床)을(정한침석(精寢席))베펴노코심의중치막적고리(深衣中致莫赤古里)함게셔서정々(正正)이펴노코바지(袴)입히고보선(襪)대임행전요대(端任行纏腰帶)를다매이고사환넷(使喚四人)이시톄상하(尸體上下)를일뎨(一齊)히들어서심의중치막적고리(深衣中致莫赤古里)셔서펴노흔데아래로부터차々(次次)우흐로치미러좌우손(左右手)을옷소매로들여보내고염의여도매지는말고졸습(卒襲)하기를기다리며도로이불덥고뎐(奠)을올니라배례(拜禮)는업나니라대(代)곡(哭)을시작(始作)하야끗이지말라

설뎐(設奠)

주과포혜(酒果脯醯)우포좌혜(右脯左醯)생시(生時)와갓치집사(執事)가손씻고잔(盞)을나고상인이하(喪人以下)가애곡(哀哭)하고맛상인(喪人)이반함(飯含)하나니라

반함(飯含)

상인(喪人)이 손씻고 무공주(無孔珠) 담은 그릇(器)을 받들고 사환(使喚)은 백미(白米) 담은 그릇(器)에 버드나무(柳木) 숫가락(匙)을 쪼자가지고 들어가서 멱건(幎巾)으로 시톄(尸體) 면상(面上)을 덥고 상인(喪人)은 시톄(尸體) 동편(東便) 발채로 서편(西便)으로 좃차올나와서 동면(東面)하야 안저서 시면(尸面) 덥흔 멱건(幎巾)을 들고 버드나무(柳木) 숫가락(匙)으로 쌀(米)을 조곰(少許) 써서 입(口) 우편(右便)에 넛코 겸(兼)하야 무공주(無孔珠) 한개를 넛코 또 입(口) 왼편(左便)에 쌀(米)과 무공주(無孔珠) 일개(一介)를 넛코 또 입(口中) 가온대 쌀(米)과 무공주(無孔珠) 일개(一介)를 넛코 례필(禮畢)에 상인(喪人)은 도로 나오고 사환(使喚)이 재솜을 면주(綿紬)에 싸서 텩아래를 보공(補空)하고 복건(幅巾) 쓰이고 충이(充耳)(새솜으로 좌우귀를 막음)하고 멱목(幎目)덥고 신(履) 싱기고 심의(深衣)를 거두어 염의 되올은편으로 염의고 됴대(條帶) 대대(大帶)를 동심결(同心結)로 매고 악수(握手)를 매나니 이것이 졸습례필(卒襲禮畢)이니라 도로이 불덥히 상(床)에 뫼시나니라

소렴례식(小斂禮式)

소렴(小斂)은 사망(死亡)한지 뎨이일(第二日)이라 렴포(斂布)이 십척(二十尺)(침척(針尺)) 소렴금(小斂衾)은 주단(紬緞)혹(或) 마포(麻布)로 상복(上服)혹(或) 산의(散衣) 혹(或) 뎐용(顚用)혹(或) 도용(倒用)하되 상의(上衣)는 도용(倒用)못하고 집사(執事)가 몬저 소렴상(小斂床)(정(精)한 침석(寢席))을 베풀고 그다

음은렴포(斂布)횡매(橫布)네폭반(四幅半)(매전폭두끗을(每全幅兩端)벽렬(劈裂)하니좌우(左右)가각구편(各九片))다음은장포(長布)한폭(一幅)을노코상하(上下)두끗을(兩端)벽렬(劈裂)하니상하(上下)가다이편(二片)이오그다음은상복(上服)(생시입든옷옷)혹산의(或散衣)혹(或)뎐용(顚用)혹도용(或倒用)(적고리(赤古里)를아래쪽으로놋는단말)이상절차(以上節次)와갓치하야노흔후자뎨(子弟)가시례(尸體)를밧들아서설비(設備)한우에안정(安定)히뫼시고벼개는내여노코옷을접어서시례(尸體)머리를반듯하게괴이고재솜으로량편(兩便)여개를보공(補空)하야좌우(左右)량끗(兩端)을거두어매고또량편(兩便)다리를옷으로보공(補空)하야두발끗이며시례상하(上下)가평균(平均)하야단정(端正)하게하고남어지의복(衣服)이잇거든시례(尸體)를덥허외로(左)염의되고롬매지말고소렴금(小斂衾)으로싸고몬저장매(長布)를결교(結絞)하고그다음횡매(橫布)를결교(結絞)하나니소렴(小斂)을례필(禮畢)이라이불덥허도로상(床)에뫼시고상인(喪人)이하(以下)가서립(序立)하야애곡(哀哭)한후(後)에상인(喪人)남녀(男女)가피발(被髮)한것을다거두어매고남자(男子)는뵈두건(布頭巾)뵈중단(布中單)입고각々(各各)취위(就位)하야애곡(哀哭)하고집사(執事)가뎐(奠)을올니되상인(喪人)이애통망극(哀痛罔極)할뿐이니배례(拜禮)할결을이업기로성복(成服)부터배례(拜禮)가잇나니라

녀자상(女子喪)에목욕(沐浴)습렴(襲斂)반함(飯含)설뎐(設奠)소렴(小斂)등절(等節)이남자(男子)와동일(同一)하고수의(壽衣)는불동(不同)하니라

대렴례식(大斂禮式)

궐명(厥明)(동틀때에 소렴한 잇튼날 사망(死亡)한지 뎨삼일(第三日)) 집사(執事)가 먼저 소렴시(小斂時) 뎐(奠)을 넌것을 물니여내고 대렴식(大斂式)을 준비(準備)할새 역부(役夫)가 관(棺)을 가저다가 중당(中堂)에 잘 노코 먼저 출회(秫灰)를 관(棺)속에 펴서 평균(平均)히 하고 그우에 후백지(厚白紙) 펴고 그다음 칠성판(七星板) 노코 그다음 디요(地褥) 펴고 벼개(枕) 노코 대렴(大斂)포(布)는 삼십척(三十尺)(침척(針尺))을 소렴포(小斂布)보다 길게 하고 먼저 횡매(橫布) 세폭(三幅) 매일폭(每一幅)에 량끗(兩端)을 반(半)에 벽렬(劈裂)하면 좌우(左右)가 각(各) 여섯(六片)쪽이니 한쪽(一片)은 제(除)하야 쓰지아니(不用)하고 좌우(左右)가 각다섯(各五片)쪽만 쓰고 그다음 장매(長布) 한폭(一幅)을 노코 상하(上下) 두끗(兩端)을 각(各) 세(三)에 교(絞)하고 그다음 대렴금(大斂衾) 펴고 또 상의(上衣)와 산의(散衣)를 노코 자뎨(子弟)가 사환(使喚)과 갓치 소렴(小斂)한 시톄(尸體)를 밧들어 그우에 뫼시고 먼저 발(足)을 염의고 그다음 머리(頭)를 염의되 먼저 좌편(左便)을 염의고 내종(乃終)은 우편(右便)을 염의고 먼저 장매(長布)를 결교(結絞)하고 또 횡매(橫布)를 결교(結絞)하야 밧들어 입관(入棺)하고 오낭(五囊)을 관상하(棺上下)에 넣코 생시(生時)의 복(衣服)등물(等物)과 포백(布帛)등(等)으로 관속공허(空虛)한대를 채우고 텬금(天衾) 덥고 상인(喪人)내외(內外) 제복인(諸服人)이 다 관(棺)에 비겨서々 애통(哀痛)하고 텬개(天蓋) 덥고 은정(銀釘)박고 정침(正寢)에 관(棺)을 뫼시고 텬금(天衾)으로 관(棺)을 덥고 명정(銘旌) 써서 관(棺)동편(東便)에 세우고 령좌(靈座)를 배설(排設)하고、뎐(奠)을올니매소시절차(小歛時節次)와갓치하고상인이하(喪人以下)가상차(喪次)에나아가잇스매요질(腰經)수질(首經)을 벗지아니하고대곡(代哭)을폐지(廢止)하고됴석곡(朝夕哭)을시작(始作)하나니라

입관례식(入棺禮式)

대렴후입관(大歛後入棺)하고진칠몃차(進漆幾次)례하고관상(棺上)에명정(銘旌)쓰고장지(壯紙)로관(棺)을싸고세승오십파(細繩五十把)로내(內)결관(結棺)하고또초석(草席)으로싸고대삭(大索)으로외결관(外結棺)하야정당정침(正堂正寢)에뫼시고이금(裯衾)으로덥고비로소됴석곡(朝夕哭)이잇고령좌(靈座)를배설(排設)하나니라

령좌의식(靈座儀式)

정침(正寢)에관(棺)뫼시고그압헤휘장(揮帳)치고령좌(靈座)를배설(排設)하되교의(交椅)제상(祭床)향상(香床)향로(香爐)향합(香盒)촉대(燭臺)한쌍(一雙)모사긔(茅沙器)띄수건(茅手巾)망인(亡人)의생시일용(生時日用)하던긔물(器物)을생시(生時)와갓치다가저다놋나니라

명정서식(銘旌書式)

학생모공지구(學生某公之柩)(관작(官爵)이유(有)하면관작(官爵)을써(書))모관모공지구(某官某公之柩)녀자(女子)는유인모관모시지구(孺人某貫某氏之柩)(남편의직품(職品)을좃차)모부인모관모시지구(某夫人某貫某氏之柩)(모관(某貫)은본(本)이라)

성복례식(成服禮式)

궐명(厥明)(대렴의일(翌日)이나사망(死亡)한지데사일(第四日))에 상인이하내외복인(喪人以下內外服人)이각々(各各)그례복(禮服)을입고상(喪)차(次)에나아가됴곡(朝哭)한후(後)에됴뎐(朝奠)을닐때겸(兼)하야성복(成服)을하고혹(或)됴상식(朝上食)에겸(兼)하야지내기도하나밋처례복(禮服)이준비(準備)가못되면다로성복(成服)을하나니제물(祭物)은칭가유무(稱家有無)로하며혼백(魂帛)을교(交)의(椅)에내여뫼시고집사(執事)하는이가제물(祭物)을진설(陳設)하고분향(焚香)하고잔(盞)을니고상인(喪人)과복인(服人)이다곡(哭)재배(再拜)하고내외상인(內外喪人)이상향곡(相向哭)하야됴상(弔喪)하고제자손(諸子孫)이조부(祖父)와백숙부(伯叔父)의압페궤복(跪伏)하야곡(哭)곡지통(哭之痛)하고또조모(祖母)와백숙모(伯叔母)의압페궤복(跪伏)하야곡지통(哭之痛)하고안상인(喪人)도조모(祖母)와백숙모(伯叔母)의압헤나아가애곡(哀哭)하고친척지구(親戚知舊)들도됴상(弔喪)하나니초상(初喪)이(時)성복전(成服前)에는됴례(弔禮)와배례(拜禮)가업나니라

됴석곡(朝夕哭)됴석뎐(朝夕奠)됴석상식례식(朝夕上食禮式)

됴석곡(朝夕哭)은대렴일(大斂日)부터시작(始作)하고됴석뎐(朝夕奠)은소렴후(小斂後)시작(始作)하고됴석상식(朝夕上食)은성복날(成服日)부터하되개동시(開東時)에일어나서령좌(靈座)에들어가령금(靈衾)령침(靈枕)을개여노코상차(喪次)에나아와애곡(哀哭)하고해.

돗거던 됴뎐(朝奠)올니고 됴식시(朝食時)에 됴상식(朝上食)을 니나니 반갱채소어육(飯羹菜蔬魚肉)이오 집사(執事)가 분향(焚香)하고 잔(盞)올니고 삽시정저(揷匙正箸)하고 상인이하(喪人以下)가 다 곡재배(哭再拜)하고 조곰 잇다가 숙랭(熟冷)올니고 숫(匙)가락으로 밥(飯)을 조곰식 세술을 숙랭(熟冷) 그릇에 더러 말고 숫(匙)가락은 숙랭(熟冷) 그릇에 걸처 노코 조곰 잇다 상(床)을 물니나니라 삼년(三年)안 됴셕상식(朝夕上食)은 생시(生時)와 갓치 반갱(飯羹)을 놋나니라 좌편(左便)에 반(飯)이오 우편(右便)에 갱(羹)과 물이라 일모전석상식(日暮前夕上食)올니고 일모후석뎐(日暮後夕奠)올니고 초혼후령좌(初昏後靈座)에 들어가 령금령침(靈衾靈枕) 펴노코 상차(喪次)에 나아와 애곡(哀哭)하나니라

출빈례식(出殯禮式)

성복후성빈(成服後成殯)하나니 혹가빈(或家殯)도 하고 집안 후원(後園)에도 빈(殯)을 하고 혹(或) 밧게 나아가 빈(殯)을 하되 모래(沙土)로 덥기도 하고 혹(或) 뎨장으로도 하나니라 출빈(出殯)할때 내외상인(內外喪人)과 복인(服人)이 다 애곡(哀哭)하며 조차가고 성빈한후뎐(成殯後奠)올니고 됴셕(朝夕)으로 가서 곡재배(哭再拜)하나니라

됴상례식(弔喪禮式)

됴객(弔客)이 백의백대(白衣白帶)로 뎐헌(奠獻)할 주과등제픔(酒果等諸品)과 제문(祭文)을 봉과(封裹)하야 가지고 문밧게(門外)와서 통자(通刺)하

거든상인이하(喪人以下)가다곡(哭)하고호상(護喪)이나아와됴객(吊客)을인도(引導)하야령좌(靈座)에들어가곡재배(哭再拜)하고
분향궤좌(焚香跪坐)하야잔(盞)을니고제문(祭文)을읽어례필(禮畢)에됴객(吊客)과상인(喪人)이상향곡(相向哭)하고객(客)이먼저재
배(再拜)하면상인(喪人)이머리를됴으며재배(再拜)하거든객(客)이답배(答拜)하고상사(喪事)를놀나와라일컷고상인(喪人)
은저의죄역(罪逆)을일커러또재배(再拜)하면객(客)이답배(答拜)하고상향곡(相向哭)하고객(客)이먼저굿치고상인(喪人)을
위로(慰勞)하고물너가면상인(喪人)은다시곡(哭)하야객(客)을보내나니라

출타재외(出他在外)하야부모(父母)의상(喪)을당(當)하야분상(奔喪)하는례식(禮式)

부모(父母)의부음(訃音)가지고온사람을대(對)하야곳애곡(哀哭)하며그사망(死亡)한연고(緣故)를뭇고또곡지통(哭之痛)하며
발상역복(發喪易服)하고곳길을떠나행(行)할새사각건(四脚巾)쓰고백의(白衣)에집신(草鞋)々고일행백리(日行百里)하되새벽새
별보고길을떠나서저녁재별보고주막(酒幕)에들며로상(路上)에서도슯흐면애곡(哀哭)하고집건처(近處)를
당(當)하면애곡(哀哭)하고집문(門)에들어가며곡지통(哭之痛)하고빈소(殯所)에나아가서재배곡지통(再拜哭之痛)하고초상(初喪)
시(時)와갓치피발도선(被髮徒跣)하고데이일(第二日)새벽에피발(被髮)한머리거두어매고두건중단수질요질(頭巾中單首絰腰絰)로
상식참례(上食參禮)하고데사일(第四日)에성복(成服)하고숙질형데내외(叔姪兄弟內外)가상향곡(相向哭)하며됴상(吊喪)하기를초상상성(初喪時成)

복(服)과 갓치 하고 만일 국사(國事)로 재외(在外)하야 도라오지 못하거나 또 부득이(不得已)하야 못온즉 곳 설위(設位)하고 발상(發喪)하며 데사일(第四日) 성복(成服) 초상시(初喪時)와 갓치 하고 혹(或) 장사(葬事) 지낸 후(後)에 집에 오거든 곳바로 산소(山所)로 먼저 가서 곡재배(哭再拜) 애통(哀痛)하고 혹(或) 그때까지 성복(成服)을 못하얏거든 산소(山所)에 가서 성복(成服)하나니라

장사절차례식(葬事節次禮式)

례법(禮法)에 텬자(天子)는 구월(九月)이 장(葬)이오 제후(諸侯)는 오월(五月)이 장(葬)이오 대부(大夫)는 삼월(三月)이 장(葬)이오 사서인(士庶人)은 유월(踰月)이 장(葬)이니 사서인(士庶人)도 한달이 지나야 장사(葬事)하나니라

산디(山地) 정(定)하고 장사(葬事) 택일(擇日)하고 참파토(斬破土) 개긔(開基) 사토(祀土) 디지신(土地之神)게 빈(啓殯) 됴조(朝祖) 천구(遷柩) 조뎐(祖奠) 천구(遷柩) 취여(就轝) 견뎐(遣奠)

발인절차의식(發靷節次儀式)

방상시(方相氏) 곡비(哭婢) 행자(行者) 제상(祭床) 교의(交椅) 향상(香床) 향로(香爐) 향합(香盒) 향대(香臺) 명정(銘旌) 등롱(燈籠) 요여(腰轝) 혼백(魂帛) 뫼시고 배행인원(陪行人員) 만장(輓章) 공포(功布) 발삽(黻翣) 상여(喪轝) 운삽(雲翣) 상인(喪人) 복인(服人) 친척(親戚) 빈객(賓客)이 후행(後行)하고

산소(山所)에 먼저 묘상각(墓上閣) 제령(祭廳) 정상소(停喪所) 상인(喪人) 빈객처소(賓客處所)를 준비(準備)하고 상행(喪行)이 산상(山上)에 도착(到着)하거든

집사(執事)가 요여(腰轝)의 혼백(魂帛)내여 제텽교의(祭廳交椅)에 뫼시고 뎐(奠)을 니고 관(棺)에 외결과(外結裹)를 풀어 제텽(祭廳)에 뫼시되 괴임목 노코 공포(功布)로 관(棺)을 씻고 구의(柩衣)로 덥고 명정(銘旌) 풀어 관(棺)우에 덥고 상인(喪人) 내외(內外)가 다 서립(序立)하야 애곡(哀哭)하되 부인(夫人)은 휘장(揮帳)안에서 동향(東向)하야 곡(哭)하고 친척빈객(親戚賓客)은 곡재배(哭再拜)하나니라

천광(穿壙) 작광(作壙) 도광(塗壙)이 필(畢)에 방상시(方相氏)가 창과 방패(盾)를 들고 광중사방(壙中四方)으로 도라단이며 사예지귀(邪穢之鬼)를 구축(驅逐)한후(後) 하관(下棺)할새 상인형뎨(喪人兄弟) 곡(哭)을 긋치고 삼가조심(操心)하야 좌향(坐向)과 시간(時間)을 맛초아 내결(內結)관(棺)을 풀고 공포(功布)로 정결(精潔)이 씻고 안정(安靜)이 하관(下棺)하고 이금(裌衾)덥고 그우에 명정(銘旌)펴 노코 운삽(雲翣)을 빼여 관(棺)자 좌우(左右)에 겻혜 기대세우고 발삽(黻翣)은 들빼여 관상(棺上)방(方) 좌우(左右)에 기대여 세우고 맛상인(喪人)이 폐백(幣帛) 현훈(玄纁)을 들일새 집사(執事)가 절하고 밧아서 관(棺)동편(東便) 상(上)에는 현(玄)을 노코 하편(下便)에는 훈(纁)을 노코 상인(喪人)이 곡재배(哭再拜)하고 친척빈객(親戚賓客)이 다 애곡(哀哭)하고 횡대(橫帶)덥고 격회(隔灰) 평토(平土)하고 지석(誌石)뭇고 자뎨친(子弟親)빈중(賓中) 근신지사인(謹愼知事人)을 택(擇)하야 산역(山役)을 감시(監視)케하고 상인(喪人)은 제텽(祭廳)으로 오고 친빈(親賓)들은 곡배고(哭拜告)귀(歸)하나니라

반우절차(返虞節次)의 의식(儀式)

제주제(題主祭)지낸후(後)곳신주(神主)를뫼시고집으로도라오나니형톄(形體)가둔셕(窀穸)에도라가셧신즉소중(所重)
이신주(神主)에잇난고로산소(山所)에난다시배곡(拜哭)아니하고신주(神主)를뫼시고오나니라
곡비행자(哭婢行者)등롱(燈籠)요여(腰轝)신주혹혼백(神主或魂帛)뫼시고배행인원(陪行人員)상인복인(喪人服人)이후행(後行)하나니라
상인(喪人)은련(連)하야시가디(市街地)와녀리(閭里)를지내면애곡(哀哭)하고집을바라보면애곡(哀哭)하고집에들어오
매집사(執事)가령좌(靈座)를배설(排設)하고신주혹혼백(神主或魂帛)을요여(腰轝)에서밧들어내여령좌교의(靈座交椅)에뫼시고집
안사람이다나와곡지통(哭之痛)하고됴객(弔客)들도됴상(弔喪)하나니라
사세부득(事勢不得)하야장사(葬事)는혹오일장구일장(或五日葬九日葬)을지내드라도졸곡제사(卒哭祭事)는사망(死亡)한지셕달(三月)에지
내고우제사(虞祭事)는장사(葬事)지낸당일(當日)에지내나니산소(山所)에서집이멀면초우(初虞)는주막(酒幕)에서지내고
재우(再虞)는집에와서지내나니라
초우제(初虞祭) 집이멀면길에서주막(酒幕)에서도지내나니라
재우제(再虞祭) 집에와서유일(柔日)에지내나니유일(柔日)은을뎡긔신계(乙丁己辛癸)다섯날(五日)
삼우제(三虞祭) 재우(再虞)지내고강일(剛日)에지내나니강일(剛日)은갑병무경임(甲丙戊庚壬)다섯날(五日)

졸곡제(卒哭祭) 삼우(三虞)지내고후강일(後剛日)에지내나니만일장사(葬事)를순장(旬葬)으로지내쓰면삼우제(三虞祭)세치
난장사(葬事)후(後)곳지내나졸곡제(卒哭祭)난사망(死亡)후(後)석달(三月)강일(剛日)

부제사(祔祭祀) 졸곡(卒哭)익일(翌日)지내나니손자(孫子)난그조부(祖父)에부(祔)하난고(故)로조부신주(祖父神主)에부(祔)하야제사(祭祀)하
고손부(孫婦)난조모신주(祖母神主)에부(祔)하야제사(祭祀)하나니라만일조부(祖父)가생존(生存)하얏스면고조부신주(高祖父神主)
에부(祔)하고조모(祖母)가생존(生存)하얏스면고조모신주(高祖母神主)에부(祔)하나니라

소상(小祥) 사망(死亡)한후(後)첫돌이니십삼삭(十三朔)이라상인(喪人)은상복(喪服)을련(練)하야입고부판(負版)과벽령(辟領)과최(衰)를
떼여바리고남자(男子)는수질(首絰)을바리고녀자(女子)난요질(腰絰)을바리고대수장군(大袖長裙)을련(練)하고단(短)하게
하야짱에썰리지안케하야입고남자(男子)의요질(腰絰)이며녀자(女子)의수질(首絰)을다숙마(熟麻)한삼으로하나
니라

대상(大祥) 사망(死亡)한후(後)두돌이니이십오삭(二十五朔)이라(윤월(閏月)은불계(不計)) 남자(男子)는다듬은뵈직령(布直領)뵈띄(布帶)백(白)
립(笠) 멧토리(麻鞋) 녀자(女子)는흰옷(白衣)

담제사(禫祭祀) 대상후(大祥後)간일월(間一月)하야지내나니사망(死亡)한지이십칠삭(二十七朔)이라(윤월(閏月)도계(計))혹(或)뎡일(丁日)이

나 혹해일(或亥日)로 택일(擇日)하야 지내고 남자(男子)는 백의(白衣) 백사대(白絲帶) 총망건(總網巾) 검(黑)은 갓(笠)이 내 상순(上旬)에 유고(有故)하

면 중순하순(中旬下旬)에 도 지내나니라

길제사(吉祭祀) 담제사(禫祭祀) 지내고 다음달이니 담제(禫祭)가 중삭(仲朔)이면 당월(當月)에 다례(茶禮)와 갓치 지내고 대진(代盡)

한 사당(祠堂)은 혹(或) 매안(埋安)도 하고 혹(或) 톄천(遞遷)도 하고 고조(高祖)어하(以下) 신주(神主)를 개제주(改題主)하고 남녀(男女)가 다 화복(華服)

부고서식(訃告書式)

성명시(姓名氏)의 대인학생(大人學生)(관작(官爵)이 유(有)하면 관작(官爵)을 써) 공(公)게서 숙환(宿患)으로 모월(某月) 모일(某日) 모시(某時)에 별세(別世)

하셧기로 자이전인부고(玆以專人訃告)

년(年) 월(月) 일(日) 호상(護喪) 성명(姓名) 상(上)

모친상(母親喪)에 성명시(姓名氏)의 대부인(大夫人) 유인(孺人) 모관(某貫) 모지(某氏)게서 남편이 유관작(有官爵)하면 모부인(某夫人) 모관(某貫) 모시(某氏)라

하니 모관(某貫)은 본(本)이라

조부상(祖父喪)에 성명시(姓名氏)의 왕대인(王大人) 모공(某公)게서

조모상(祖母喪)에 왕대부인(王大夫人) 유인(孺人) 모관(某貫) 모시(某氏)게서

안해상(妻喪)에 실내유인모관모시(室內孺人某貫某氏)게서
아들상(子喪)에 장자혹차자모공(長子或次子某公)게서
자부상(子婦喪)에 자부유인모관모시(子婦孺人某貫某氏)게서
겻봉식(皮封式) 아모디명(某地名) 아모시댁입납(某氏宅入納)
아모디명부고(某地名訃告)

우제사(虞祭祀) 졸곡(卒哭) 소상(小祥) 대상(大祥) 담제(禫祭) 사(祀)에 행사(行祀)하는 절차례식(節次禮式)

질명(質名)(동틀때)에 내외상인(內外喪人)과 복인(服人)이 다 소세정의건(梳洗正衣巾)하고 궤연(几筵)방밧게서 립(序立)하야

됴곡(朝哭) 내외상인(內外喪人)이 애곡(哀哭)하고 소상후(小祥後)난 됴석곡(朝夕哭)을 페지(廢止)하나니라

입취곡(入就哭) 내외상인(內外喪人)과 친척빈객(親戚賓客)이 일제곡(一齊哭)

역복(易服) 소상(小祥)에 남자(男子)는 수질(首絰)을 버리고 제복(祭服)에 부판(負版)과 벽령(辟領)과 최(衰)를 떼여버리고 녀자(女子)는 요질(腰經)을 버리고 내외상인(內外喪人)의 제복(祭服)을 련(練)하야 입고 기년복인(朞年服人)은 복(服)을 벗나니라

제물(祭物) 전긔(前期)하야 진설(進設)하고

출주(出主) 신주(神主)독(櫝)을열고신주(神主)를내여뫼시고신주(神主)가업스면지방(紙榜)을뫼시나니라

참신(參神) 맛상주(喪主)가분향(焚香)곡(哭)재배(再拜)하고내외(內外)친척(親戚)과빈객(賓客)이다곡(哭)재배(再拜)

강신(降神) 맛상주(喪主)가분향(焚香)하고모사(茅莎)에술을붓고곡(哭)재배(再拜)

진찬(進饌) 상식(上食)반갱(飯羹)과반찬(飯饌)을올니나니라

초헌(初獻) 맛상주(喪主)가분향(焚香)하고잔(盞)을올니고적(炙)을올니고곡(哭)재배(再拜)

정저(正箸) 저(箸)싸락만바로잡아노코

계반갱(啓飯羹) 반(飯)갱(羹)뚜겅열고

독축(讀祝) 상인(喪人)이곡(哭)긋치고내외(內外)제관(祭官)이다부복(俯伏)

곡상(哭喪) 인(人)이하(以下)제관(祭官)이다애곡(哀哭)하고곡(哭)긋치고일어나서초헌(初獻)잔(盞)을퇴주(退酒)

아헌(亞獻) 종부(宗婦)가하나니손씻고분향(焚香)하고잔(盞)올니고적(炙)올니고곡사배(哭四拜)하되안제관(祭官)이집사(執事)하고 초헌(初獻)례절(禮節)과갓치하고아헌(亞獻)잔(盞)을퇴주(退酒)

삼헌(三獻) 자서(子壻)뎨질(弟姪)중(中)에손씻고분향(焚香)하고잔(盞)올니고적(炙)올니고곡(哭)재배(再拜)하되초헌(初獻)례절(禮節)갓(同)고

유식(侑食) 집사(執事)하난이가분향(焚香)하고공긔잔(空器盞)에술을쏠어가지고삼헌(三獻)한잔(盞)에더붓고

삽시(揷匙) 숫싸락을메그릇가온대쏫고

합문(闔門) 궤연방문(几筵房門)을닷고상인이하제관(喪人以下祭官)이다문(門)밧게쑤러안기를일식경(一食頃)하고

계문(啓門) 축(祝)이세번(三番)기침하고문(門)을열고상인이하(喪人以下)가다드러가서립(序立)하야상인(喪人)은곡(哭)하고

진다(進茶) 갱(羹)을물녀내고숙랭(熟冷)을올니고숫싸락으로반(飯)세(三)술을조곰식숙랭(熟冷)에덜어말고숫싸락은숙랭(熟冷)그릇에걸처노코조곰잇다가

철시저(徹匙箸) 반갱(飯羹)쑤생을덥고시저(匙箸)를다내려노코

고리성(告利成) 축(祝)이상인(喪人)우편(右便)에서서읍(揖)하며길게고하야갈오대리성(利成)

렴신주(斂神主) 축(祝)이신주(神主)를거두어도로뫼시고축문(祝文)을소화(燒火)하고

사신(辭神) 내외(內外)상인(喪人)과친척빈객(親戚賓客)이곡(哭)재배(再拜)하나니라

대상절차(大祥節次)는소상(小祥)과좀다른것이됴곡(朝哭)이업고사신(辭神)곡(哭)재배(再拜)후(後)신주(神主)를사당(祠堂)으로뫼서가고궤연(几筵)을다거두어치우나니라

담제(禫祭) 사절차(祀節次)는 령좌(靈座)를 령사(廳事)에 배설(排設)하고 행사(行祀)할때 사당(祠堂)에 들어가 분향(焚香) 고축(告祝)하고 신주(神主)를 뫼서 청사(廳事) 령좌(靈座)에 봉안(奉安)하고 주인(主人) 이하(以下)가 서립(序立)하야 애곡(哀哭)하고 역복(易服)하고 이후(以後) 절차(節次)는 대(大)상례식(喪禮式)과 갓타니라

상중축문서식차서(喪中祝文書式次序)

초상속광후사당고유축(初喪屬纊後祠堂告由祝) 효자(孝子) 모(某)(혹(或) 신부(新婦) 모봉모시(某封某氏)) 모월(某月) 모일(某日) 속광(屬纊) 감고(敢告) 속광(屬纊)은 사망(死亡)과 갓타니라

개기사토디지신축(開基祠土地之神祝) 유세차(維歲次) 년간(年干) 지(支) 월간(月干) 지(支) 삭일(朔日) 간지(干支) 유학(幼學) 성명(姓名) 감소고우(敢昭告于) 토디지신(土地之神) 금위(今爲) 학생(學生) 성모공(姓某公)(안상사(喪事)에 유인(孺人) 모관(某貫) 모시(某氏)) 유관작(有官爵)하면 관작(官爵)을 써 모공(某公)이라하고 녀자(女子)는 남편의 직품(職品)을 조차 모부인(某夫人) 모관(某貫) 모시(某氏) 영건(營建) 댁조(宅兆) 신기(神其) 보우(保佑) 비무후(俾無後)간(艱) 근이청자포혜(謹以請酌脯醢) 지천(祗薦) 우(于) 신(神) 상향(尙饗)

모관(某貫)은 본(本)이오 모봉(某封)은 직품(職品)이니 일품(一品) 처(妻)는 정경부인(貞敬夫人)이 이품(二品)은 정부인(貞夫人) 삼품(三品)은 숙부인(淑夫人) 사(四)품(品)은 숙인(淑人) 오품(五品) 륙품(六品)은 공인(恭人) 사서인(士庶人)의 처(妻)는 유인(孺人)

선영(先塋)에 고(告)하는 축식(祝式) 만일 선영국내(先塋局內)에 장사(葬事)하랴면 먼저 선영(先塋)에 고축(告祝)하 되 취존위혹국내(最尊位或局內)
취근위(最近位)에 고축(告祝)하나니라

유세차운운긔대손(維歲次云云幾代孫)(모명(某名))감소고우(敢昭告于)
현긔대조고모관부군긔대조비모관모봉모시지묘금위긔세손모관(顯幾代祖考某官府君幾代祖妣某貫某封某氏之墓今爲幾世孫某官)(혹긔세손부(或幾世孫婦)
모봉모관모시(某封某貫某氏))이모월모일영건유택어선조지하(以某月某日營建幽宅於先兆之下)(혹자혹우(或左或右))모좌모향장개영역(某坐某向將開塋域)
복유(伏惟)존령불진불경근이주과용신건고근고(尊靈不震不驚謹以酒果用伸虔告謹告) 만일선장(先葬)한대합폄(合窆)한즉영건유택(則營建幽宅)
이하(以下)아홉자(九字)를빼고합폄우모친모봉모시혹모친모관지묘장개영역이하(合窆于某親某封某氏或某親某官之墓將開塋域以下)는동상(同上)하
니라

선장(先葬)한묘(墓)에합폄(合窆)하는고축(告祝) 유세차운운고애자(維歲次云云孤哀子)(승중고애손(承重孤哀孫))(모명(某名))감소고우(敢昭告于)
현고(顯考)(모선장즉현비모봉모관모시승중즉조고조비당(母先葬則顯妣某封某貫某氏承重則祖高祖妣當)한대로쓰라)모관부군지묘(某官府君之墓)
모명죄역흉혼선비(某名罪逆凶 先妣)(모선장즉서고승중직선조고혹선조비(母先葬則先考承重則先祖考或先祖妣))견배일월불거장긔(見背日月不居葬期)
이계장이모월모일부(已屆將以某月某日祔)(모선장즉부자(母先葬則祔字)를빼고합봉(合封)이라하나니라)우묘좌(于墓左)(혹우(或右))호(昊)

天罔極謹以酒果用伸虔告謹告
텬망극근이주과용신건고근고

啓殯祝 今以吉辰遷柩敢告 妻以下 敢告 玆告
계빈축 금이길신천구감고 처이하는감고를자고라하나니라

朝祖 請朝祖 祠堂 下直 禮節 家廟 行 祝 魂帛
됴조 청됴조 사당에하직하는례절인대가묘가업스면행치아니하되축이혼백을

喪人以下服人 哀哭 家廟 魂帛 哭
뫼시고상인이하복인이애곡하며조차가묘압헤와서혼백을자리에노코서々곡들

魂帛
하고도로혼백을뫼시고올새갈때와갓치하나니라

遷柩祝 請遷柩于廳事 廳事 棺 三番遷動
천구축 청천구우청사(청사가업스면관을세번천동하나니라)

祖奠祝 永遷之禮令辰不留今奉柩車式遵朝道
조뎐축 영천지례령신불류금봉구거식준조도

日晡時 祭祀 親戚知舊間 參禮
(일포시에지내난제사이니친척지구간이다참례하나니라)

遷柩就轝祝 今遷柩就轝敢告
천구취여축 금천구취여감고

遣奠祝 靈輀既駕往即幽宅載陳遣禮永訣終天
견뎐축 령이긔가왕즉유택재진견례영결종텬

萬一 山下 殯 輀轝 靈輀既駕 靈柩將昇
(만일산하에빈을하야이여를쓰지아니면령이긔가라아니하고령구장예라하나

妻喪 永訣終天 不勝感愴 子 心焉如燬 弟
니라처상에는영결종텬을불승감창이라하고아들에게난심언여훼라하고아우에

悲不自勝 設奠讀祝 發行
게난비불자승이라하니설뎐독축하고곳발행하나니라)

萬一客地死亡 返柩 前期一日 告祝 明日將還故鄕
만일객디에서사망하야집으로반구하라면젼긔일々하야고축하나니명일장환고향

敢告 手下 茲告
감고(수하에는자고라하나니라)

返柩 設焚香酒果 告祝 今日還柩就轝敢告哭再拜 返柩
반구하는날아츰에설분향주과하고고축 금일천구취여감고곡재배집에반구하야

設奠告祝 今日返柩至家敢告 主人喪主以下服人就位 初喪成服
와서설뎐고축 금일반구지가감고 주인상주이하와복인이취위하야 초상성복

時 哀哭再拜
시와갓치애곡재배,

平土後祀土地之神祝 維歲次云云幼學姓名敢昭告于
평토후사토디지신축 유세차운々유학셩명감소고우

土地之神今爲某官某公 或某封某氏 窆玆幽宅 神其保佑俾無後艱謹以淸酌
토디지신금위모관모공(혹모봉모시)폄자유택 신기보우비무후간근이쳥작

脯醢祗薦于神尙饗 幽宅擴中
포혜지쳔우신상향 (유택은광중이라)

平土後題主祭祝 維歲次云云孤子 母喪哀子 父母俱沒孤哀子承重 孤孫哀孫
평토후졔주제축 유세차운々고자 (모상에애자부모구몰고애자승중에고손애손

孤哀孫 某名敢昭告于 手下 敢字不用 妻 昭告于 弟 兄
고애손)(모명)감소고우(수하에난감자를아니쓰고)(처에게소고우아우에게난형

告于弟 子 父告于子
고우뎨 아들에게난부고우자라하나니라)

顯考學生 母喪 顯妣某封某貫某氏承重 顯祖考顯祖妣妻喪 亡室 男子
현고학생(모상엔현비모봉모관모시승중엔현조고현조비처상엔망실만일남자

夫人 主掌 自稱新婦 新婦某氏敢昭告于顯舅某官府君顯姑某封
업고부인이주장하면자칭신부라하고신부모시감소고우현구모관부군현고모봉

某氏 主婦某氏敢昭告于顯辟某官府君 形歸窀穸神返室堂神主既
모시라하고남편엔주부모시감소고우현벽모관부군)형귀둔석신반실당신주긔

成伏惟
성복유

尊靈 手下 伏惟尊靈 惟靈 舍舊從新是憑是依 神主
존령(수하에는복유존령을곳처서유령)사구종신시빙시의만일신주를못하얏스

神主既成 神主未成魂帛仍存伏惟尊靈是憑是依
면신주긔성을곳처신주미성혼백잉존복유존령시빙시의

初虞祭祀自此爲始 祭禮 維歲次云云孤子 措語 上在
초우제츅자차위시하야제례를쓰니 유세차운々고자(조어하는것은아우에재)

某名 敢昭告子
(모명)감소고우

顯考某官府君措語 見上 日月不居奄及初虞 再虞 再虞三虞 三虞卒哭
현고모관부군조어는현상하고)일월불거엄급초우(재우엔재우삼우엔삼우졸곡

小祥大祥禫祭 各各當 夙興夜處哀慕不寧謹以清酌庶羞哀薦祫
소상대상담제에각々당하는대로쓰고) 숙흥야처애모불녕근이청작서수애천협

事尙 饗 再虞 虞事 三虞 成事 卒哭 成事 小祥 常事 大祥 祥事
사상 향 재우엔우사삼우엔성사졸곡에도성사소상에는상사대상에는상사라

見 日月不居奄及初虞悲痛無已至情如何謹以清酌庶羞薦此祫事
하나니라형에게는일월불거엄급초우비통무이지정여하근이청작서수천차협사

상향(尙饗)

아우(弟)에게는
비통외지정하가처자이(悲痛猥至情何可處玆以)
청작서수진차합사상향(淸酌庶羞陳此祫事尙饗)

아들(子)에게는
비념상속심언여훼자이(悲念相續心焉如燬玆以)

안해(妻)에게는
비도산고불자승감자이(悲悼酸苦不自勝堪玆以)

재우(再虞) 삼우(三虞) 축식(祝式)은 현상(見上)

졸곡(卒哭) 축(祝)은 우제(虞祭) 축(祝)과 동(同)하되 숙흥(夙興)이하 여덟자(以下八字)를 빼고 고디호던오정미궤(叩地號天五情糜潰)라 하고 만일 부(祔)제사(祭祀)를 지내랴 하면 애천성사(哀薦成事)라 한 뜻에 래일제부우조고모관부군(來日隮祔于祖考某官府君) 모상(母喪)엔 조비모봉모씨(祖妣某封某氏) 상향(尙饗)이라 하나니라

부제사출주축(祔祭祀出主祝)

효증손(孝曾孫)(승중(承重)에는 효현손상주(孝玄孫喪主)가 종자(宗子)가 아니면 종자(宗子)의 속칭(屬稱)을 딸아 쓰나니라)

(모명(某名))금이제부선고(今以隮祔先考)(모상(母喪)엔 선비(先妣) 승중(承重)엔 선조고선조비(先祖考先祖妣) 당한대로(當))유사우(有事于)

현증조고(顯曾祖考)(모상(母喪)엔 현증조비(顯曾祖妣) 승중(承重)엔 현고조고(顯高祖考) 혹(或) 고조비(高祖妣) 처상(妻喪)엔 현조비(顯祖妣)) 모관부군(某官府君)

(내상(內喪)엔 모봉모시(某封某氏)) 감청(敢請) 현증조고(顯曾祖考) 현증조비(顯曾祖妣) 신주출취청사(神主出就廳事)

만일전후배즉렬서하고(前後配則列書) 안상사(內喪事)엔다만조비신주(祖妣神主)만뫼시나니라

부제사(祔祭祀)는상주(喪主)가종자(宗子)가아니오종자(宗子)와각거(各居)하면종자(宗子)가사당(祠堂)에고(告)하고지방(紙榜)써서행(行)사(事)하나니라

종자가사당에고하는축(宗子祠堂告祝) 유세차운々(維歲次云云) 모친(某親)(당(當)하는대로칭(稱)하나니라) 모명감소고우(某名敢昭告于)

현모고모관부군(顯某考某官府君)(안상사(內喪事)엔현모비(顯某妣)모봉모시(某封某氏)망인(亡人)에부(祔)할신위(神位)) 금이손모관(今以孫某官)(안상(內喪)

사(事)엔손부모봉모시(孫婦某封某氏)혹제긔손(或第幾孫)) 례(禮)당제부(當躋祔)이소거이궁불득행제어조묘장이모일근(而所居異宮不得行祭於祖廟將以某日謹)

용지방천우기가근이주과용신건고근고(用紙榜薦于其家謹以酒果用伸虔告謹告)

부제조고위축(祔祭祖考位祝) 유세차운々(維歲次云云) 효증손모명근이청작서수적우(孝曾孫某名謹以淸酌庶羞適于)

현증조고모관부군(顯曾祖考某官府君)(조어(措語)는현상출(見上出)축(祝)) 제부손모관(躋祔孫某官)(안상사(內喪事)에는제부손부모봉(躋祔孫婦某封)

모시(某氏))상향(尙饗)

부제망인위축(祔祭亡人位祝) 유세차운々(維歲次云云) 효자(孝子)(승중효손(承重孝孫)) 모명근이청작서수애천(某名謹以淸酌庶羞哀薦)(종자(宗子)가고망(告亡)

인(人)즉애자(則哀子)는불용(不用)) 부사우(祔事于)

顯考 措語 見上 某官府君 措語 見上 適于
현고(조어는현상)모관부군(조어는현상)적우

顯曾祖考某官府君 措語 見上 尙饗
현증조고모관부군(조어는현상)상향

小祥祝 維歲次云云日月不居奄及小祥夙興夜處小心畏忌不惰其身哀慕不寧謹以
소상축 ● 유세차운々일월불거엄급소상숙흥야처소심외기불타기신애모불녕근이

淸酌庶羞哀薦常事尙饗
청작서수애천상사상향

大祥祝 維歲次云云日月不居奄及大祥夙興夜處哀慕不寧謹以淸酌庶羞哀薦祥事
대상축 유세차운々일월불거엄급대상숙흥야처애모불녕근이청작서수애천상사

尙饗
상향

大祥前期一日 祠堂 入廟 告 維歲次云云五代孫某名敢昭告于
대상전기일々하야사당에입묘할고 유세차운々오대손(모명)감소고우

顯五代祖考某官府君 顯五代祖妣某封某氏 家廟 諸位 幷列書 玆以
현오대조고모관부군 현오대조비모봉모시(가묘에뫼신제위를병렬서)자이

先考 內喪事 先妣某封某氏承重 先祖考 先祖妣 某官府君大祥己屆禮當祔於
선고(안상사에선비모봉모시승중선조고선조비)모관부군대상이게례당부어

顯曾祖考 或曾祖妣某封某氏 某官府君不勝感愴謹以酒果用伸虔告謹告
현증조고(혹증조비모봉모시)모관부군불승감창근이주과용신건고근고 ●

始 父母奉祀 處地 母先亡 己經三喪 後 父親喪 當 大祥
비로소처음부모봉사하난처디에모선망이경삼상하고후에부친상을당하야대상지

神主 家廟 奉安 妣位神主 告祝 維歲次云云孝子某名敢昭告于
내고신주를가묘에봉안할새비위신주에고축 유세차운々효자모명감소고우

대상행사
大祥行事

현비모봉모시자이 선고상긔이진례당입묘근이주과용신건고근고
顯妣某封某氏玆以 先考喪期已盡禮當入廟謹以酒果用伸虔告謹告

후축이궤고왈 청입우사당이라고하고신주뫼시고사당에봉안하고궤연을훼철
後祀跪告曰 請入于祠堂 告 神主 祠堂奉安 几筵毁徹

하나니라

담제사출주축 효자(승중효손)모명장지천(조어는현상) 담사감(처자엔감자불
禫祭祀出主祀 孝子承重孝孫某名將祗薦措語 見上 禫事敢 妻子敢字不

용)청선고(선비혹선조고선조비)신주출취정침
用 請先考 先妣或先祖考先祖妣 神主出就正寢

길제사출주축 오대손(승중즉륙대손)모명금이체천(부선망모상필에는운효현
吉祭祀出主祀 五代孫 承重則六代孫 某名今以遞遷 父先亡母喪畢 云孝玄

손모금이면상이라하고만일녜종이된즉운효자모금긔타향이라하고모상필에는
孫某今已免喪 禰宗 則云孝子某今旣妥享 母喪畢

타향을곳처합향이라하고)유사우 현오대조고모관부군 현오대조비모봉모시
妥享 改 合享 有事于 顯五代祖考某官府君 顯五代祖妣某封某氏

(고조고비로지우고비히렬서하고 승중즉자륙대조고비로지우고비히렬서하고
高祖考妣 至子考妣 列書 承重則自六代祖考妣 至子考妣 列書

부선망모상필즉자고조고비로지우고비히렬서하고 메종이된즉지운현고모관부
父先亡母喪畢則自高祖考妣 至子考妣 列書 禰宗 則只云顯考某官府

군이라하고부모구망즉현비모봉모시를열서하라)이모친모관부군(비유난부군
君 父母俱亡則顯妣某封某氏 列書 以某親某官 卑幼 府君

이라아니하고)모친모봉모시부식감청 신주출취정침공신뎐헌
某親某封某氏祔食敢請 神主出就正寢恭伸奠獻

先代改題主祝 承重則祖父喪畢後 母先亡父喪畢後則祝文 二枚 維歲次云云五

선대개제주축(승중즉조부상필후 모선망부상필후즉축문이두매)유세차운々오

代孫 承重則稱六代孫 某名敢昭告于 顯五代祖考某官府君 顯五代祖妣某封

대손(승중즉칭륙대손)모명감소고우 현오대조고모관부군 현오대조비모봉

某氏高祖考妣 至于考妣 列書 承重則自六代祖考妣 至于曾祖考妣

모시고조고비로지우고비히렬서하고 (승중즉자륙대조고비로지우증조고비히

列書 玆以先考 承重則先祖考 某官府君喪期已盡禮當遷主入廟 承重則入

렬서하고)자이선고(승중즉선조고)모관부군상긔이진례당천주입묘(승중즉입

廟下 云先考某官府君已於某年某月祔于祖龕亦當遷主入廟 顯五代祖考某官

묘하에운선고모관부군이어모년모월부우조감역당천주입묘)현오대조고모관

府君顯五代祖妣某封某氏 承重則 六代祖考妣 親盡神主當祧 顯高

부군현오대조비모봉모시(승중즉먼저륙대조고비를쓰고)친진신조당조 현고

祖考某官府君 顯高祖妣某封某氏 至于祖考妣列書 承重則至曾祖考妣列書

조고모관부군 현고조비모봉모시 (지우조고비렬서승중즉지증조고비렬서하

神主今將改題祔位 改題 云某親某官府君或某親某封某氏

고)신주금장개제(부위에만일개제할이잇시면운모친모관부군혹모친모봉모시

神主亦當改題 卑幼 府君 歲次迭遷不勝感愴謹以酒果

신주역당개제라하고비유에난부군이라아니하고) 세차질천불승감창근이주과

用伸虔告謹告

용신건고근고

父喪畢 妣位改題祝 承重則祖父喪畢 祖妣改題主 維歲次云云孝子某名敢

부상필하고비위개제축(승중즉조부상필하고조비개제주)유세차운々효자모명감

昭告于 顯妣某封某氏 承重 告考曰顯考某官府君 父母俱亡則妣位

소고우 현비모봉모시 (승중에고고왈현고모관부군이라하고부모구망즉비위

列書 當初題主時先考某官府君 承重則先祖考 爲主故 以共屬書至今
렬서하고) 당초제주시선고모관부군(승중즉선조고)위주고로이기속서지금

先考 承重則先祖考 喪期已盡禮當遷主入廟顯妣 承重則或祖妣或考妣 神主亦
선고(승중즉선조고)상긔이진례당천쥬입묘현비(승중즉혹조비혹고비)신주역

當合享 承重則曰顯考神主亦入正位 某將以顯妣 承重則或祖妣或考妣 改題世
당합향(승중즉왈현고신주역입정위)모장이현비(승중즉혹조비혹고비)개제세

次迭遷彌增罔極謹以酒果用伸虔告謹告
차질천미증망극근이주과용신건고근고

親盡位祝 四代奉祀 五代 親盡 承重則六代祖 祝文
친진위축(사대봉사하는대오대가되면친진이라하고)(승중즉조대조새지축문

祝板 異 維歲次云云五代孫某名敢昭告于 顯五代祖考某官府
은갓고축판은다르니라). 유세차운々오대손모명감소고우 현오대조고모관부

君 顯五代祖妣某封某氏玆以先考 改措語 見上改題告式 某官府君喪期已盡
군 현오대조비모봉모씨자이선고(개조어는현상개제고식)모관부군상긔이진

禮當遷主入廟 承重措語 見上先代改題告式、先王制禮祀止四代心雖無窮分則
례당천주입묘(승중조어는현상선대개제고식)선왕제례사지사대심수무궁분즉

有限神主當祧埋于墓所 族人中 親盡 最長房 埋于墓所
유한신주당조매우묘소(만일족인중에친진아니한최장방이뫼서가면매우묘소

四字 遷于某親某之房 不勝感愴謹以淸酌庶羞百拜告辭尙 饗
네자를곳처천우모친모지방이라하고) 불승감창근이청작서수백배고사상 향

神主傍題 孝
(신쥬방제에효자아니쓰나니라)

高祖考妣以下祝 代 各各祝板 維歲次云云孝玄孫某名敢昭告于
고조고비이하축(대마다각々축판)유세차운々효현손모명감소고우

顯高祖考某官府君 · 顯高祖妣某封某氏某罪逆不滅歲及免喪世次迭遷昭穆繼序
현고조고모관부군 현고조비모봉모시모죄역불멸세급면상제차질천소목계서
先王制禮不敢不至 父先亡母喪畢及承重祖先亡祖母喪畢則世次以下十六字
선왕제례불감불지 (부선망마상필급승중조선망조모상필즉세차이하십육자를
去 時惟仲春 當 追感歲時不勝永慕 謹以清酌庶羞祇
빼고) 시유중춘(그때당한대로쓰고)추감세시불승영모라하고근이청작서수지
薦歲事以某親某官府君某親某封某氏祔食尙 饗
천세사이모친모관부군모친모봉모시부식상 향
入廟 神主祝 承重則祖考妣位祝 同 維歲次云云孝子某名敢昭告于
입묘하는신주축(승중즉조고비위축이동하고)유세차운々효자모명감소고우
顯考某官府君 母先亡則顯妣列書 喪制有期 母先亡則顯考喪期已盡 追遠無及
현고모관부군(모선망즉현비렬서)상제유긔(모선망즉현고상긔이진)추원무급
今以吉辰式遵典禮隮入 始 禰宗 隮入二字 改 妥享 于廟
금이길신식준뎐례제입(비로소매종이되면제입두자를곳쳐타향이라하고)우묘
母先亡則 配以先妣四字 添入 謹以清酌庶羞祇薦歲事尙 饗
(모선망즉여긔다가배이선비네자를첨입하고)근이청작서수지천세사상 향
母喪畢考妣位告祝 承重祖母喪畢祖考妣位祝文同 維歲次云云孝子某名敢昭告于
모상필고비위고축(승중조모상필조고비위축문동)유세차운々효자모명감소고우
顯考某官府君 顯妣某封某氏 顯妣喪期已盡禮當配享時惟仲春 隨時 追感歲
현고모관부군 현비모봉모시 현비상긔이진례당배향시유중춘(수시)추감세
時昊天罔極 承重 不勝永慕 謹以清酌庶羞祇薦歲尙 饗
시호텬망극(승중엔불승영모라하고)근이청작서수지천세상 향
母喪畢 禫月行祭考妣祝 承重祖母喪畢祖考位祝文同 維歲次云云孝子某名敢昭
모상필에담월행제고비축(승중조모상필조고위축문동)유세차운々효자모명감소

告于 顯考某官府君某罪逆不滅歲及免喪 (母先亡則某罪以下九字去 喪
고우·현고모관부군모죄역불멸세급면상(모선망즉모죄이하아홉자를빼고상
制有期追遠無及 今以吉辰式遵典禮 母先亡則 躋入于廟四
제유긔추원무급이라하고)금이길신식준뎐례(모선망즉이아래다가대입우묘네
字加入 始 禰宗 躋入于廟 改 妥享于廟 將配
지를더너코만일비로소매종이되거든제입우묘를곳처서타향우묘라하고)장배
以先妣某封某氏時維仲春 隨時 追感歲時昊天罔極 改措語見上 母先亡則
이선비모봉모시시유중춘(수시)추감세시호텬망극(개조어는현상◯모선망즉
時維以下十二字 除去 謹以淸酌庶羞祗薦歲事尙 饗
시유이하열두자를빼바리라)근이청작서수지천세사상 향
妣位祝 承重則祖妣位同 維歲次云云孝子某名敢昭告于 顯妣某封某氏喪制有期
비위축(승중즉조비위동)유세차운々효자모명감소고우 현비모봉모시상제유긔
追遠無及 母先亡則喪制有期以下八字去 某罪逆不滅歲及免喪 今
추원무급(모선망즉상제유긔이하팔자를빼고모죄역불멸세급면상이라하고)금
以吉辰式遵典禮將配于先考某官府君謹以淸酌庶羞祗薦歲事尙 饗
이길신식준젼례장배우선고모관부군근이청작서수지천세사상 향
祖父喪畢考位祝 維歲次云云孝子某名敢昭告于 顯考某官府君 俱亡則顯妣某
조부상필고위축 유세차운々효자모명감소고우 현고모관부군(구망즉현비모
封某氏列書 下同 某罪逆不滅歲及免喪今以吉辰式遵典禮 先祖考某官
봉모시를렬서하니하동) 모죄역불멸세급면상금이길신식준전례 선조고모관
府君 祖母先亡則顯祖妣某封某氏列書 躋入于廟 先考亦以次入正位世次
부군(조모선망즉현조비모봉모시렬서하고)대입우묘 선고역이차입정위세차
迭遷昭穆繼序追感彌新昊天罔極謹以淸酌庶羞祗薦歲事尙 饗
질천소목계서추감미신호텬망극근이청작서수지천세사상 향

親盡當埋安神位祝 承重則六代祖考妣位祝辭同 維歲次云云五代孫某名敢昭告于

친진당매안신위축(승중즉륙대조고비위축사동)유세차운々오대손모명감소고우

顯五代祖考某官府君 顯五代祖妣某封某氏之墓歲次迭遷神主已祧情雖無窮分

현오대조고모관부군 현오대조비모봉모시지묘세차질천신주이됴정수무궁분

則有限式遵典禮埋于墓側不勝感愴謹以酒果用伸虔告謹告

즉유한식준뎐례매우묘측불승감창근이주과용신건고근고

親盡替遷位祝 替遷 告 維歲次云云玄孫某名 或曾孫

친진체천위축(체천하야뫼서가는이가고하나니라)유세차운々현손모명(혹증손

或孫當 敢昭告于 顯高祖考某官府君 顯高祖妣某封某氏 或曾祖

혹손당한대로쓰고)감소고우 현고조고모관부군 현고조비모봉모시(혹증조

考妣或祖考妣當 今以孝玄孫某喪制已畢其子親盡 顯高祖考 顯高

고비혹조고비당한대로쓰고)금이효현손모상제이필기자친진 현고조고현고

祖妣神主已祧某當以次長奉祀神主今將改題謹以酒果用伸虔告謹告

조비신주이됴모당이차장봉사신주금장개제근이주과용신건고근고

改葬緬禮節次儀式 祠土地之神祝 維歲次云云幼學姓名敢昭告于

개장면례절차의식 사토디지신축 유세차운운유학성명감소고우

土地之神今爲某官某公 或孺人某封某氏 宅兆不利將改葬于此 合窆則宅兆以

토디지신금위모관모공(혹유인모봉모시)댁됴불리장개장우차(합폄즉댁됴이

下 改 改兆合窆于某官某公之墓或某封某氏之墓 神共保佑俾無後

하를곳처서개조합폄우모관모공지묘혹모봉모시지묘라하고) 신기보우비무후

艱謹以淸酌脯醢祇薦于 神尚饗

간근이청작포혜지천우 신상향

告祠堂祝 前期一日 改葬 神位 告 維歲次云云某親當

고사당축(전긔일々하야개장하는신위에고하고)유세차운々모친(당하는대로쓰고)

某名敢昭告于
모명감소고우
顯某親某官府君 或某親某封某氏 同遷合葬則列書 隨所屬措語 見上
현모친모관부군(혹모친모봉모시또동천합장즉렬서하고수소속조어는현상하
魄體托非其地恐有意外之患驚動先靈 妻弟以下 驚動先靈四字 拔 不
고)백테탁비기디공유의외지환경동선령(처데이하는경동선령네자를빼고)불
勝憂懼將卜以是月某日改葬于某所 合葬則體魄以下三十二字 將以某
승우구장복이시월모일개장우모소(합장즉톄백이하삼십이자를곳처서장이모
月某日改兆合窆于某親某官府君 某親某封某氏之墓 謹以酒果用伸虔
월모일개도합폄우모친모관부군혹모친모봉모시지묘라하고). 근이주과용신건
告謹告 妻弟以下 用伸以下六字 拔 爲告厥由
고근고(처데이하는용신이하륙자를빼고위고궐유하라)
啓舊墓時祠土地之神祝 維歲次云云幼學姓名敢昭告于 土地之神茲有某官某公
계구묘시사토디지신축 유세차운々유학성명감소고우 토디지신자유모관모공
措語 見上土地神祝 卜宅茲地恐有他患 若合窆則恐有他患 今爲合
(조어는현상토디신축(복택자디공유타환(약합폄즉공유타환을곳처금위합
窆 將啓窆遷于他所謹以淸酌脯醢祇薦于 神 神其佑之尙 饗
폄이라하고)장게폄천우타소근이청작포혜지천우 신 시기우지상 향
兩墓 一岡在 一則遷墓 一則不遷 祝 遷墓 位 告
량묘가한날세잇는대하나는천묘하고하나는아니하는축(천묘아니하는위에고하
維歲次云云某親某當 敢昭告于 顯某親某官府君 或某親某封
고)유세차운々모친모(당한대로쓰고)감소고우 현모친모관부군(혹모친모봉
某氏之墓曾以某親某封某氏 或某親某官府君 同葬于一岡 先塋 告則
모시)지묘증이모친모봉모시(혹모친모관부군)동장우일강(만일선영에고한즉

祔葬于此 恐有他患今將啓窆遷于他所追感彌新 先塋告 追感彌新
부장우차라하고)공유타환금장계폄천우타소추감미신(선영에고한즉추감미신

四字 拔 或考妣 告 昊天罔極四字 加 手下 措改語 謹
네자는빼고혹고비에게고한즉호텬망극네자를더하고수하에는조개어하고) 근

以酒果用伸虔告謹告
이주과용신건고근고

啓舊墓祝 維歲次云云某親某 當 敢昭告于 顯某親某官府君 當
계구묘축 유세차운々모친모(당한대로쓰고)감소고우 현모친모관부군(당한

葬于玆地歲月滋久體魄不寧今將改葬 合窆則葬于玆地以下十六字
대로쓰고)장우자디세월자구톄백불녕금장개장(합폄즉장우자디이하십륙자를

拔 將以某月某日合封于某親某官府君或某親某封某氏之墓今方啓墓
빼고장이모월모일합봉우모친모관부군혹모친모봉모시지묘금방계묘라하고)

伏惟 尊靈 妻弟以下 惟靈 不震不驚
복유존령(처뎨이하는유령이라하고)불진불경

遷柩就轝祝 今遷柩就轝敢告 改葬 則朝奠 時告 今日遷柩
천구취여축 금천구취여감고만일젼에와서개장한즉됴뎐올릴때고하되금일천구

就轝還歸室堂敢告
취여환귀실당감고라하나니라

祖奠祝 永遷之禮令辰不留今奉柩車式遵祖道 改葬 則前期一日告
조뎐축 영천지례령신불유금봉구거식준조도만일집에와서개장한즉전기일々고

하나니라

遣奠祝 靈輀載駕往即新宅 若 改葬 則靈輀載駕往即新宅載陳遣禮永
견뎐축 령이재가왕즉신택(약집에와서개장한즉령이재가왕즉신택재진견례영

결종텬이라하나니라)[訣終天]

장후사토디지신축[葬後祠土地之神祝] 유세차운々유학성명감소고우[維歲次云云幼學某□姓名敢昭告于] 토디지신자위모친모관건자[土地之神兹爲某親某官建兹]

택됴(합폄즉금이장필)[宅兆 合窆則今已葬畢] 신기보우비무후간근이청작포혜지천우[神其保佑俾無後艱謹以清酌脯醢祇薦于] 신상향[神尙饗]

고신묘축[告新墓祝] 유세차운々모친모(조어는현상)감소고우[維歲次云云某親某 措語見上 敢昭告于] 현모친모관부군(조어현[顯某親某官府君 措語見

상)지묘신개유택(승중조선망후됴모상을당하야조부모를개장합폄한즉신개유[上之墓新改幽宅 承重祖先亡後祖母喪 當 祖父母 改葬合窆則新改幽]

택이라할하래에합부이선조비모봉모시라하고조비선망즉합부우조고모관부군[宅 下 合祔以先祖妣某封某氏 祖妣先亡則合祔于祖考某官府君]

이라하고부모에도역이차추지하라) 사필봉영복유 존령영안톄백[父母亦以此推之 事畢封塋伏惟 尊靈永安體魄]

장후출주축(당한위에만고하고)금이 현모친모관부군(조어는현상)개장사필감[葬後出主祝 當 位 告 今以 題某親某官府君 措語見上 改葬事畢敢]

청신쥬출취정침공신전고 처제이하는 신차전고[請神主出就正寢恭伸奠告 妻弟以下 伸此奠告]

개장후반곡축 유세차운々모친모감소고우 현모친모관부군(조어현상)신개[改葬後返哭祝 維歲次云云某親某敢昭告于 顯某親某官府君 措語見上 新改]

유택례필반곡(혹종우)숙야미녕제호망극근이청작서수공신전고상향[幽宅禮畢返哭 或終虞 夙夜靡寧啼號罔極謹以清酌庶羞恭伸奠告尙饗]

조고비엔이상은동하고례필종우숙야미녕불승감읍이하는상동[祖考妣以上同 禮畢終虞夙夜靡寧不勝感泣以下上同]

子 悲念若新心焉如燬玆以淸酌庶羞陳此奠告
아들에게 비념약신심언여훼자이청작서수진차전고

兄 悲痛如初至情如何謹以 以下 原祝同
형에게 비통여초지정여하근이 이하는 원축과동

弟 悲痛如初情何可處玆以淸酌庶羞陳此奠告
아우에게 비통여초정하가처자이청작서수진차전고

妻 感傷重新不自勝堪 奠告
안해에게 감상중신불자승감 뎐고

歲一次墓祭祝 親盡 墓 歲一祀 俗稱時祭 維歲次云云十月干支朔日干支幾代孫某名敢昭告于 始祖考 或先祖考或幾代祖考始祖妣先祖妣幾代祖妣某封某氏 某官府君 合墓則妣位 列書 之墓今以草木歸根之時追惟報本禮不敢忘瞻掃封塋不勝感慕謹以淸酌庶羞祇薦歲事尙 饗

세일차묘제축(친진한묘에세일사니속칭시제라)유세차운々십월간지삭일간지긔대손모명감소고우 시조고(혹선조고혹긔대조고시조비선조비긔대조비모봉모시)모관부군(합묘즉비위를렬서하고) 지묘금이초목귀근지시추유보본례불감망첨소봉영불승감모근이청작서수지천세사상 향

墓祭土地神祝 維歲次云云幼學姓名敢昭告于 土地之神某恭修歲事于某親某官府君 或某親某封某氏 之墓維時保佑實賴 神休敢以酒饌敬伸奠獻尙 饗

묘제토디신축 ◎ 유세차운々유학성명감소고우 토지지신모공수세사우모친모관부군(혹모친모봉모시)지묘유시보우실뢰 신휴감이주찬경신뎐헌상 향

以下 不時告由祝式
이하는불시고유축식

妻襄練祭前期一日 告由 十一月而練 明日練事悲悼堪忍先以酒果謹告
처상련제전긔일々하야고유(십일월이련)명일련사비도감인선이주과근고

練祭祝 維歲次云云夫姓名昭告于 在外 子 代行曰夫有事在外不
련제축 유세차운々부성명소고우 (난편이재외하면아들로대행왈부유사재외불

得將事故子某名昭告于 亡室某封某氏日月不居奄及練祭悲悼酸苦不自堪勝玆
득장사사자모명소고우) 망실모봉모시일월불거엄급련제비도산고불자감승자

以淸酌庶羞陳此練事尙 饗
이청작서수진차련사상 향

國恤卒哭前 小祥 退行 告由 小祥前期一日告 今遭國恤未伸常事明
국휼졸곡전에소상을물녀지내는고유(소상전긔일々고하라)금조국휼미신상사명

當奠儀今擇某月某日爲常事之禮敢告
당뎐의금택모월모일위상사지례감고

小祥日祝 維歲次云云某親某 當 敢昭告于 顯某親某官府君 (或某
소상일축 유세차운々모친모(당한대로쓰고)감소고우 현모친모관부군(혹모

親某封某氏 日月不居奄及小祥以國恤之故不得殷祭情理缺然謹以單獻之禮薦
친모봉모시) 일월불거엄급소상이국휼지고불득은제정리결연근이단헌지례천

此禮儀尙 饗
차례의상 향

追行日祝 維歲次云云某親某 當 敢昭告于 顯某親某官府君 (或某
추행일축 유세차운々모친모(당한대로쓰고)감소고우 현모친모관부군(혹모

親某封某氏 以國恤之故不伸情禮今擇吉日以伸情禮不勝感愴謹以淸酌庶羞哀
친모봉모시) 이국휼지고불신정례금택길일이신정례불승감창근이청작서수애

薦常事尙 饗
천상사상 향

國恤中大祥 退行 告由 大祥前期一日 告 今遭國恤不伸祥事明當略
국휼중대상을퇴행하는고유(대상전긔일々하야고하고)금조국휼불신상사명당략

奠奠有單獻未闋孝服將以某月某日以伸祥禮以闋孝服謹以酒果用伸虔告謹告
전々유단헌미결효복장이모월모일이신상례이결효복근이주과용신건고근고

大祥日祝
대상일축

維歲次云云某親某敢昭告于當 顯某親某官府君或某親某封某氏 日月不居祥日已至以國恤之故未伸祥儀哀慕不寧昊天罔極謹以淸酌庶羞哀薦祥事尙饗
유세차운々모친모감소고우(당한대로쓰고) 현모친모관부군(혹모친모봉모씨) 일월불거상일이지이국휼지고미신상의애모불녕호텬망극근이청작서수애천상사상향

追行日祝
추행일축

維歲次云云某親某敢昭告于當 顯某親某官府君或某親某封某氏 今卜令日禮伸殷奠且闋孝服夙興夜處哀慕不寧謹以淸酌庶羞哀薦祥事尙饗改措語並同原祝
유세차운々모친모감소고우(당한대로쓰고) 현모친모관부군(혹모친모봉모시) 금복령일례신은뎐차결효복숙흥야처애모불녕근이청작서수애천상사상향 개조어는병동원축

追喪成服告由
추상성복고유

或出他幾十年還歸其間父母死亡亦幾十年則追後發喪成服
(혹출타긔십년만에환귀하매기간부모사망이역긔십년지추후발상성복)

維歲次云云孤子或哀子某名今將成服因喪三年以伸終天之痛謹以酒果用伸虔告謹告
유세차운々고자(혹애자)모명금장성복인상삼년이신종텬지통근이주과용신건고근고

小祥 維歲次云云孤子哀子某名敢昭告于 顯某親某官府君某封某氏 今日追喪之朞日夙夜靡寧啼號罔極謹以淸酌庶羞祇薦常事尙饗
소상엔 유세차운々고자(애자) 모명감소고우 현모친모관부군(모봉모시) 금일추상지긔일숙야미녕제호망극근이청작서수지천상사상향

大祥祝禫祭祝同原祝式
대상축담제축동원축식

主人聞訃 主人 父母死亡 後月 小祥日前期 告由 聞
주인문부가(주인은맛아들이라)부모사망한후달이면소상일전긔하야고유하고문

訃日 小祥 退行 告由 某名罪逆凶釁不克敬孝昨年聞訃在於某月某日將
부일로소상을퇴행하는고유 모명죄역흉흔불극경효작년문부재어모월모일장

以是日退行小祥而明日諱辰且行一獻之禮彌增罔極謹告 支次子
이시일퇴행소상이명일휘신차행일헌지례미증망극근고(지차아들은이리아니

하나니라

奔喪者練祀告由 子某聞訃奔喪於某月某日及其小祥不敢練服將以明日敢行小
분상한자련사고유 자모문부분상어모월모일급기소상불감련복장이명일감행소

祥之儀謹以酒果用伸虔告謹告 大祥則及其大祥敢行大祥之儀
상지의근이주과용신건고근고(대상즉급기대상감행대상지의라하나니라)

居喪三年內 祖先忌祭祀 祝式 今日則 顯某親之諱日 當 某孫某
거상삼년내에조선긔제사에축식 금일즉 현모친지휘일(당한대로쓰고)모손모

當 遭某親之喪 當 不敢殷祭謹將略設之禮恭伸奠獻尙
(당한대로쓰고)조모친지상(당한대로쓰고)불감은제근장략설지례공신뎐헌상

饗
향

三年後合櫝祝 維歲次云云孝子某敢昭告于 顯考某官府君顯妣某封某氏 顯考
삼년후합독축 유세차운々효자모감소고우 현고모관부군현비모봉모시 현고

或顯妣 三年已過事故層疊違禮合享痛釁深今玆合櫝不勝感愴謹以酒果用伸
(혹현비)삼년이과사고층첩위례합향통석미심금자합독불승감창근이주과용신

虔告謹告前期一日 明日合櫝不勝感愴敢告
건고근고전긔일々하야먼저명일합독불승감창감고라고하나니라

선대신주별묘하는고유(자손친진한사당은됴천이불천지위난별묘하나니라)유세
先代神主別廟 告由 子孫親盡 祠堂 祧遷而不遷之位 別廟 維歲

차운々오대손모감소고우 현오대조고모관부군 현오대됴비모봉모시금일별
次云云五代孫某敢昭告于 顯五代祖考某官府君 顯五代祖妣某封某氏今日別

묘불승감창감고(불천지위아니오손자항이잇서도사세가능히봉사못할디경이
廟不勝感愴敢告 不遷之位 孫子行有 事勢能奉祀 地境

면별묘하나니라)유세차운々오대손모감소고우 현오대조고모관부군현오대조
別廟 維歲次云云五代孫某敢昭告于 顯五代祖考某官府君顯五代祖

비모봉모시자손친진불능봉사유됴천지례이손항상존선왕제례불감위월자이별
妣某封某氏子孫親盡不能奉祀有祧遷之禮而孫行尚存先王制禮不敢違越玆以別

묘불승감창감고
廟不勝感愴敢告

실부추제축(아비를일어종내들어오자아너면그아들이추상하고제주하나니라)유
失父追題祝 終乃 追喪 題主 維

세차운々자모감소고우 현고모관부군복이모죄역철텬조격안범금긔십년리절
歲次云云子某敢昭告于 顯考某官府君伏以某罪逆徹天早隔顏範今幾十年理絕

호구텬디망々일월유긔게례발상규도벽용미소례급신주긔성복유 존령서빙시
號求天地茫茫日月有期稽禮發喪叫咷擗踊靡所逮及神主既成伏惟 尊靈是憑是

의
依

지차손자가봉사하고개제축 유세차운々모친모감소고우(지자자손불칭효하나
支次孫子奉祀 改題祝 維歲次云云某親某敢昭告于 支子支孫不稱孝

니라)현모친모관부군현모친모봉모시 (제위를렬서하고)복이종손모신몰무후
顯某親某官府君顯某親某封某氏 諸位列書 伏以宗孫某身歿無后

大祥己届某以次孫今當代奉先祀某位神主當祧某位神主 諸位列書 今將改
대상이계모이차손금당대봉선사모위신주당됴모위신주(제위렬서하고)금장개
題世既迭遷宗又移易不勝感愴謹以酒果用伸虔告謹告
제세긔질쳔종우이역불승감창근이주과용신건고근고

石物 祝式 誌石床石碑石入石望柱石魂遊石擇日設奠告祝 維歲
석물세우는축식 지석상석비석인석망주석혼유석택일설뎐고축하나니라 유세
次云云某親某 當 敢昭告于
차운々모친모(당한대로쓰고)감소고우
顯某親某官府君 某親某封某氏 當 之墓伏以財力不逮儀物久闕今
현모친모관부군 모친모봉모시(당한대로쓰고)지묘복이재력불태의물구궐금
具某物用衛神道 碑石 用表墓道 誌石 不于美閉 伏惟尊靈是
구모물용위신도(비석은용표묘도라하고지석은리우연문이라하고)복유존령시
憑是安 卑幼 伏惟尊靈 惟靈
빙시안(비유엔복유존령을유령이라하나니라)

石物 後土地之神祝 維歲次云云幼學姓名敢昭告于 土地之神今爲某官某公
석물세운후토지디신축 유세차운々유학성명감소고우 토디지신금위모관모공
之墓茲將某石 石物 隨稱 用衛神道 神其保佑俾無後艱謹以酒果祇薦于
지묘자장모석(석물을수칭하고)용위신도 신기보우비무후간근이주과지천우
神尙 饗
신상 향

改莎草土地之神祝 維歲次云云幼學姓名敢昭告于 土地之神今爲某官某公 或
개사초토디지신축 유세차운々유학성명감소고우 토디지신금위모관모공 (혹
某封某氏 塚宅崩頹將加修治 神其保佑俾無後艱謹以酒果祇薦于 神尙 饗
모봉모시) 총택붕퇴장가수치 신기보우비무후간근이주과지천우 신상 향

고묘축 유세차운々모친모(당한대로쓰고)감소고우 모친모관부군(당한대로
告墓祝 維歲次云云某親某 當 敢昭告于 某親某官府君 當

쓰고) 지묘세월자구초쇠토븨금이길신의봉개사복유 존령불진불경근이주과
之墓歲月玆久草衰土圯今以吉辰益封改莎伏惟 尊靈不震不驚謹以酒果

용신건고근고
用伸虔告謹告

개사초후위안제축 유세차운々모친모(상동)감소고우 현모친모관부군(혹모
改莎草後慰安祭祝 維歲次云云某親某 上同 敢昭告于 顯某親某官府君 或某

친모봉모시) 지묘긔봉긔사구택유신복유존령영세시령근이주과용신건고근고
親某封某氏 之墓既封既莎舊宅惟新伏惟尊靈永世是寧謹以酒果用伸虔告謹告

등과초사가자영뎐추증분황제반축식 유세차운々모친모(당한대로쓰고)감소고
登科初仕加資榮典追贈焚黃諸般祝式 維歲次云云某親某 當 敢昭告

우 현모친모관부군현모친모봉모시(당한대로쓰고)모지자(혹손혹증손현손)
于 顯某親某官府君顯某親某封某氏 當 某之子 或孫或曾孫玄孫

모명이모월모일몽 은수모과봉승선훈획참출신여경소급불승감모근이주과용
某名以某月某日蒙 恩授某科奉承先訓獲忝出身餘慶所及不勝感慕謹以酒果用

신건고근고
伸虔告謹告

초사엔 운々몽 은수모관봉승선훈획참록사 여경소급이하는동상
初仕 云云蒙 恩授某官奉承先訓獲忝祿仕 餘慶所及以下 同上

진사엔 모등입격 승국상
進士 某等入格 升國庠

가자삼대추증후분황개제주시출주축 금이자혹손증손현손모렬관우됴추증 현
加資三代追贈後焚黃改題主時出主祝 今以子或孫曾孫玄孫某列官于朝追贈 顯

某親某官府君顯某親某封某氏當 請告焚黃敢請 顯某親某官府君
모친모관부군현모친모봉모시(당한대로쓰고)청고분황감청 현모친모관부군
顯某親某封某氏神主出就正寢恭伸敢告
현모친모봉모시신주출취정침공신감고

焚黃祝 維歲次云云某親某敢昭告于 顯某親某官府君顯某親某封某氏奉某月某日
분황축 유세차운々모친모감소고우 현모친모관부군현모친모봉모시봉모월모일
敎書贈 顯某考某官 顯某妣某封某氏 三代考妣 列書 某奉承先訓竊位
교서증 현모고모관 현모비모봉모시(삼대고비를렬서하고)모봉승선훈절위
于 朝祇奉
우 됴지봉
恩慶有此褒 贈祿不及養摧咽難勝敬錄以焚益增哀殞所 贈官封今將改題主謹
은경유차포 증록불급양최열난승경록이분익증애운소 증관봉금장개제주근
以酒果用伸虔告謹告擇丁日或亥日、厚壯紙 槐黃色 染 黃紙 敎旨勅
이주과용신건고근고택뎡일혹해알하야후장지에괴황색을염하야황지에교지칙
命 謄書 廳事 神位 排設 敎旨勅命 床 香案 曾
명을등서하고텽사에신위를배설하고교지칙명을밧들어상에뫼서향안에노코증
祖考妣以下神主設位 祭神降神陳饌初獻告祝 三代神位 一祝
고비이하신주를설위한대뫼시고참신강신진찬초헌고축하되삼대신위를일축
板 列書 亞獻終獻辭神禮畢 祝東向跪坐 黃紙錄書 祝文 焚火
판에렬서하고아헌종헌사신례필에축이동향궤좌하야황지록서와축문을분회하
撤床 三代追榮祝 維歲次云云孝曾孫某名敢昭告于顯曾祖考朝奉文
고철상하나니라삼대추영축 유세차운효운증손모명감소고우현증조고됴봉문
夫行義禁府都事府君
부행의금부도사부군

顯曾祖妣恭人光山金氏
현증조비공인광산김시
顯祖考通訓大夫行弘文舘敎理兼 經筵春秋舘編修官府君
현조고통훈대부행홍문관교리겸 경연춘추관편수관부군
顯祖妣淑人全州李氏
현조비숙인전주리시
顯考通政大夫行承政院左承旨兼 經筵參贊官春秋舘編修官府君
현고통정대부행승정원좌승지겸 경연참찬관춘추관편수관부군
顯妣淑夫人安東金氏子某名奉承先訓竊祿于朝獲被恩慶榮及 先廟乃某月某
현비숙부인안동김씨자모명봉승선훈절록우 됴획피은경영급 선묘내모월모
日
일
勅命追贈
칙명추증
顯曾祖考朝奉大夫行義禁府都事府君 贈通訓大夫司僕寺正
현증조고됴봉대부행의금부도사부군 증통훈대부사복사정
顯曾祖妣恭人光山金氏 贈淑人
현증조비공인광산김시 증숙인
顯祖考通訓大夫行弘文舘校理兼經筵春秋舘編修官府君 贈通政大夫禮曹參議
현조고통훈대부행홍문관교리겸경연춘추관편수관부군 증통정대부례조참의
顯祖妣淑人全州李氏 贈淑夫人
현조비숙인전주리시 증숙부인
顯考通政大夫行承政院左承旨兼經筵參贊官春秋舘編修官府君 贈嘉善大夫
현고통정대부행승정원좌승지겸경연참찬관춘추관편수관부군 증가선대부
禮曹參判兼同知義禁府事春秋舘成均舘事
례조참판겸동지의금부사춘추관성균관사

顯妣淑夫人安東金氏 贈貞夫人維是容音日遠追養靡及祇奉 命書且喜且悲敬
현비숙부인안동김시 증정부인유시용음일원추양미급지봉 명서차희차비경

錄以焚黃增哀殞謹以酒果用伸虔告謹告
록이분황증애운근이주과용신건고근고

奠獻節次 焚黃禮節 同上
뎐헌절차와 분황례절은 동상

縈墳(外任 掃墳)祝 維歲次云云孝子(或孫或曾孫玄孫或幾代孫)某名
영분(외임갈때소분하는것)축 유세차운々효자(혹손혹증손현손혹몃대손)모명

以某月某日蒙 恩授某州某官今將赴任拜掃 先塋不勝感慕謹以酒果用伸虔告
이모월모일몽 은수모주모관금장부임배소 선영불승감모근이주과용신건고

謹告
근고

外任 祠堂 祝 維歲次云云孝子(孫曾孫玄孫)某名敢昭告于
외임갈때사당뫼시고가는축 유세차운々효자(손증손현손)모명감소고우

顯某親某官府君顯某親某封某氏(四代奉祀 高祖考妣以下列書)蒙 恩
현모친모관부군현모친모봉모시(사대봉사하면고조고비이하렬서하고)몽 은

授某州某官今日辭 陛將奉祠堂以行謹以酒果用伸虔告謹告
수모주모관금일사 폐장봉사당이행근이주과용신건고근고

祠堂修改時移安祝 今以廟宇不完將改修葺敢請 神主暫移他所
사당을수개시이안축 금이묘우불완장개수집감청 신주잠이타소

還奉安時祝 今以修廟役畢奉還于廟伏惟 神位是安是寧
도로봉안시축 금이수묘역필봉환우묘복유 신위시안시녕

移舍移安祝 家宅不利已買他方(或他里)今以吉辰奉陪移寓
이사할때이안축 가택불리이매타방(혹타리)금이길신봉배이우

入宅奉安祝 屋宇維新廟儀如舊伏惟神位是居是寧

집들고봉안하는축 옥우유신묘의여구복유신위시거시녕

旌門修理告由祝 顯某位旌門頹圮今以修改更立不勝感愴謹以酒果用虔告謹告

정문수리고유축 현모위정문퇴비금이수개갱립불승감창근이주과용건고근고

追贈因旌門修改祝 顯某位國恩罔極有此褒贈祇奉恩慶改修旌門不勝感愴謹以酒果用伸虔告謹告

추증을인하야정문수개축 현모위국은망극유차포증지봉은경개수정문불승감창근이주과용신건고근고

水火或盜賊神主亡失後改造神主祝 題主時告由 子某罪逆深重火延神位今將改題敢告 題主後奠獻時告祝 維歲次云云不孝子孫曾孫玄孫某名敢昭告于 顯某親某官府君顯某親某封某氏 當 伏以某罪逆不淺家人失火災及 祠堂顯天叫地無所逮及 水災則暴雨浸舍神主奄漂攀拯末由五內崩摧 盜失則天遺偷子歸掠神主旁求無所五內崩摧 祇奉神主倣舊新題伏惟尊靈是憑是依

수화혹도적에게신주를망실후개조신주축(제주시에먼저고유)자모죄역심중화연신위금장개제감고 제주후뎐헌할시고축 유세차운々불효자(손증손현손)모명감소고우 현모친모관부군현모친모봉모시(당한대로쓰고)복이모죄역불천가인실화재급 사당유텬규디무소데급(수재즉폭우침사신주엄표반증말유오내붕최라하고도실즉텬견투자귀략신주방구무소오내붕최) 지봉신주방구신제복유존령시빙시의

失火墓所慰安祭祝 維歲次云云某親某 當 敢昭告于 顯某親某官府君顯某親某封某氏之墓 合窆則列書 當 伏以守護不謹野人失

실화한묘소위안제축 유세차운々모친모(당한대로쓰고)감소고우 현모친모관부군현모친모봉모시지묘(합폄즉렬서하고당한대로쓰고)복이수호불근야인실

火勢成燎原災延塋域 墳上焚 災延 改 災近
회세성료원재연영역(만일분상이타지아니하얏시면재연을곳처재근이라하고)
伏惟震驚不勝痛慕謹以酒果用伸虔告謹告
복유진경불승통모근이주과용신건고근고

喪人喪服失改造告由
상인이상복을일코개조고유
不肖子某不孝無常不奉先訓有失喪服玆敢改造就
불초자모불효무상불봉선훈유실상복자감개조취
告顯某親之靈當 謹以酒果用伸虔告謹告
고현모친지령(당한대로쓰고)근이주과용신건고근고

喪服失火改造告由
상복을실화개조고유
不肖子某不孝無常不能謹守焚失喪服玆敢改造就告顯某
불초자모불효무상불능근수분실상복자감개조취고현모
親之靈當 謹以酒果用伸虔告謹告
친지령(당한대로쓰고)근이주과용신건고근고

失傳先代墳墓追尋 疑信中啓墓祝
실전한선대분묘를추심하는대의신중개묘축
維歲次云云某官某姓名敢昭告于
유세차운々모관모성명감소고우
古塚之神某幾代祖某官之墓久失其處古來相傳在於某地旣無碑表莫可指的或冀
고총지신모괴대조모관지묘구실기처고래상전재어모디괴무비표막가지적혹긔
有壙誌之可以考證者不敢不略啓塋域伏願不震不驚
유광지지가아고증자불감불약계영역복원불진불경

墳墓後慰安祭祝
분묘차존후위안제축
維歲次云云幾代孫某名敢昭告于顯幾代祖考 或幾代祖
유세차운々몃대손모명감소고우현괴대됴고(혹괴대조
妣某封某氏 某官府君之墓竟失守護歲已百餘今玆啓窆乃的幽誌顯晦有時喜且
비모봉모시)모관부군지묘경실수호세이백여금자계폄내적유지현회유시회차
感慕改築改莎封域玆新伏惟尊靈永世是安謹以酒果用伸虔告謹告
감모개축개사봉역자신복유존령영세시안근이주과용신건고근고

고총파서 증거업슴으로 도로 봉축하고 위안고유축 유세차운々모관성명 소감고우
(古塚 證據無 還 封築 慰安告由祝 維歲次云云某官姓名敢昭告于)

고묘지령 경실선영 장심유지 감훼봉역 원자오계 잉축긔사 외구신봉 근고이주 휴구
(古墓之靈 竟失先塋 將尋幽誌 敢毁封域 爰茲謬啓 仍築旣莎 依舊新封 謹告以酒 休咎)

시녕
(是寧)

가중토디신제(가후정결하대 축단하고) 주자 게서 거가에 사시와 세말에 토주에 제하
(家中土地神祭 家後淨潔 築壇 朱子 居家 四時 歲末 土主 祭)

시니 강신참신진찬을 가묘제의와 갓치하야 삼헌독축하되 유식진다만 업고 사신하
(降神參神陳饌 家廟祭儀 三獻讀祝 侑食進茶 無 辭神)

고 철상하나니라 축왈 유세차운々모관성명 감소고우
(撤床 祝曰 維歲次云云某官姓名敢昭告于)

토디지신 유차중춘 세공운시(하즉 중하 응긔시물창무 추즉 유차중추 세공장취 동
(土地之神 維此仲春 歲功云始 夏則仲夏應期時物暢茂 秋則維此仲秋 歲功將就 冬)

즉 유차중동 세공고필 세말즉세률장경 행자안길) 약시소사(추동세에는 약시보
(則維此仲冬歲功告畢 歲末則歲律將更 幸茲安吉 若時昭事 秋冬歲 若時報)

사라하고) 감유불흠 빈조수미 서장성의 유 신 감향 영뎐궐거 (세말엔 보영뎐궐
(事 敢有不欽 蘋藻雖微 庶將誠意 維 神 歆享 永奠厥居 歲末 永奠厥)

거네자빼고 지이춘긔라 한고) 상 향
(居四字拔 介以春期 尙 饗)

복제례식 (服制禮式)

부상은 참최삼년이니 극히 추한 마포로 제복과 상복을하되 아래가를 꿈이지아니하
(父喪 斬衰三年 極 麤 麤布 祭服 喪服)

고

모상(母喪)은재최삼년(齊衰三年)이니추한마포(麁麻布)로제복(祭服)과상복(喪服)을하되아래가를숨이나니이걸일오되집변(緝邊)이라

부재모상(父在母喪)(아비생존(生存)하고어미죽은것)긔년(朞年)이니열한달(十一月)되거든택일(擇日)하야련제(練祭祀)사지내고상복(喪服)벗나니소상례법(小祥禮法)이오소상(小祥)을당(當)하야는대상례(大祥禮)로지내고궤연(几筵)을거두어치우고심상인(心喪人)의례복(禮服)을입나니례문(禮文)에하기를십일월(十一月而練)이련이오십삼월(十三月而朞)이긔라하나라또집삼월(十三月)이면두긔(二朞)이니대상시(大祥時期)긔라심상인(心喪人)의례복(禮服)은이십칠월(二十七月)에결복(闋服)하나니라

심상인(心喪人)의례복(禮服)은묵립(墨笠)(먹칠한갓)총망건(驄網巾)흰숨이개흰당줄다듬은뵈직령(布直領)뵈행전(行纏)먹물드린포뵈띄(墨布帶)뵈갓슨이니라

난편의복제(服制)도참최삼년(斬衰三年)이오평생(平生)을호소(縞素)하나니라

승중(承重)아비얼즉죽고조부모(祖父母)생존(生存)하얏다가상사(喪事)나면맛손자(嫡孫子)가아비대신상제(代身喪制)되야부모(父母)거상(居喪)과갓치참최삼년(斬衰三年)재최삼년(齊衰三年)하되조부(祖父)생존(生存)하시고조모상사(祖母喪事)나면이도또부재모(父在母)

상(喪)과 갓치 긔년(朞年)이니라

긔년(朞年)은 한돌이니 열석(十三)달(朔)이오 대공(大功)은 구월(九月)이니 아홉달이오 소공(小功)은 오월(五月)이니 다섯달이오 싀마(緦麻)는 삼월(三月)이니 석달이니라

긔년복(朞年服)은 조부모(祖父母) 삼촌내외(三寸內外) 형뎨(兄弟) 아들(子) 맛며나리(嫡子婦) 족하(姪) 맛손자(嫡孫子) 출가아니한 녀(未出嫁女) 출가아니한 누의(未出嫁姉妹) 출가아니한 고모(未出嫁姑母) 출가아니한 질녀(未出嫁姪女) 안해(妻)

대공복(大功服)은 출가한 고모(出嫁姑母) 출가한 누의(出家姉妹) 출가한 녀(出嫁女) 출가한 질녀(出嫁姪女) 종형뎨(從兄弟) 지차며나리(支次子婦) 질부(姪婦) 자근손자(支次孫子)

소공복(小功服)은 종조부모(從祖父母) 당숙부모(堂叔父母) 재종형뎨(再從兄弟) 당질(堂姪) 종손(從孫) 외됴부모(外祖父母) 외삼촌내외(外三寸內外) 이모(姨母) 생질(甥姪) 생질녀(甥姪女)

싀마복(緦麻服)은 종증조부모(從曾祖父母) 재종조부모(再從祖父母) 재종숙부모(再從叔父母) 재종질(再從姪) 재종손(再從孫) 삼종형뎨(三從兄弟) 내외종형뎨(內外從兄弟) 처부모(妻父母) 사위(婿)

양자(養子)나 가니 생정복제례식(生庭服制禮式)

부모(父母) 긔년(朞年)인대 심상삼년(心喪三年) 조부모대공(祖父母大功) 삼촌내외대공(三寸內外大功) 형뎨대공(兄弟大功) 족하(姪)대공(大功) 종(從)

형제소공(兄弟小功) 고모소공(姑母小功) 누의소공(姉妹小功) 질부소공(姪婦小功) 질녀소공(姪女小功) 종조부모식마(從祖父母緦麻) 재종(再從)

형제식마(兄弟緦麻) 재종질식마(再從姪緦麻) 당숙내외식마(堂叔內外緦麻) 당질식마(堂姪緦麻)

출가(出嫁)한 녀자(女子) 친정복제례식(親庭服制禮式)

부모(父母) 긔년(朞年) 심상삼년(心喪三年) 조부모대공(祖父母大功) 삼촌내외대공(三寸內外大功) 형뎨대공(兄弟大功) 족하(姪)대공(大功) 고모대(姑母大)

공(功) 사촌형제소공(四寸兄弟小功)

복제식(服制式) 가(暇)하는 긔한(期限)은 긔년(朞年)복(服)은 삼십일(三十日) 대공(大功)복(服)은 이십일(二十日) 소공(小功)복(服)은 십오일(十五日) 식(緦)

마(麻)복(服)은 칠일(七日)이오 국제(國制)에 외조부모(外祖父母)는 가급(加給) 십오일(十五日) 처부모(妻父母)는 가급(加給) 이십삼일(二十三日)이니

라 가급(加給)은 더 주단 말이라

됴쟝(弔狀) 왕복(徃復) 서식(書式) 됴쟝(弔狀)은 상거(相居)가 서로 멀거나 부득이(不得己)한 사고(事故)가 잇서 됴상(弔喪)가지 못하

면 편지(片紙)로 인사(人事)하난것이라 족척간(族戚間) 존항(尊行) 상사(喪事)에 위문(慰問)

통곡통곡(痛哭痛哭)하오며

한아바님 한마님 큰아바님 큰어마님 자근아바님 자근어마님 큰아자바님 큰아자마님 자근아자바님 자근아자마님 큰형님 자근형님 (그때당(當)한대로쓰고) 상사(喪事)난무삼말삼을알외오리잇가평일(平日)에긔력(氣力)이강건(康健)하압시니병환(病患)이비록침중(沉重)하압시나회춘(回春)하압시기를바랏삽더니천々만몽(千千萬夢)매밧 흉음(凶音)이일을줄엇지뜻하얏삽오리잇가졸지(猝地)에거창(巨創)하옵신일을당(當)하옵시니수의범백(壽衣凡百)을엇지판비(辦備)하압시며양례(襄禮)난어내때로완정택일(完定擇日)하압섯난지즉시나가서뵈압지못하오녀정례(情禮)와인사(人事)가아니온지라통박통박(痛迫痛迫)하오이다

과도(過度)이애훼(哀毁)홈은옛사람의경계(警戒)한바이오니업대여바라건대갑히관억(寬抑)하오서례제(禮制)를좃츠쇼서련(連)하와애훼망극중(哀毁罔極中)긔후안녕(氣候安寧)부지(扶支)하오서큰병환(病患)이나업스신가일념(一念)이오며이곳은서사인사(書辭人事)라도남보다몬저못하니죄송만만(罪悚萬萬)이로소이다수자(數字)알외오니래래(來來)긔력천만부지(氣力千萬扶支)하압심바라나이다

년월일 아모 소상

답소상(答疏上) 동성(同姓)엔 사촌(四寸)붓터 종(從)이라 칭(稱)

이곳은 죄역(罪逆)이 심중(深重)하와 혹화(酷禍)가 선인(先人)(모상(母喪)에선비(先妣)라하고)게 밋치니 텬디(天地)를 브르지져 밋칠곳이 업스며 완(頑)만한 목숨이 오히려 보전(保全)하오니 더욱 통박망극(痛迫罔極)하오며 위문(慰問)하오심을 밧자오니 애감무디(哀感無地)로소이다 남아지는 황미(荒迷)하와 이만 긋치나이다

년월일 죄종 아모 답소상

인척간부모상됴장(姻戚間父母喪吊狀)

천만몽매(千萬夢寐)밧 선대인숙주(先大人叔主)(혹대부대모숙모형주(或大父太母叔母兄主))상사(喪事)난 지극경달(至極驚怛)하온바 지필(紙筆)을 밧들어 무삼 말삼을 알외오리잇가 환후(患候) 비록 침중(沉重)하오시나 상제(喪制)님 성효(誠孝)로 물약자효(勿藥自效)하시난 경사(慶事)바랏삽더니 졸디(猝地)에 대변(大變)을 당(當)하압시니 초종범절(初終凡節)을 엇지 길거(拮据)하압시고 산디(山地)난 어대로 완정(完定)하오서 양례(襄禮)난 언제로 택일(擇日)하오시니잇가 련(連)하와 애훼중(哀毁中) 긔후(氣候) 엇지 부지(扶支)하시난지 비회간절(悲懷懇切)이오며 척질(戚姪)은 진시(趂時) 령연일곡(靈筵一哭)도 못하압고 서사위문(書辭慰問)도 인제야

하오나 정리인사(情理人事)에 죄송만만(罪悚萬萬)이로소이다 바라건대 십분관억(十分寬抑)하오서 이효상효(以孝傷孝)의 경계(警戒)를 범(犯)치 마옵소서

년월일 척질 성명 소상 (혹척손척종)

답소상(答疏上)

계상재배(稽顙再拜)하압고 (정명(姓名))은 죄악심중(罪惡深重)하와 졸연(猝然)이 친상(親喪)을 당(當)하오니 창황(蒼黃)하온 중 초종(初終) 범절(凡節)도 례(禮)를 갖초지 못하와 더옥 망극(罔極)하오이다

하문(下問)하오심 애감무디(哀感無地)하오며 황미(荒迷)하와 이만 굿치옵나이다

년월일 죄직종 성명 답소상

동세간(同壻間)에 친정부모상(親庭父母喪)에 조장서식(吊狀書式)

형님전(兄主前) 소상서(疏上書)

천만몽매(千萬夢寐) 밖에 친당대고(親堂大故) 말삼이야 지필(紙筆)을 대(對)하와 무삼 말삼을 하오리잇가 문부(聞訃)하압시고 망극(罔極)하오신 심회(心懷) 오작하오시리잇가 세월(歲月)이 덧업사와 어느덧 초종성복(初終成服)을 맛자오시니 촉처(觸處)에 유한지통(遺恨之痛)을 엇지 관억(寬抑)하오시라 하정(下情)에 못내 일컷사오며 일긔(日氣) 고로옵지 못하

온대련(連)하와 애훼중긔력(哀毁中氣力)부지(扶支)하옵신문안(問安)아옵고자하오며여긔는 야바님게압

서미령(靡寧)하옵신중(中)어마님게압서감환(感患)으로수일(數日)째편(便)치못하옵시니초민(焦悶)하오이다사

연남사오나수요수자(愁撓數字)알외오니래래(來來)긔운안녕(氣運安寧)부지(扶支)하옵심축수(祝手)하압나이다

년 월 일 식제 성 소상서

동세전(同似前) 답소상(答疏上)

이곳은죄악(罪惡)이심중(深重)하와천만불의(千萬不意)의변(變)을당(當)하오니망극지통(罔極之痛)이유구유심(愈久愈深)이오며이처

럼하문(下問)하오시니애감만만(哀感萬萬)이외다일긔불순(日氣不順)하온대시봉긔운평안(侍奉氣運平安)하오시니위회(慰懷)이

오나두분례절(分禮節)미령중(靡寧中)지내신다하압시니외(外)오서초민(焦悶)하온정사(情事)일시(一時)도무리지못하

나이다말삼남사오나비요중대강(悲撓中大綱)적삽나이다

년 월 일 식형 답소상

딸의싀부모상됴장서식(偲父母喪吊狀書式)

천만처만몽매(千萬千萬夢寐)밧게녀의 싀(偲)어루신네상사(喪事)말삼은무삼말을하랴시일(時日)이되엿서어대

덧초종장사(初終葬事)를지내시니망극지통(罔極之痛)오작하랴상제(喪制)님이남에업단효심(孝心)으로물약지효(勿藥自効)로
회춘(回春)하오실싸바라다가일됴(一朝)에화변(禍變)을당(當)하시니망극지통(罔極之痛)이더욱그지업슬듯향념간(向念懇)
절(切)하며련(連)하야일긔불순(日氣不順)한대상제(喪制)님큰병(病)이나업고너도몸성한가념려일시(念慮一時)도노이
지못한다여긔난혼실무고(渾室無故)하나신병(身病)이지리(支離)하니괴롭고허다(許多)걱정써날적업스니귀(貴)
치아니타몸이나성이잇는회답(回答)바란다

년 월 일 모서

어마님전(母主前) 답소상서(答疏上書)

식(息)은죄역(罪逆)이심중(深重)하와존구(尊舅)(식모(媤母)난존고(尊姑)라하고)대고(大故)를당(當)하오니망극(罔極)하온중사(中舍)
랑(廊)에서너무애훼(哀毁)하오나보압기실(實)로망극(罔極)하오며하서(下書)밧자와뵈오니근일(近日)
긔후미녕(氣候靡寧)하압시니복려만만(伏慮萬萬)이오며식(息)은아즉별고(別故)난업사오나대사(大事)를당(當)하와일에허
여나지못하와골몰(汨沒)이지내얏사오니언제나가뵈압고허다(許多)한말삼하올난지긔필(期必)치못
하겟삽나이다수요(愁擾)하와이만알외오며래래(來來)안녕(安寧)하압신문(問)안(安)수히듯삽기바라압

나이다

년 월 일 식 답소상서

친구간부모상됴장서식 (親舊間父母喪弔狀書式)

천만천만몽매밧게 존대인(내간엔존대부인이라하고) 상사난지극경달하와무
삼말삼을하오리잇가 상제님근천성효로무량한하수를하오실가바랏삽더니엇지
이디경에일으실줄뜻하얏시리잇고졸디에거창하오신일을당하오시니초종범절을
엇지례로써하오시며산디난어대길디를정하오사고양례택일은언제로하시난이잇
가애훼중례절이과히손상치나아니하시니잇가아모쪼록관억하오서이효상효하
시난대일으지말으시기를바라나이다저난즉시가서뵈압지못하오나정과갓치못할
쑨아니라극히죄송하오이다수자알외오니하감하압소서

년 월 일 성명 소상

답소상 (答疏上)

계상(稽顙)하압고재배(再拜)하오며(성명)(姓名)은죄악(罪惡)이심중(深重)하와스사로죽지안삽고재앙(災殃)이션고(先考)

(모상(母喪)에난션비(先妣)라하고)에게미치오니하날을울어러통곡(痛哭)하오나미칠곳이업삽나이

다이럿탓 위문(慰問)하압심밧자오니애감무디(哀感無地)로소이다남어지난황미(荒迷)하와이만긋치압

나이다

년 월 일 죄인 성명 답소상

상처(喪妻)한대위장서식(慰狀書式)

천만몽매(千萬夢寐)밧게금현(琴絃)의끈치심을당(當)하오시나참달지회(慘怛之懷)를엇지관억(寬抑)하오시나잇가제일(第一)

불인[illegible](不忍見)은유아(乳兒)의고고(呱呱)하며젓찻난정상(情狀)이올듯외(外)오서비감(悲感)함을마지아니하나이다련(連)

하와비요중(悲撓中)

복례(服體)가과(過)히흠손(欠損)치나아니하오신가앙소앙위(仰溯仰慰)이오며이곳은즉시낫자 와뵈압지못

하고서사(書辭)도이제야하오니인사(人事)에심(甚)히불민(不敏)하와죄송만만(罪悚萬萬)이로소이다

년 월 일 성명 장상

답장상(答狀上)

중년상배(中年喪配)난일은바악담(惡談)이라하난대불행(不幸)하야제(弟)가당(當)하오니기동에머리두다림갓타
여엇지할줄모르겟사온중유아(中乳兒)의호곡지성(號哭之聲)은참아들을수업삽나이다 위문(慰問)하오심
감읍(感泣)이로소이다

년 월 일 성명 답장상

장성(長成)한아들죽은대위장서식(慰狀書式)

령윤(令允)의(남의아들을령윤(令允)이라칭(稱))특이(特異)한재화(才華)로장진(將進)이무궁(無窮)하야 귀택문호(貴宅門戶)를더욱
빗내일새긔대(期待)하얏삽더니천만(千萬)뜻밧게상명지통(喪明之痛)을(남의아들죽은데쓰난문자(文字))당(當)하
오시니엇지 귀하(貴下)갓치인후(仁厚)하신대덕(大德)으로오날이경상(景狀)을보실새뜻하얏시리오무수(無數)
이일컷삽고위(爲)하야비감(悲感)만만(萬萬)이로소이다

년 월 일 성명 장상

답장상(答狀上)

가아(家兒)가비록출중(出衆)치난못하나성인지경(成人之境)에일은지라가성(家聲)을전(傳)할싸하얏더니이형상(形狀)을당(當)하오매참혹(慘酷)한말삼은일우형언(形言)치못하겟삽고후사(後事)를생각(生覺)하면엇지하야야조흘난지압히참々하오이처럼위문(慰問)하오시니불승감격(不勝感激)이로소이다

년 월 일 성명 답장상

지구간복제당(知舊間服制當)한대위장(慰狀) 조부모상(祖父母喪)

생례(省禮)하압고글월을올니압나이다덕문(德門)이불행(不幸)하오서존왕대인(尊王大人)(혹존왕대부인(或尊王大夫人))상사(喪事)난지극경달(至極驚怛)하와엇지지필(紙筆)을들어무삼말삼을알외오리잇가엽대여생각(生覺)하압건대성효치극(誠孝至極)하오시매애통최열(哀痛摧咽)하오심을엇지견대시나잇가련(連)하와비요중(悲撓中)쌔치시고복례(服禮)가과(過)히흠손(欠損)하지아니시고상주(喪主)님제절(諸節)도대단(大段)못지나아녀하시고양례(襄禮)싸지지내여게신지아득히모르오니굼々하오며서사(書辭)라도즉시(即時)못하오니죄송(罪悚)이로소이다수자(數字)알외오니하감(下鑑)하압심바라나이다

년 월 일 성명 장상

답장상(答狀上)

생례(省禮)하오며 가문(家門)이 흉화(凶禍)하와 선조고(先祖考)(혹선조비(或先祖妣)) 상사(喪事)를 당(當)하오니 통박최열(通迫摧咽)하온 정사(情事)
를 견대지 못하온중 친절(中親節)이 과도(過度)히 애훼(哀毁)하오시니 더욱 초민망극(焦悶罔極)하오이다 위문(慰問)하압
심밧자와 지극애감(至極哀感)이오며 련(連)하오서
긔운만안(氣運萬安)하압시니 앙위(仰慰)로소이다

년 월 일 성명 긔복인 답장상

지구(知舊)간 삼촌복제위문(三寸服制慰問) 현제자매자질손자(兄弟姊妹子姪孫子)

생례(省禮)하압고 덕문(德門)이 불행(不幸)하와
존백부(尊伯父)(존중부(尊仲父) 존숙부(尊叔父) 존백모(尊伯母) 존숙모(尊叔母) 존고모(尊姑母) 령백시(令伯氏) 령중시(令仲氏) 령계시(令季氏)
령매시(令妹氏) 령함시(令咸氏) 령윤(令允) 령포(令抱)(남의 손자(孫子)를 령포(令抱)라 하니 당(當)한대로 쓰고) 상사(喪事)난 천만몽(千萬夢)
매(寐) 밧 흉음(凶音)을 밧자와 지극경달(至極驚怛)하오며 지필(紙筆)을 대(對)하와 무삼 말삼을 하오리잇가 업대여 생(生)
각(覺)하오매 친애가륭(親哀加隆)하오서 애통침통(哀痛沉慟)하심을 엇지 견대시나잇가 (현제자매간(兄弟姊妹間)엔 우(友)

애가륭(愛加隆)하오서할반지통(割半之痛)을엇지견대시나잇가ㅡ(처상(妻喪)에항려의중(伉儷義重)하오시니비도침통(悲悼沈痛)을엇지견대시나잇가)(자질손(子姪孫)엔자애륭심(慈愛隆深)하오시니비통침통(悲痛沈痛)을엇지견대시나잇가)련(連)하와비요중(悲擾中)쌔치시고복례가보중(服禮保重)하오서대단(大段)못지나아니하오신가앙려만만(仰慮萬萬)이로소이다이곳은즉시(即時)낫자와뵈압지못하고서사통신(書辭通信)도남의뒤에하오니인사불민(人事不敏)하와죄송(罪悚)하오이다

년 월 일 성명 장상

답장상(答狀上)

생례(省禮)하오며가문(家門)이흉화(凶禍)하와중제(重罪)를당(當)하오니통고최열(痛苦摧咽)함을견대지못하압더니위문(慰問)하오심받자와애감무지(哀感無地)이오며겸(兼)하와존례(尊體)가만안(萬安)하오시니복위구구(伏慰區區)로소이다저난비요중(悲擾中)지내와낫하야뵈압지못하오니다만심회억색(心懷臆塞)할뿐이로소이다

년 월 일 긔복인 성명 답장상

국상(國喪)에 사서인(士庶人) 보통인사서식(普通人事書式)

신민(臣民)이 무록(無祿)하와 성신문무(聖神文武)하압신 폐하(陛下)게압서 승하(昇遐)하압시니 망극지통(罔極之痛)은 중외일(中外一)반(般)이로소이다 인산(因山)이 림박(臨迫)하압시니 신민(臣民)의 통박(痛迫)함이 더욱 간절(懇切)하여이다

초상시부의단자서식(初喪時賻儀單子書式)

아모디(某地) 명(名) 아모댁(某宅) 호상소(護喪所)

포목대전(布木代錢) 몃원(幾圓) 장지(壯紙) 몃권(幾卷) 백지(白紙) 몃속(幾束) 황촉(黃燭) 몃쌍(幾雙)

아모(某) 성명(姓名) 복정(伏呈)

대소상인사서식(大小祥人事書式)

생례(省禮)하오며 상가(喪家)의 세월(歲月)이 쉽사와 소긔사(小朞祀)(대상(大喪)엔 대긔사(大朞祀))가 격일(隔日)하셧사오니 새로이 망극(罔極)하압심 엇지 관억(寬抑)하시난지 일컷사오며 이사이 긔운평안(氣運平安)이 부지(扶支)하오시고 합내제절일안(閤內諸節一安)들하오시니잇가 향념간절(向念懇切)이오며 이곳은 별고(別故)업사오니 만행(萬幸)이오이다

변々치못하오나 과실(果實) 두어가지 보내오니 제수(祭需)에 보태실사 바라오며 략소(略小)하와 붓그

렵삽나이다

년 월 일 성명 소상

답소상(答疏上)

계상(稽顙)하오며 하소(下疏)를밧자와뵈압고요사이
긔후(氣候)안중(安重)하오심애위(哀慰)하(荷)맨만(萬萬)이오며죄인(罪人)은완악(頑惡)한목숨을구차(苟且)히부지(扶支)하오며세월(歲月)이
여류(如流)하와소긔(小朞)(혹대긔(或大朞))가지격(只隔)하오니망극지통(罔極之痛)이새로오며 하사(下賜)하압신과픔(果品)은전(奠)
헌(獻)에쓰오며애감무디(哀感無地)로소이다남어지난황미(荒迷)하와이만알외나니다

년 월 일 죄인 답소상

○ 식조부모긔제사(偲祖父母忌祭祀)에식부모(偲父母)에게인사서식(人事書式)

아바님전 상살이(上白是) 어마님전(前) 상살이(上白是) 각장(各張)에쓰되사연(辭緣)은동(同)

문안(問安)알외압고일긔부조(日氣不調)하온대
긔톄후(氣體候)안녕(安寧)하압신문(問)안(安)아압지못하와주소(晝宵)로복모(伏慕)부리압지못하와하오며 망극(罔極)

하압신 제사(祭祀)격일(隔日)하섯사오니 오작새로이 망극(罔極)하압실ᄉᆡ 하성(下情)에 통박(痛迫)이로소이다 알
외올말삼 하감(下鑑)하압심젓사와이 만알외오며 래래(來來)
긔후(氣候)만안(萬安)하압시기 천만(千萬)바라압나이다

년 월 일 자부 상살이

답(答) 며나리 보아라

오래 소식(消息)몰나굼々하던차 글시보고든々깃부기 측량(測量)업스며 여긔난 혼실(渾室)이 무고(無故)들하
니 다행(多幸)일다 친긔(親忌)격일(隔日)하오시니 망극(罔極)한 심회(心懷)엇지다 지필(紙筆)로 말하랴 수자(數字)긋치니 잘잇다
수히 오기바란다

년 월 일 싀부답 싀모답 각장(各張)

싀부마생신(偲父母生辰)에 인사서식(人事書式)

아바님전(前) 상살이(上白是) 어마님전(前) 상살이(上白是) 각장(各張)

문안(問安) 알외압고요사이

긔톄후안녕(氣體候安寧)하압신문안(問安)모로와동々쵹々(洞洞屬屬)하온복모일시(伏慕一時)도부리압지못하와하오며
생신(生辰)에못자와지내실듯경츅(慶祝)하오나슬하(膝下)를떠나와외(外)오잇서뫼시고지내압지못하오
나하졍(下情)에지극창모(至極悵慕)로소이다알외올말삼 하감(下鑑)하압심젓사와이만알외오며래々(來來)
긔후만안(氣候萬安)하압심천만(千萬)바라압나이다 버선한벌바치압나이다

년 월 일 자부 상살이

답(答) 며나리보아라

무망(無望)글시보니담々반기며련(連)하야시봉신상평길(侍奉身上平吉)한일더욱깃부어위회(慰懷)로다여긔난
혼실(渾室)이안과(安過)하니다행(多幸)하고오날대소가(大小家)가다모이여지내니든々하나오직네가오지못
하니슬하(膝下)가고적(孤寂)하야섭섭하다수자(數字)긋친다 버션온보앗다

년·월 일 싀부답 시모답 각장(各張)

봉제사(奉祭祀)하난례식(禮式)

만물(萬物)이다뿌리가잇스매가지(柯枝)가잇난고(故)로뿌리를잘도々와야가지(柯枝)가무셩(茂盛)하나니무심(無心)

한초목(草木)도이러하거든하믈며사람이야더일을것잇스리오대저(大抵)조상(祖上)은뿌리오자손(子孫)은
지엽(枝葉)과갓흔지라조상(祖上)을잘위(爲)하야야자손(子孫)이창성(昌盛)하나니효자(孝子)와효부(孝婦)난조상(祖上)밧들기를
지극성심(至極誠心)으로하난지라만세영화(萬世榮華)를누리나니성효(誠孝)가다름아니라생존(生存)한부모(父母)뿐아니
오도라가신조상(祖上)도잘밧드난것이또한성효(誠孝)니라제물(祭物)로말하야도은전(殷奠)으로풍비성설(豊備盛設)
하난것이성효(誠孝)가아니라일심(一心)으로성경(誠敬)을위주(爲主)하나니고(故)로삼일재(三日齋)하며칠일계(七日戒)하야신(神)
도(道)를뵈아올듯감창(感愴)하고공경(恭敬)하난마음이지극(至極)하야잠시(暫時)도푸러지지아니하면비록간(簡)
략(略)히차렷드라하야도그정성(情誠)을신도(神道)가감응(感應)하시나니라제사(祭祀)에쓰올곡물(穀物)은미리정(精)하
고조흔것으로위(爲)하야두엇다가메쌀이며편(餠)쌀을쓰고과실(果實)이라도잘봉(封)하야정(精)이두엇
다가쓰고채소(菜蔬)부치라도다미리변통(變通)하야림시(臨時)구차(苟且)함이업게하고집이간구(艱苟)하야미리
류념(留念)하야두지못하얏드라도남에게욕(辱)될물건(物件)은어더쓸것이아니니라업스면업난대
로메한그릇과갱(羹)한그릇나의처디(處地)대로정성(精誠)서정결(精潔)하게만하야올니면신도(神道)가깃거워
흠향(歆享)하시나니만일비리(萬一非理)의재물(財物)을취대(取貸)하거나제물(祭物)을외상(外償)으로어더쓰고즉시(卽時)갑지못

하야욕(辱)이밋게하면인자(人子)의도리(道理)아니니라생존(生存)하신부모(父母)라도생일(生日)이나환갑(還甲)때에집에업난것을갑흘심은생각(生覺)지아니하고남의급전(急錢)을갓다가남의이목(耳目)을위(爲)하야의복음식(衣服飮食)을작만하야부모(父母)게드렷시나그급전(急錢)을곳갑지못하면욕(辱)이되나니제사(祭祀)에외상(外債)어더쓰난것과갓타니라제사(祭祀)때를당(當)하거든가중상하(家中上下)가다쌀내하야미리정(精)한의복(衣服)을입고집안을정결(精潔)히하야부정(不精)한것이업도록하며몸도정결(精潔)이가지고제물숙설(祭物熟設)할때각금손을씻고다를것을다러도번々(番番)이손을씻난이라무상(無常)한부녀(婦女)들은자식(子息)젓먹이다가도손을다시씻지아니하고또제물(祭物)을달으나니잇고가려워글고도손을씻지아니하나니엇지부(不)정(精)치아니하리오제물숙설(祭物熟設)할때난삼복중(三伏中)이라도버선벗지못하고음식(飮食)에염장(塩漿)을료량(料量)하야간을맛초와할것이오맛보난법(法)이업스니음식(飮食)이숫것이아니면쓰지못하며재물(祭物)을괴여위(爲)하야노왓다하고남은것을몬저먹지도아니하나니비단제사음식(非但祭祀飮食)이라범사(凡事)음식(飮食)이라도차릴때작만하면서주전주전입노릇하난것이부녀(婦女)의천(賤)하고더러운행실(行實)이니라부모생시(父母生時)에즐기시던것을생각(生覺)하야작만하고아니자시던것은아니쓰나그러하나오직술은제물(祭物)에웃듬이라고(故)로생시(生時)에아니자시드라하야도제사(祭祀)에난가(可)히폐(廢)치못하나니라제사상(祭祀床)드난종이라도색(色)옷입지못하고옥색(玉色)옷을입나니라제례(祭禮)가인가(人家)의큰일이니사우(祠宇)를뫼시고내외자손(內外子孫)과제관(祭官)들이다뫼히여행사(行事)할때에난불초(不肖)한자식(子息)이라도감창(感愴)한마음이자연(自然)나난이라가모(家母)난사우(祠宇)를주장(主掌)하야밧드난사람이니평시(平時)라도일즉일어나서관세(盥洗)하고의복(衣服)을정제(整齊)하야사우(祠宇)뫼신대를살펴보며들이어즈럽거든진애(塵埃)업시쓸고혹시(或時)수화(水火)의변(變)이잇거든밧게사람이미처아지못하야도사우(祠宇)붓터생각(生覺)하야뫼시여내고지차(至次)로조상(祖上)의서책(書冊)과화상(畵像)과교지(敎旨)를거두으고그다음에가간세간즙(家間細間汁)물(物)을구(救)하나니라

지방(紙榜)쓰난서식(書式)

현비(顯妣)모(某)봉(封)모(某)씨(氏)신(神)위(位) 모(某)봉(封)은본(本)이오 모(某)씨(氏)난성(姓)이라

현고(顯考)학생(學生)부군(府君)신(神)위(位)

조부모(祖父母)

현조고(顯祖考)

현조비(顯祖妣)

증조부모(曾祖父母)

현증조고(顯曾祖考)

현증조비(顯曾祖妣)

고조부모(高祖父母)

현고(顯高)

조고(祖考) 현고조비(顯高祖妣) 만일재취혹삼취(萬一再娶或三娶)한이잇스면전취배위(前娶配位)와갓치되시나니라

안해(妻) 지방(紙榜) 망실모봉모시신위(亡室某封某氏神位)

남편(夫) 지방(紙榜) 현벽학생부군신위(顯辟學生府君神位)

대저관직(大抵官職)이잇난이는직함(職卿)을지방(紙榜)에쓰고부인(夫人)은남편의직품(職品)을따라쓰나니라남자관(男子官)직이업스면학생부군(學生府君)이라하고녀자(女子)난유인모봉모시(孺人某封某氏)라하고남편이일품(一品)벼살이면정(貞)경부인(敬夫人)이품(二品)이면정부인(貞夫人)삼품(三品)이면숙부인(淑夫人)사품(四品)이면숙인(淑人)륙품(六品)이면공인(恭人)칠품이하(七品以下)는녕인(令人)의인(宜人)이라쓰나니라

긔제사축문서식(忌祭祀祝文書式) 부모구몰합설(父母俱歿合設)하난제축문(祭祝文)

유세차간지월간지삭일간지효자(명)감소고우(維歲次干支月干支朔日干支孝子名敢昭告于)

현고학생부군(顯考學生府君)(관직(官職)이유(有)하면관직(官職)을쓰고)

현비유인모봉모시(顯妣孺人某封某氏)(남편이관직(官職)이유(有)하면모부인모봉모시(某夫人某封某氏))세서천역(歲序遷易)

현고(顯考)(어머니제사(祭祀)면현비(顯妣))휘일부림추원감시호천망극근이청작서수공신뎐헌상(諱日復臨追遠感時昊天罔極謹以淸酌庶羞恭伸奠獻尙)

향 饗

祖父母 曾祖父母 高祖父母 忌祭祀祝式
조부모 증조부모 고조부모 긔제사축식

維歲次干支月干支朔日干支孝孫 孝曾孫孝玄孫當 名敢昭告于
유세차간지월간지삭일간지효손(효증손효현손당한대로쓰고)명감소고우

顯祖考 顯曾祖考 顯高祖考祭祀當 學生府君
현조고(현증조고 현고조고제사당한대로쓰고)학생부군

顯祖妣 顯曾祖妣 顯高祖妣祭祀當 孺人某封某氏歲序遷易
현조비(현증조비 현고조비제사당한대로쓰고)유인모봉모시세서천역

顯祖考 顯曾祖考 顯高祖考 顯祖妣 顯曾祖妣 顯高祖妣 孺人某封某氏祭祀
현조고(현증조고 현고조고 현조비 현증조비 현고조비 유인모봉모시제사

當 諱日復臨追遠感時不勝永慕謹以清酌庶羞恭伸奠獻尙 饗
당한대로쓰고) 휘일부림추원감시불승영모근이청작서수공신뎐헌상 향

忌祭祀祝式 官職祝式
안해긔제사축식 관직잇난축식

維歲次干支月干支朔日干支家夫嘉善大夫行禮曹參判姓名昭告于
유세차간지월간지삭일간지가부가선대부행례조참판(성명)소고우

亡室貞夫人全州李氏歲序遷易亡日復至不勝悲苦玆以清酌庶羞伸此奠儀尙 饗
망실뎡부인전주리시세서천역망일부지불승비고자이청작서수신차뎐의상 향

忌祭祀祝式
남편긔제사축식

維歲次干支月干支朔日干支主婦某封某氏敢昭告于
유세차간지월간지삭일간지주부모봉모시감소고우

顯辟通政大夫行中樞院議官府君歲序遷易諱日復臨追遠感時昊天罔極謹以淸酌庶
현벽통정대부행중추원의관부군세서천역휘일부림추원감시호텬망극근이청작서
羞恭伸奠獻尙饗
수공신뎐헌샹향

父親忌祭祀出主祝式 家廟 祭祀當 神主 告
부친긔제사출주축식 가묘가게시면제사날당하신신주를뫼시여나올때에고하
祝
난축
今以
금이
顯考學生 祖考 曾祖考 高祖考 祭祀當 府君遠諱之辰敢請
현고학생(조고증조고고조고제사날당한대로쓰고)부군원휘지신감청
顯考學生 祖考 曾祖考 高祖考 當 府君
현고학생(조고증조고고조고날당한대로쓰고)부군
顯妣孺人某封某氏 祖妣 曾祖妣 高祖妣 當 神主出就廳事 或正寢 恭
현비유인모봉모시(조비증조비고조비날당한대로쓰고)신주출취청사(혹정침)공
伸追慕
신추모

母親忌祭祀出主祝式
모친긔제사출추축식
今以
금이
顯妣孺人某封某氏 祖妣 曾祖妣 高祖妣 當 遠諱之辰敢請
현비유인보봉모시(조비증조비고조비날당한대로쓰고)원휘지신감청

현고학생(顯考學生)(조고증조고고조고(祖考曾祖考高祖考)를당(當)한대로쓰고)부군(府君)
현비유인모봉모씨(顯妣孺人某封某氏)(조비증조비고조비(祖妣曾祖妣高祖妣)를당(當)한대로쓰고)신주출취청사(神主出就聽事)(혹정침(或正寢))공
신추모(伸追慕)

제사행사(祭祀行事)하난절차례식(節次禮式)

당일해시말자시초(當日亥時末子時初)에종자종부(宗子宗婦)와내외제관(內外祭官)이다소세정의관(梳洗整衣冠)하고청사(聽事)에서립(序立)하야제(祭)물(物)을올릴새남자(男子)난백의백대(白衣白帶)하고부인(夫人)은천담복(淺淡服)입고금은패물(金銀佩物)을가지々아니하고상(床)드는하인(下人)도색(色)옷입지아니하나니라몬저실과상(實果床)을올니나니홍색(紅色)은동편(東便)이오백색(白色)은서편(西便)이오조과(造果)는가온대(中)로놋삽나니동편(東便)은제관(祭官)의오른편(右便)이오서편(西便)은제관(祭官)의외인편(左便)이니좌우(左右)가동서(東西)이오동서(東西)가즉좌우(即左右)니라그다음포혜침채청장숙채상(脯醢沉菜淸醬熟菜床)을올니고그다음시접잔상(匙楪盞床)을올니고그다음은제주병(祭酒瓶)과모사잔(茅沙盞)과퇴주(退酒)할공긔(空器)하나상(床)에밧치여향상(香床)엽헤놋코향로(香爐)에불피여놋코종손(宗孫)과제관(祭官)이촉(燭)불을인도(引導)하야가묘(家廟)에들어가분향재배(焚香再拜)하고제사(祭祀)당(當)하신신위(神位)압헤부복(俯伏)하야출주축(出主祝)을고(告)하고일어나서종손(宗孫)이신주(神主)를밧들어

뫼시고 청사(廳事)로 올새 청사(廳事)에 남어잇던 제관(祭官)들과 부녀(婦女)들이 다 계하(階下)에 나려서々 지영(祗迎)하야 신주(神主)를 청사교의(廳事交椅) 우에 뫼시여 놋코 종손(宗孫)이 몬저 분향재배(焚香再拜)하고 후(後)에 종손(宗孫)과 종부(宗婦)와 내외(內外) 제관(祭官)이 일제참신재배(一齊參神再拜)하고 또 종손(宗孫)이 분향(焚香)하고 모사잔(茅沙盞)에 술 부어 모사(茅沙) 그릇에 세 번식 부어 노흔 후 잔(後盞)은 도로 상(床)에 놋코 종손(宗孫)만 재배(再拜)하나니 이것이 강신재배(降神再拜)니라 그 다음 각색탕(各色湯)과 어육전유(魚肉煎油)를 올닐새 어탕(魚湯)은 동편(東便)으로 육탕(肉湯)은 서편(西便)으로 소탕(素湯)은 가온대(中) 오 전유(煎油)도 어동육서(魚東肉西)로 난호아 놋코 그 다음은 편면(餠麵)이면 반갱(飯羹)을 올니고 종손(宗孫)이 분향(焚香)하고 부복(俯伏)하얏거든 집사(執事)하난 제관(祭官)이 신위(神位) 압헤 노인 잔(盞)을 밧들어 날여다가 꿀어 안저 종손(宗孫)을 주거든 두 손으로 공경(恭敬)하야 밧잡거든 집사(執事)하난 이가 술병(甁)을 들어 술을 부새든 종손(宗孫)이 그 술잔(盞)을 모사(茅沙) 그릇에 조곰식 세 번(式三番)을 기우려 쏠으고 도로 집사(執事)하난 이를 주어 신위(神位) 압헤 들리고 집사(執事)하난 이가 적(炙)을 밧들어 종손(宗孫)을 주거든 공경(恭敬)하야 두 손으로 밧자와서 도로 집사(執事)하난 이를 주어서 신위(神位) 압헤 올니고 반갱(飯羹) 뚜에 벗겨 놋코 저까락만 바로 정제(整齊)이 놋코 종손(宗孫)은 그저 부복(俯伏)하얏다가 일어나 재배(再拜)하고 다시 종손(宗孫)과 내외제관(內外祭官)이 다 부복(俯伏)하거든 축관(祝官)이 축판(祝板)을 들고 종(宗)

손의우편에궤좌하야독츅하고일제이애곡하고곡을긋치고일어나서종손만재배하
고집사하난이가퇴주할그릇을들고신위압헤나아가서초헌한잔술을퇴주하야잔은
도로신위압헤놋코나아오거든아헌을할새종부가하나니종부가손씻고부복하야분
향하거든집사하난부인네제관이신위압헤잔을날여다가종부를주거든초헌하던례
법과갓치하야종부가사배하고물너나오고집사하난이가다시아헌한잔술을퇴주하
야놋코삼헌잔을올닐새자서제질중에뎡하야하나니초헌하던례법과갓치하야재배
하고나아온후유식례를행할새제관중뎡하야세수분향하고공긔에술을밧어가지고
신위압헤나아가서삼헌한잔에더부어놋코진지그릇우에수쌰락꼬자놋코합문하고
(쳥사문을닷난다는말)문밧게물어들안저고요히하기를한동안잇다가문을열고내
외제관이또로서립하야갱그릇은물너내고숙랭을올니고수쌰락으로진지를조곰식
세술을더러숙랭에말고숙랭그릇에수쌰락을꼬자놋코정제이서립하야조곰잇다가
상을물닐새시저를거두어시접에담고진지그릇에덥고내외제관이일제이재배하

나니이것이사신재배(辭神再拜)이라축관(祝官)이축문(祝文)을소화(燒火)하고신주(神主)를거두어뫼시고도로가묘(家廟)로갈새촉불(燭)로인도(引導)하며내외제관(內外祭官)이다뒤를딸어가뫼시지가나니라

신주(神主)뫼서지아니하고지방(紙榜)을모시고지내난제사례절(祭祀禮節)은조곰달으니제물(祭物)올니고초헌(初獻)독축(讀祝)아헌(亞獻)삼헌(三獻)유식(侑食)합문(闔門)계문(啓門)철상(撤床)사신(辭神)하난절차(節次)가다갓타도다만신주(神主)모실때에지방(紙榜)을교의(交椅)우에붓처모시고종손(宗孫)이몬저분향(焚香)하고재배(再拜)하나니이것이강신(降神)재배(再拜)오그다음에종손(宗孫)과내외제관(內外祭官)이일제(一齊)이재배(再拜)하나니이것이참신(叅神)재배(再拜)니라신주(神主)모시고제사(祭祀)에난선참신(先叅神)하고후강신(後降神)이오지방(紙榜)에난선강신(先降神)하고후참신(叅神)하나니이것이달르니라

제물진설하난도식 (祭物陳設圖式) 신식 (新式)

량위합설진찬도식 (兩位合設陳饌圖式)

서편 (西便) 좌편 (左便)　면 (麵)　시접 (匙楪)　잔 (盞)　잔 (盞)　청 (淸)　편 (餠)　동편 (東便) 우편 (右便)

반 (飯)　갱 (羹)　반 (飯)　갱 (羹)

삼색적 (三色炙)

육전유 (肉煎油)　소전유 (素煎油)　어전유 (魚煎油)

육탕 (肉湯)　소탕 (素湯)　어탕 (魚湯)

포 (脯)　숙채 (熟菜)　청장 (淸醬)　침채 (沉菜)　식혜 (食醯)

실과 (實果)　실과 (實果)　실과 (實果)　조과 (造果)　조과 (造果)　조과 (造果)　실과 (實果)　실과 (實果)

백서 (白西)　중 (中)　중 (中)　중 (中)　홍동 (紅東)

檀紀四二七九年七月二十日印刷
檀紀四二七九年七月二十五日發行

國漢文喪禮

서울市鍾路區鍾路二丁目二〇番地
著作兼發行者 金東縉

서울市中區本町四丁目一三八番地
印刷所 서울印刷社

서울市鍾路區鍾路二丁目二〇番地
發行所 德興書林
振替京城三九〇一番
電話光化門③一一八九番

喪禮諺解 解題

洪允杓

宗室인 德信正 李文叟가 金長生이 편찬한 『家禮』 중에서 喪禮의 初終之禮를 輯錄하고 언해하여, 이문수의 아들인 李弘吾가 같은 동내에 살던 沙溪 김장생에게 부탁하여 그 서문을 써서 편찬한 책을 遯村 金萬增이 고치고 더하고 빼어서 1716년에 다시 편찬한 책으로 2권 1책의 필사본이다. 서문에 '天啓 三年 癸亥 十月 日 沙溪老夫書'란 기록이 있고, 그 뒤에 '崇禎紀元後 八十九年 丙申 孟秋 光山後人 謹識)'란 기록이 있다.

이 책은 해제자의 소장본으로[1] 책의 크기가 세로 가로 각각 30.1 cm, 19.6 cm이고 판광은 세로가 22.4 cm, 가로가 14.9 cm이다. 四周單邊에 有界, 10行 20字이다. 版心魚尾는 없고, 판심제는 '喪禮諺解'이다. 夾註는 雙行으로 되어 있다. 앞에 '喪禮諺解序', 이어서 '喪禮諺解凡例'가 있고, 이어서 '喪禮諺解 卷之一'의 본문이 나온다. '喪禮諺解序'와 '喪禮諺解凡例'는 한문으로 되어 있고 언해를 하지 않았다. 그러나 본문은 한문 원문은 없고, 언해문만 있는데, 언해문에는 한자를 사용하고 그 밑에 現實漢字音을 달아 놓았다. 圖板이 있는데, 이 도판도 언해문과 동일한 방식으로 되어 있다. 각 項目題에

---

1) 이 책은 弘文閣 사장 洪錫文 씨의 도움으로 해제자가 구입할 수 있었던 책인데, 天安의 고서점인 '泰華山房' 주인에게서 구입한 책이다.

도 언해하였다.

『喪禮諺解』에는 이 필사본 이외에도 여러 가지 異本이 있다.

그 첫째는 목판본인데, 원래의 책 제목은 '상례쵸언ᄒᆡ'(喪禮抄諺解)로, 序文이나 跋文 등은 없고, 편찬자나 언해자, 그리고 간기도 알 수 없는 것이 있다. 현재 淸州 郭氏 門中의 後孫인 郭魯權 씨의 所藏本으로 그의 祖考이며 舊韓末 儒學의 大家인 敬庵 郭漢紹 先生의 文集인 『敬庵集』의 第9冊에 영인되어 있는 것이다.[2] 판식으로나 표기법으로 보아, 19세기 중반 이후의 판본으로 보인다. 실물을 보지 못하였기 때문에, 책의 형태서지학적인 사실은 알 수 없다. 앞의 필사본과는 전혀 다른 체재로 되어 있어서, 앞에 '본죵오복도'의 圖板이 있고, 이어서 '지최', '샹복' 등의 설명이 있은 후 본문인 '상례쵸언ᄒᆡ'가 시작된다. 각 項目題는 陰刻으로 하여 놓았다. 한문 원문은 없고, 언해문만 있는데, 언해문은 순한글로만 되어 있다. 간혹 書式이나 祝文 등은 한문으로만 되어 있는 것도 보인다.

또 한 가지 異本도 解題者의 소장본인데, 앞의 목판본과 매우 유사한 책이다. 책의 크기는 세로가 18.0 cm 이고 가로가 12.1 cm인 조그마한 책이다. 그리고 板匡은 세로 가로 각각 14.7 cm 10.5 cm

2) 이 『敬庵集』은 천안의 향토사학자이신 李元杓 先生님께서 소개하여 주신 것이다. 李元杓 선생님이 아니었다면, 이 『喪禮諺解』가 있다는 사실조차 알지 못했을 것이다. 이 자리를 빌어 李元杓 先生님과, 방대한 자료인 『敬庵集』을 보내 주시고 또 영인을 허락하여 주신 주식회사 '한미'의 郭魯權 사장님께 깊은 감사를 드린다.

이다. 四周單邊에 有界로 8행 16자로 되어 있다. 版心魚尾는 上下二葉花紋魚尾이며, 판심제는 '상녜'이다. 夾註는 쌍행으로 되어 있다. 맨 앞에 '五服圖'가 나오고, 이어서 '상례언힋'가 시작된다. 그러나 끝 부분에는 '상례쵸언힋 죵'이라 하여 그 책 제목이 '상례초언힋'로 되어 있다. 그리고 小項目의 제목들은 陰刻으로 되어 있다. 서문이나 발문 또는 간기가 없어서 간행연도를 알 수 없으나, 방각본이라는 점과 그 표기법으로 보아, 19세기말에서 20세기초에 간행된 것으로 보인다.

또 한 가지 異本은 한국정신문화연구원의 장철수 교수 소장본으로 1935년에 漢城圖書株式會社에서 新式活字本으로 간행해 낸 『喪禮諺解』가 있다. 이 책에는 宋毅燮의 간행서와 金長生의 서, 그리고 宋時烈의 跋文, 朴魯重의 小識가 앞에 붙어 있다.

또 한 가지 이본은 국립중앙도서관 소장본으로서, 『諺文喪禮』라는 책 제목을 가진 것이 있다. 1936년에 金東縉이 편찬하여 德興書林에서 新鉛活字本으로 간행한 것이다. 이 책은 역시 1946년에 新式活字本으로 德興書林에서 간행한 『國漢文喪禮』와 동일한 책이다. 속표지는 『諺文喪禮』이라 되어 있다. 앞에 萊山居士 圭垣의 緖言이 있다. 뒤에 판권이 있는데, 檀紀 4279년의 발행으로 되어 있다. 역시 金東縉이 著作兼發行者로 되어 있다. 해제자의 소장본이다.

여러 가지 異本 중에서 어느 책을 영인하여 소개할 것인가를 고민하다가, 국립중앙도서관본을 제외한 모든 자료를 영인하기로 하였다. 新式活字本 등도 특히 '喪禮'에 대한 어휘를 알 수 있는 자료

라고 생각하였기 때문이다. 특히 『17세기국어사전』을 편찬하면서, 『家禮諺解』에 등재되어 있는 각종의 '상례'에 대한 어휘를 풀이하느라 고생하였던 경험이 있어서, 『17세기국어사전』의 편찬이 끝난 뒤부터 '상례'에 대한 자료를 수집하기 시작한 터이라, 이 모든 이본들이 '상례에 대한 어휘'를 설명하고 있다고 생각하였기 때문이다. 이들을 모두 영인하기로 한 것은, 그 자료들이 비록 국어사적인 면에서는 그 가치가 적다고 하여도, 그 어휘의 모습을 살필 수 있는 자료라는 점에서는 뜻이 있다고 생각하였기 때문이다.